ポストモダン・ニヒリズム

POSTMODERN NIHILISM

仲正昌樹

作品社

はじめに――〝あるがままの世界〟へ

本書には、これまでいろいろな媒体で執筆してきた「ポストモダン」関係の論考と、今回新たに執筆したハーバマスとデリダの論争を軸にした、言語をめぐる「モダン／ポストモダン」の闘ぎ合いに関する論考を収録した。

近年、「ポストモダン」という言葉は評判が悪くなっている。ネット上には「ポモ」に対する罵詈雑言があふれているし、現代思想・哲学の本のタイトルには、「ポストモダンを超えて」をうたい文句にしているものがやたらと多い。ただし、それらで言われている「ポストモダン」というのは何なのかはっきりしない。ほとんどの場合、単に相対主義とか懐疑論、フランス系の流行りものの思想といった程度の雑な意味で使われている。

そのせいもあって、フーコー、ドゥルーズ、デリダ等の典型的な「ポストモダン」思想家の研究をしている人たちは、「ポストモダン」という呼称を使うことを回避する傾向がある。「『ポストモダン』という雑な言葉で括ることのできる思想の流れなどない」、とか、「私の研究している○○はポモなどという軽薄なものとは関係ない」、と断言することで、自分の知的威信を保とうとする。

私自身、「ポストモダン」という言葉にそれほど拘りはない。二〇世紀の後半以降に台頭してきた、記号学や文化人類学、精神分析などを動員して、「脱主体化」する方向に理論を展開する思想、という緩い意味で便宜的に使っているだけのつもりである。「ポスト構造主義」だと、ラカンやレヴィ゠ストロースが排除されるし、フーコーをどっちに入れるか微妙になる――「ポスト構造主義」も括りが粗いと言って嫌がる人がいるが。

ただ、今回本書を刊行するに当たって昔の論文を読み直し、新しい論文を執筆しているうちに、私が研究者になった当初強く興味をひかれた思想家たちには、共通の傾向があることに気が付いた。「理性的な主体」という規範的なフレームを脱し、あるがままの世界に関わりたい、という願望だ。

単なる見栄ではなく、知的な関心から哲学や思想史を学びたいと思う人間には二つのタイプがある。できるだけ論理的に明晰に語ろうとするタイプと、今まで慣れ親しんでいたのとは違う視点から世界を見よう、常識を壊そうと葛藤し続け、それゆえなかなか分かりやすい言葉で語れないタイプだ。本当に「哲学者」「思想家」らしいのは後者だが、今の時代、前者でないと生き残れない、という風潮が――私が大学院生になった当時よりもずっと――強まっている。

私自身はどっちになりたいのだろうか、と改めて考えてみたが、自分で決めるべきことではないので、読者の判断に委ねることにしたい。

ポストモダン・ニヒリズム／目次

第Ⅱ部

第Ⅳ部

ポストモダン・ニヒリズム

※凡例

既発表の論稿をもとにした章は、表記に関して若干の手直しをしたが、基本的に発表当時のままにし、最小限の統一しかしていない。

※初出一覧

第0章：「ポストモダン・ニヒリズムとは何か？」（『大航海』No.71、二〇〇九年、新書館）

第Ⅰ部
第1章：「ポストモダン社会の「労働価値説」」（『叢書アレテイア8　批判的社会理論の現在』、二〇〇七年、御茶の水書房）【『ポストモダン社会における「労働」と「消費」と「記号」』に改題・改稿のうえ所収】
第2章：「スキゾ・キッズがニートになるまで」（『大航海』No.58、二〇〇六年、新書館）
第3章：「「ニューアカデミズム」はどこが「新しかった」のか？」（『大航海』No.68、二〇〇八年、新書館）

第Ⅱ部
第4章：「〈暴力＝権力〉に憑きまとう亡霊の正体？――ベンヤミン＝デリダの法哲学とポスト・モダンの〈正義〉」（『情況』10月号、一九九八年、情況出版）
第5章：「複製技術時代における脱物象化の可能性――〈ミメーシス〉をめぐるベンヤミンとアドルノの差異」（『情況』1・2月号、一九九九年、情況出版）
第6章：「〈同一性〉の起源をめぐって――アドルノの認識論批判とゾーン＝レーテルの〈貨幣＝存在〉論」（『情

況』5月号、一九九八年、情況出版）
第7章：「〈死〉の歴史と弁証法――ベンヤミン＝アドルノ共同哲学をめぐって」（『理想』六五九号、一九九七年、理想社）

第Ⅲ部
第8章：「マルクス主義とポストモダンの「間」――現代思想における連続／不連続」（『アソシエ』12号、二〇〇四年、御茶の水書房）
第9章：「「労働」という視点からの「理論／現実」」（『叢書アレテイア9　社会理論における「理想」と「現実」』、二〇〇八年、御茶の水書房）
第10章：「左翼と進歩史観」（『叢書アレテイア10　歴史における「理論」と「現実」』、二〇〇八年、御茶の水書房）

第Ⅳ部
第11章：「ハーバマスとデリダ――「言語行為」と「エクリチュールを」めぐるモダン／ポストモダンの鬩ぎ合い」（書き下ろし）
第12章：「限界の哲学とは？」（二〇〇七年、アソシエ21講座「限界の哲学」紹介）

第0章　ポストモダン・ニヒリズムとは何か？

1　「ポストモダン」と「ニヒリズム」

「ポストモダン」はしばしば、「ニヒリズム」と結び付けて語られる。普遍的な人間理性《コギト》を中心に構成され、発展してきた近代的な知の体系が終焉した「後」に到来するとされる「ポストモダン状況」は、絶対的な世界観、価値観が不在となり、人々が自らの生の意味（sens）を見失って、虚無的《ニヒリスティック》な気分に囚われる状況としてイメージされることが多い。「近代知」あるいは「近代的価値観」に代わって、社会、歴史、政治が進んでいくべき方向性（sens）を示してくれそうなオルターナティヴが、「ポストモダン思想」と形容される思想群の中から出てこないため、虚無感が広がっているということだ。「ポストモダニスト」と呼ばれる人たちは、それを不可避の事態として受け止めようとするが、そういう態度を「ポストモダン・ニヒリズム」と呼んで非難する人たち（＝反ポストモダン派）もいる。両者とも、「ポストモダン状況」が、諸価値の相対化・空洞化・流動化という意味での「ニヒリズム」をもたらすという認識を共有しているように思える。

高度に発達した資本主義社会における「記号の消費」という側面から「ポストモダン状況」を描き出した社会学者のジャン・ボードリヤール（一九二九—二〇〇七）は、『シミュラークルとシミュレーション』（一九八一）の最終章「ニヒリズム」で、自らが「ニヒリスト」であることを明言している。テレビ、映画、広告など各種のメディアを媒介に構成される「シミュラークル（擬態物）」が人々の欲望を喚起し、ディズニーランドに象徴されるハイパーリアルな空間を生み出している現代の消費社会においては、価値の源泉としての「本物」を見出すことは、ほぼ不可能になっている。ボードリヤール自身はそうした事態を冷静に受け入れようとしており、その意味で「ニヒリスト」なのである。

私はニヒリストだ。／意味（表象、歴史、批判など）のために仮象＝見せかけ（そして、その仮象＝見せかけの誘惑）を破壊する巨大なプロセス——それは一九世紀の主要な事実だ——を私は認め、受け止め、受け容れている。近代性（modernité）という一九世記の真の革命、それは、仮象＝見せかけのラディカルな破壊であり、世界を脱呪術化し、解釈と歴史の暴力に委ねることなのだ。／第二の革命、つまり二〇世紀の革命である脱・近代性（post-modernié）の革命は、意味の破壊の巨大なプロセスであり、それ以前の仮象＝外観の破壊に匹敵する。

郵便はがき

料金受取人払郵便

麹町支店承認

9089

差出有効期間
2020年10月
14日まで

切手を貼らずに
お出しください

102-8790

102

［受取人］
東京都千代田区
飯田橋２−７−４
株式会社 作品社
営業部読者係 行

【書籍ご購入お申し込み欄】

お問い合わせ 作品社営業部
TEL 03(3262)9753／FAX 03(3262)9757

小社へ直接ご注文の場合は、このはがきでお申し込み下さい。宅急便でご自宅までお届けいたします。送料は冊数に関係なく300円（ただしご購入の金額が1500円以上の場合は無料）、手数料は一律230円です。お申し込みから一週間前後で宅配いたします。書籍代金（税込）、送料、手数料は、お届け時にお支払い下さい。

書名	定価 円	冊
書名	定価 円	冊
書名	定価 円	冊
お名前	TEL （ ）	
ご住所 〒		

フリガナ
お名前

男・女　　　　歳

ご住所
〒

Eメール
アドレス

ご職業

ご購入図書名

●本書をお求めになった書店名

●ご購読の新聞・雑誌名

●本書を何でお知りになりましたか。

イ　店頭で

ロ　友人・知人の推薦

ハ　広告をみて（　　　　　　　　　）

ニ　書評・紹介記事をみて（　　　　　）

ホ　その他（　　　　　　　　　　　）

●本書についてのご感想をお聞かせください。

ご購入ありがとうございました。このカードによる皆様のご意見は、今後の出版の貴重な資料として生かしていきたいと存じます。また、ご記入いただいたご住所、Eメールアドレスに、小社の出版物のご案内をさしあげることがあります。上記以外の目的で、お客様の個人情報を使用することはありません。

私はこの革命を認め、受け止め、受け容れ、分析している。意味によって衝撃を与えるものは、意味によって殺されるのだ。（Jean Baudrillard, *Simulacres et Simulation*, Editions Galilée, 1981, p. 223）

ここで「一九世紀の真の革命」と呼ばれているのは、西欧世界の人々をキリスト教的な世界観から解き放った近代化＝啓蒙のプロジェクトのことである。啓蒙化された人々は、キリスト教の教義による内面的な拘束から解き放たれ、自由に展開できるようになった。彼らは、科学・技術によって自然を征服し、自分たちの思い通りに、世界を再構築することを試みるようになった。不在となった「神」に代わって、人間が、世界の創造主になることを試みるようになったわけである。

しかし、「神」にとって代わるということは、人間自身が、自分自身の生と、世界に存在する諸事物に「意味」を与える究極の存在になるということである。言い換えれば、「人間」があらゆる価値の源泉になるということである。これは一見、「人間」にとって喜ばしいことのように思えるが、裏を返して言えば、あらゆる価値を自らの手で作り出さねばならなくなった、ということでもある。この「自らが依拠する価値を自らの手で作り出さねばならない」という事態が、「人間」にとって大きな重荷となり、やがて、ボードリヤールが言うところの「第二の革命」を招き寄せることになるわけである。この点について、少し掘り下げて考えてみよう。

ごく平凡な普通の人間は、自分が何となく「正しい」あるいは「善い」と思ってやっている行為が、本当に「正しい」あるいは「善い」という絶対的な確信を持つことはできない。自分の行為を振り返って、不安になることがしばしばある。他人の意見を聞いて確認し、安心しようとするが、他の人たちも価値判断について絶対的確信を持っているわけではない。社会の中で生きている人間は他人の行為や慣習を模倣したり、言語を通じて影響を受けたりしながら、自らの価値基準を形成しているが、個々の人間の内には絶対的な尺度はない。みな、他の誰かを模倣して、自分の価値観を形成したのであって、自分自身で価値を作り出したわけではないからである。伝統的に継承されてきた諸価値の起源を歴史的に遡っていって、元祖に辿り着くことは可能かもしれない。しかしその元祖もまた、「私」たちと同じ〝普通の人間〟であるとすれば、何故、その人間の作り出した価値を、「私」たちが受け入れねばならないのか、かえって分からなくなる。

特定の宗教的な世界観が支配的である社会においては、神のような超越的で絶対的な存在を、それ以上遡る必要のない価値の源泉と見なすことができる。人間の理解を超えた存在、この世界の全てを見通している絶対的存在がいるとすれば、人々は、その存在が与えてくれる価値の尺度を信用し、受け入れることができる。具体的には、宗教の教義や慣習、あるいは神を代理する聖職者が、そうした神的存在に由来する価値の尺度を人々に伝える形になる。それによって、その社会の価値基準は、一つの絶対的不動点に係留され、安定化する。たとえ、そこで想定される「神」が単なる「仮象＝見せかけ apparence」であることが本当は分かっていたとしても、社会を安定化させ、そこに生きる諸個人の不安を鎮めるには、超越性の外観を帯びた「見せかけ」が必要なのである。

第一の革命＝啓蒙＝近代化は、「人間」の〝自由〟を拡大するために、これまで不動の係留点として機能してきたものを単なる「見せかけ」と見なして破壊し、価値の絶対的基準がないアナーキーな状態を到来させることをも含意している。近代化の帰結としてのアナーキーを克服し、社会の秩序を維持するには、〝誰か〟が――再び「神」に頼ることなく――新たに価値を創造し、「歴史」の進んでいく「方向性」を示し、各人の生に「意味」を与えることが必要になってくる。それは、「私たち」が知っている「人間」の限界を超えた、「超人」とも言うべき存在によってしかなされ得ない仕事である。

2　「自由の深淵」

近代化の進展の帰結としての「ニヒリズム」という現象を哲学的にテーマ化し、ポストモダン思潮の先駆けになったとされるニーチェ（一八四四―一九〇〇）は、『ツァラトゥストラはこう言った』（一八八三―八五）で、「神」を殺して、自らを全面的に解放しようとする近代人が、「自由意志」をめぐる難問に直面せざるを得ないことを示唆している。

人間に、物理的因果法則に起因する欲求から独立した「自由意志」はあるのか、あるとすれば、それはどのような法則に基づいて作用するのかというのは、古代ギリシア以来、「哲学」の重要なテーマであった。パウロ（？―六五？）やアウグスティヌス（三五四―四三〇）によって開拓されたキリスト教神学では、物質世界に属する身体は罪の法則（＝欲求）に支配されているが、精神は「自由意志」によって神に通じる善の法則に従おうとしている、とされた。その場合の「自由」とは、もっぱら因果法則からの自由ということであって、神からの自由ではない。その逆に、神の意志と私の意志が一致している状態が「自由」である。

カント（一七二四―一八〇四）は、神学的な前提とは独立に、「自由意志」の従う法則を探究しようとしたが、その法則の具体的な中身を明らかにすることはできなかった。「私」という自律した「人格」に「自由意志」が備わっているとすれば、その「意志」は自らが欲すること、成そうとすることをどのように決定しているのか、という問いが生じてくる。因果法則から独立であるという「自由意志」の定義からして、身体的な欲求はその決定要因にはなり得ない。「神」による内的な働きかけ、あるいは理性を支配する普遍的かつ超感性的な法則のようなものを想定しないと、〝自由〟な意志決定の具体的な基準になりそうなものは見当たらない。しかし、そのような超越的なものの〝存在〟を証明することはできないし、仮に証明できるとしても、そういうものに規定されている「意志」が、「自由」と言えるのか疑問になる。サイコロの目の出方のような偶然によって「私の意志」が決まっていると考えれば、ある意味すっきりするが、今度は、そうした偶然の所産が「人格」的な存在の〝意志〟と言えるのか疑問になってくる。

このように「自由意志」の本質について考え続けると、「自己」以外のいかなるものにも従属しない状態としての純粋な「自由」とは、「私」の心の真ん中にぽっかりと開いている、ブラックホールのように底なしの「深淵」であるように思えてくる。「自由」であるというからには、〝私以外の何か〟によって予め規定されているということはないはずだが、文字通り、いかなる規定も受けていないとすると、〝意志の主体〟としての〝私〟というものの輪郭があやふやになり、〝私〟という意識自体が幻影でないかとさえ思えてくる。

ニーチェの描くツァラトゥストラは、「神」のような超越的な存在や、それに由来する精神の法則を否定する。そのうえで、意志決定の基準となる諸価値を自らの「内」から創造しようとする「超人」の生き方を称揚する。価値創造に向けて「意志すること」それ自体が、私たちを「自由」にし、喜びをもたらす。物理的な因果法則に支配される世界の彼方から、「私」の歩むべき〝正しい方向性〟を示す「理性」の実在性を認めず、単なる幻影と見なすツァラトゥストラにとって「自由 Freiheit」とは身体的欲求からの独立性ではなく、むしろ、身体的欲求を肯定し、〝理性〟の幻影から「解放＝自由化 befreien」することである。価値の源泉を、神に繋がるものとして想定されていた「理性」から、「身体」へと切り替えるわけである。

しかしながら、たとえ超人が、身体的欲求に繋がる自らの「意志」を解き放つことによって〝自由〟になろうとしても、全面的に「自由」になることはできない。何故なら、彼が生身の人間である限り、自らの内に生じてくる欲求をコントロールすることができないからである。

欲求は、「私」が「意志」する〝以前〟に生じてきて、いつのまにか「私の意志」を支配している。自らが思うように、(自らの)欲求をコントロールできない以上、私は自分自身の主人にはなりきれない。更に言えば、様々な欲求を抱いている「私」が属しているこの世界の状態を、「私」は私自身の「意志」の力によってもたらしたわけではない。「私」は気が付いてみると、この世界の中に存在し、(少なくとも「私自身」とは異なる)〝他の何か〟に起因する欲求を抱かされ、それに基づいて「意志＝欲求 wollen」させられているのである。〝私の意志〟は不可逆的に進行する時間の流れの中に組み込まれていて、その中で方向性を決定されており、その流れから自由になることはできない。

意志することは、自由にすることだ。しかし、この解放者をもなお鎖につないでいるものがある。それは何か？　『そうあった』――これこそ意志が歯ぎしりして、このうえなくさびしい悲哀を噛みしめることである。すでになされたことに対しては無力である、――意志はすべての過ぎ去ったものに対しては怒れる傍観者なのだ。／意志は、さかのぼって意志することができない。意志は時間を打ち破ることができない。(『ツァラトゥストラはこう言った(上)』氷上英廣訳、岩波文庫、二四二頁以下)

「私」が自らの〝意志〟によって諸価値を創造しているつもりになっても、その〝私の意志〟自体は、〝私の意志〟によって生み出されたわけではない。「私」が、神と同じ意味での創造主でない以上、これは当然のことである。過去に遡って、〝私の意志〟を書き換えることさえできない。「私」は、物理的因果法則にプログラム的に規定される形で、「意志」させられ、自らを「自由」にしていると思い込ませられているだけなのかもしれない。超人もまた、「自由の深淵」を克服することはできない。否、超人だからこそ、「自由の深淵」に直面せざるを得ないと言うべきだろう。

ツァラトゥストラは、この矛盾に耐え、敢えて〝現在のあるがままの私（の意志）〟を肯定しようとする。たとえ、今という瞬間を永遠に繰り返し体験しなければならないとしても。それが、「永劫回帰」の思想である。しかし、第三者的に見れば、それは神に代わって、価値の源泉になることができないがゆえの、負け惜しみに聞こえてしまう。ツァラトゥストラという形象は、神に代わって価値の源泉になろうとする近代人が、「自由」という「深淵」を超えられず、挫折すべく運命付けられていることを象徴的に示している。

3　「主体」の喪失と「ニヒリズム」

ボードリヤールが「第二の革命」と呼んでいるのは、この「自由の深淵」が次第に顕わになることによって、「人間」中心の世界観も揺らぎ、価値の座標軸が消失していくプロセス、言い換えれば、「ニヒリズム」が深く浸透していくプロセスであると見ることができる。近代の啓蒙主義は、神学的な「見せかけ＝仮象」と思われるものを破壊することによって、〝人間本性〟を解放しようとしたが、「人間」それ自体を価値の源泉として浮上させたことによって、ニーチェのツァラトゥストラが直面せざるを得なかった「自由の深淵」をも浮上させることになったわけである。「人間」自身の中心にブラックホールのような〝深淵〟が開いているかもしれないことが分かってしまった、ということである。

ニーチェはこのことを哲学的に凝縮化した形で表現したが、ボードリヤールも示唆しているように、二〇世紀の芸術や美学、あるいはそれらと結び付いた政治は、「意味」の根源が実は空洞になっていることを暗示する、自己暴露＝意味破壊的な表象形式を志向するようになった。ダダイズムやシュルレアリスムに見られるそうした傾向を社会理論的に明らかにしたのは、ボードリヤールが強い影響を受け、『シミュラークルとシミュレーション』でも参照しているベンヤミン（一八九二―一九四〇）である。

ベンヤミンは、芸術を制作している各「主体」の意識や理想それ自体を問題にするのではなく、都市空間においてアーケード、百貨店、ショーウインドー、照明、博覧会場、都市計画、室内装飾など様々な形で現れている「美」的な表象を、人々の無意識的な願望を寓意的に示すものとして「解読」し、それとの関連で芸術を理解する、表象文化論的な分野を開拓した。個々の「主体」と「作品」の間の直接的な関係ではなく、〝主体〟を環境的に取り巻き、制作への刺激を与えている「素材」としての〝もの〟、特に最新の技術や商品の陳列様式に焦点を当てるベンヤミンの「唯物論」的な分析手法は、ダダイズムやシュルレアリスムの創作原理に対応していると見ることができる。

ベンヤミンがそうした「素材」中心的な美学を模索するようになった哲学的背景には、諸事物に「意味 Sinn = sens」を与えるべき「主体」が、（近代的合理性と、それを担う諸主体の欲望の凝縮体とも言うべき）都市空間の中で解体しつつある、という問題意識があった。「主体」が自発的に「意味」を生み出しているというよりは、都市空間を浮遊する諸表象によって、無意識レベルで〝主体〟の欲望が産出されている。その（自らの）欲望を、幻想装置《ファンタスマゴリー》のように映し出す様々な〝物〟（＝商品）に取り囲まれている〝主体〟たちは、〝物〟に陶酔し、夢を見（させられ）ているのである。ベンヤミンにとって、高度に商業的に発展した都市空間は、資本主義的近代を作り出してきた人々を動かしている集合的無意識が――〝主体〟の意識を通り抜ける形で――ファンタスマゴリー的な表象として溢れ出してくる場でもある。

論文『シュルレアリスム』（一九二九）では、「夢」の世界を描き出すことを試みるシュルレアリスムの言語においては、イメージと音が精密に絡み合っており、「意味」が入り込む隙間がないことを示唆している。それは、「意味」の〝主体〟である「自我」もまた入り込むことができないことを含意している。シュルレアリスムに代表される二〇世紀初頭の前衛芸術は、〝物〟に「意味」を与えようとする〝主体〟の欲望が立ち上がってくる瞬間を捉え、〝主体〟化される〝以前〟の無意識を開示することを志向するようになった。大都市空間の中で顕わになりつつある事態（＝〝意味の主体〟抜きでの美的表象の産出）を凝縮した形で表現することを試みるようになったわけである。『複製技術時代の芸術作品』（一九三六）では、こうした都市空間におけるファンタスマゴリー的な表象の横溢の問題が、神話的な仮象の解体というツァラトゥストラ的な問題と絡めて論じられている。芸術作品の起源は、呪術的な儀礼で用いられる祭具にあった。祭具としての芸術作品は、神霊のような超越的なものを象徴的に表象するものとして儀礼の中に位置付けられていたがゆえに、呪術的なアウラを帯びていたのである。

儀礼と共に誕生した芸術作品には、二つの異なった性質の価値が含まれている。礼拝価値と、展示価値である。礼拝価値は、芸術作品が通常は寺院などの奥まったところに安置され、儀礼を司る一握りの聖職者にしかアクセスを許されず、一般の人の目に触れない状態に置かれることを要求する。その逆に、展示価値は、より多くの人の目に晒され、現前化されることを要求する。芸術作品が呪術と不可分の状態にあった太古においては、礼拝価値の方が圧倒的に強かったが、原初的な呪術からキリスト教のような組織化された宗教に移行するにつれて、アウラを帯びた芸術作品を教会の中で展示するようになり、展示価値の比重が増していく。ルネサンス以降のヨーロッパでは、教会の儀礼とは独立した美の領域が次第に形成され、公衆の目に触れることを志向する、近代的な意味での芸術作品が成立する。

ただ、呪術や宗教からいったん自立したといっても、芸術作品は礼拝価値に由来するアウラと全く無縁になるわけではない。芸術作品は、「今、此処」にしかない「真正なもの（本物）」であるという身振りを示すことによって、礼拝価値に似たアウラを発する。「真正なもの」とは、失われてしまった〝神的な自然〟に通じているように見えるものである。芸術家は、アウラを発する作品を作り出すことを通して、〝神的な自然〟との絆の回復を求める人々の無意識的な願望を喚起し、呪術的な一体感を〝再現〟することを試みる。芸術創作の主体は、言わば、不在の神に代わって、人々に生の「意味」を与える役割を果たしている、と見ることができる。

しかし、写真や映画のように、近代的な大量複製技術を応用した新しい芸術が登場したことによって、事態は大きく変化した。複製技術によって作り出された作品は、全てオリジナルの模倣であり、「真正なもの」それ自体ではない。そのことが最初から明らかである。そうした前提の下に——展示価値だけのために——複製技術によって大量生産される芸術作品は、「芸術」がもともと、〝神的自然〟の模倣物《コピー》でしかなかったことを露呈し、「芸術」から礼拝価値的なアウラを一掃してしまうように見える。それと同時に、各種のメディアによって「人間」の美的想像力が支えられており、メディア関連技術の発展状況によって、表象の限界が定まっていることも露呈する。都市空間の中で発達してきた複製技術時代の芸術作品は、宗教的な仮象の破壊を徹底するとともに、美的表象を生み出している人間の〝主体性〟や〝欲望〟が（人間自身が構築したはずの）メディア的環境によって深いところで規定されていることを顕わにした。

複製技術が生み出した新しい芸術、あるいは複製技術による現実感覚の変容に対応したダダイズムのような芸術は、人々をアウラの呪術的な呪縛から最終的に解放するかのように見える反面、資本主義的な商品世界のファンタスマゴリー的な幻影――それが新たなアウラだと見ることもできる――によって人々に刹那的な陶酔感を与え、現実を批判的に見る目を失わせ、自己疎外の進行に寄与しているようにも見える。ベンヤミンはそうした両義性を見据えたうえで、前者の覚醒の可能性の方に期待を寄せようとした。「現実」を複眼的な視座から表象する映画などの複製技術的な芸術作品が、都市空間を浮遊する大衆を「プロレタリアート」として覚醒させ、彼らを神話的幻想によって呪縛し、組織化しようとするファシズムの政治に抗して立ち上がらせることになると考えた。

しかし、現実の歴史では、ベンヤミンが期待したような覚醒は起こらなかった。周知のように、ナチズムは映画などの新しいメディアを、大衆の組織化のための媒体として巧みに利用した。ナチスは、「民族の（原初的な）一体感」を演出する映像など、太古のアウラを現代に再現するような表象を大量に複製し、大衆を「民族共同体」再建のプロジェクトへと動員したのである。複製技術のファンタスマゴリー効果と、民族神話的な幻想が奇妙な形で融合して、各人の主体性を解体するように作用したのである。

そして太古的なアウラを利用しようとしたファシズムが敗北した第二次大戦の後に、アメリカを中心に高度消費社会ができあがった。それは、ファンタスマゴリー的なアウラを発する〝物〟（＝商品）の世界の完成形態である。記号としての商品が消費される大都市は、（オリジナルではない）複製物＝シミュラークルによって覆い尽くされ、〝神的な自然〟との繋がりを感じさせる「真正なもの」は見当たらなくなった。それは、新たな価値創造に向けてのインスピレーションを与えてくれる「素材」が見当たらなくなったということである。無論、シミュラークルだらけの消費空間にも、人々のファンタスマゴリー的想像力を掻き立てる〝もの〟はある。しかし、シミュラークルにあまりにも慣れ、満足してしまった人々は、自らの生に「意味＝方向性」を与えてくれるはずの「真正なもの」を敢えて求めなくなる。

〝神的なもの〟のアウラがまだ残留している間は、それを破壊し、神に代わって自らの手で作り出そうとする〝主体〟としての願望が生じてくる余地があった。しかし、乗り越えるべき仮象が消え失せ、最初から複製物だと分かり切っているシミュラークルばかりの世界になると、各主体が目指すべき「方向性」も見えなくなってしまった。それが、ボードリヤールが「第二の革命」の帰結として描き出した「ポストモダン」状況である。

宇宙と私たちは皆、生きたままシミュレーションの中に、不吉な領域に、否、不吉でさえない、冷淡なる抑止の領域に入った。ニヒリズムは奇妙な形で、つまりもはや破壊ではなく、シミュレーションと抑止の中で完全に現実のものとなったのである。ニヒリズムは歴史的に見ても、かつては活動的で暴力的な幻、神話と光景だったが、今や所持物の透明な機能性の中に、偽りの透明性の中に移行したのである。（*Simulacres et Simulation*, pp. 229-230）

4　「ニヒリズム」をどうするか？

アウラを発する宗教的な仮象が消失した最終的な帰結として、シミュラークルだらけの空間の中で、「意味」が見失われてしまう「ポストモダン」状況を受け入れることが「ニヒリズム」だとすれば、〝私たち〟は「ニヒリズム」を超克することができるのか？　そもそも、この場合の「超克」とはどういうことなのだろうか？

ごく単純に考えれば、私たちの生をはっきりと方向付けてくれる新しい価値を見出すことが、〝ニヒリズムの超克〟であるということになるだろう。しかし、どこに価値の源泉を求めればいいのだろうか？　すでに見たように、「人間」自身の内に、価値の源泉を求めようとすると、カント＝ニーチェ的な「自由の深淵」に再び遭遇することになる。「人間」を動かしている様々な欲望は、〝主体〟としての「人間」自身に由来するものではなく、物理的な因果法則に従って、各人の〝主体〟としての〝意志〟とは関係なく、生じてくるものだからである。「人間」は、自らの欲望を自分自身で生み出し、制御することができないのである。その意味で、〝価値の究極の源泉〟にはなり得ない。

では、「神」あるいは「（神的な）自然」それ自体を中心とする超越的・超感性的な価値体系に（再び）帰依するという戦略はどうであろうか？　現実的であるとも説得力があるとも思えない。

「神」「自然」「宇宙」「歴史」など、「人間」を超えたものに価値の源泉を見出し、帰依する心情は、意図せずして、〝自然〟と生じてくるものであって、人為的に構築するものではないからである。現代社会を生きる人々の間に、〝自然〟と何らかの超越的なものに対する帰依の心情が生まれてくるとすれば、帰依すること自体に困難はないだろうが、シミュラークルによって覆い尽くされる世界の中で、社会全体を包摂するような超越的な価値の源泉はすぐに現れそうにない。現代日本を見る限り、小規模な新興宗教やスピリチュアリズム系の集団が興亡盛衰を繰り返しているだけのように見える。

では、そういう超越的なものが不在であることを十分に分かったうえで、あたかもそういうものが現前している「かのように」コミットしていく戦略は、どうだろうか？　社会学者の大澤真幸（一九五八―　）はこれを「アイロニカルな没入」と呼んでいる。この戦略は一見すると、啓蒙を一度通過して、超越的なものを信じられなくなっている近代人のメンタリティに合っているようにも見えるが、（右でも左でも）積極的に支持する人は多くないだろう。本当はないと分かりながらコミットし続けるのは誰にとっても苦痛であるし、仮に、価値の中心点が不在のまま、〝アイロニカルに没入する者たちの共同体〟が大きな規模で組織化されたとしたら、それが、どちらの方向に暴走するか分からないからである。生の意味を見出せないで不安に駆られ、自暴自棄になる人が圧倒的な多数になれば、そういう共同体が否応なくできあがってしまうことになるかもしれないが、それを予め期待する人は決して多くないだろう。

では、後はどのような戦略が残されているのか？　ボードリヤールを含む、いわゆる「ポストモダン系」の論者の多くが取った戦略は、新たな価値の源泉（オルターナティヴ）を早急に見出そうとはせず、価値の中心点をめぐる問題は宙吊りにしたまま、ひたすら「観察」し「記述」し続けるというものだった。多重のシミュレーションによって構成された都市の空間の中で、人間の無意識次元の欲望がファンタスマゴリー的に現れてくる様を冷静に観察し続け、欲望の〝根源〟を辿っていくということである。最終的に〝根源〟自体が空洞であることが判明してしまうかもしれないが、結論を急ぐことなく、都市空間の中での欲望の流れを――自らも同じ空間の中で浮遊しながら――辛抱強く見つめ続けるわけである。

これはベンヤミンが、都市空間の中の「遊歩者 flâneur」として実践しようとした戦略でもある。『複製技術時代の芸術作品』では、ファシズムとの対決という切迫した状況を意識しすぎたため、（どこに向かうか分からない）「覚醒」への希望を焦って表明してしまったきらいがあるが、未完に終わった『パサージュ論』（一九二七―四〇）ではむしろ、遊歩する観察者の立場に徹する姿勢を見せている。焦って強引に新たな価値の源泉を発見しようとするのではなく、その変容を冷徹に見つめ続ける――ボードリヤールの意味での――「ニヒリスト」的な身振りこそ、「ポストモダン」状況において最も有効な戦略かもしれない。

第Ⅰ部

第1章　ポストモダン社会における「労働」と「消費」と「記号」

1　近代的「人間」と「労働」

フランスの哲学者フーコー（一九二六—八四）は、その主著『言葉と物』（一九六六）で、一八世紀末に西欧世界で成立し、その終焉期を迎えつつある——現在、本当に終焉したことになるのか否かはっきりしないが——近代的な「エピステーメー（知の深層構造）」は、「人間」という概念を中心に形成されてきたと指摘している。この場合の「人間」というのは、近代的な人文諸科学（sciences humaines）の探求の前提となるべく、予めその基本的性格を規定され、枠付けにされた「人間」である。そして、この「人間」をめぐる近代的な思考の三つの主要な経路が、「生命」「労働」「言語活動」である。つまり、生命体としての人間、労働（経済）主体としての人間、語る主体としての人間という三つのイメージの相関関係の中で、「人間」という概念が規定されていたのである。

この内の「労働」という側面を最初に発見したとされるのは周知のように、古典派経済学者の創始者アダム・スミス（一七二三―九〇）である。スミスは、重商主義を批判して自由貿易を提唱する『諸国民の富』（一七七六）の中で、「労働」が全ての商品の交換価値の真の尺度であるという「労働価値説」を定式化している。商品ａと商品ｂを比較して、市場での価格を確定するための具体的な尺度として利用されるのは、「労働時間」であるという。無論、「労働時間」と商品の価格（交換価値）が正確に比例しているわけではないが、全体的に見て、「労働時間」の長短が市場での需給のメカニズムを通して商品の価格に反映されることになる。市場での競争に勝ち残ろうとする生産者は、分業などによって労働の効率を高め、相対的に短い労働時間で商品を生産し、安く売ろうとする。そうした生産者間の競争によって、労働（時間当たり）の生産性は社会全体として高まっていき、国民の富が増大していく、というのである。

古典的自由主義経済の批判者であるマルクス（一八一八―八三）は、スミスの「労働価値説」の図式を基本的に継承しながら、「労働」が交換価値の尺度になっているがゆえに、労働者が搾取されている逆説が起こっている、という議論を展開する。スミスの議論においては、生産者＝労働者として想定されていたが、マルクスによれば、資本主義的生産体制においては、（肉体）労働を買って商品を生産する「資本家」と、「労働者」の間に階級的利害の対立が生じる。資本家階級（ブルジョワジー）が、商品当たりの労働の価格をできるだけ安く抑えることによって、利益を増やそうとするのに対し、労働者階級（プロレタリアート）は自らの生活を楽にするため、労働の価格を高くしようとする。「資本」を媒介にして生産活動が循環する資本主義的な生産体制の下では、労働の価格は、常にブルジョワジーの側に有利に決定され、プロレタリアートは次第に困窮化していく。その困窮化から脱するためには、プロレタリアートは「革命」を起こし、生産手段をブルジョワジーから取り上げ、自らが生産の主体になるしかない、というのである。二〇世紀の思想界に圧倒的な影響を与えたマルクス主義は、「資本」を介した「生産」システムを廃することを通して、「労働」によって生み出されている「価値」の全てを「労働者」の側に「取り戻す」ことを最終目的とする社会・労働運動だったと言うことができる。マルクス主義者にとって、労働によって生み出された価値を取り戻すということは、自分たちの人間性――初期マルクスの言い回しでは、「類的本質」――を取り戻すことである。プロレタリアート革命によって成立したソ連・東欧ブロックや中国・北朝鮮などの社会主義政権は、労働者の労働力を最大限に引き出すため、重工業中心の生産体制を強化する政策を推進した。マルクス主義者たちは、いつのまにかスミスの労働価値説を、「自発的に『労働』することを通してのみ、人間は、本当の意味で人間らしく生きることができる」という世界観にまで、〝格上げ〟したのである。

近代市民社会成立の思想的な基盤となったスミス的な自由主義が、アメリカを盟主とする資本主義陣営の共通の価値観でもあったと考えれば、二〇世紀とは、「労働価値説（観）」の二つのヴァージョンが対立した時代であったということになろう。右にとっても左にとっても、人間の本質は「労働」だったのである。問題は、どうすれば、各人に内在する「労働」する能力を最大限に活用できるかである。

2　「労働」から「消費」へ

しかしながら、資本主義がある程度まで成長してくると、単純労働に従事する労働者を〝搾取〟しながら、同じ規格の商品を安価で大量に生産することによって、「資本」が自己増殖するという、マルクス主義が批判した一九世紀的なパターンは行き詰まりを見せるようになる。農村から都市に移動してきて――低賃金で働いてくれる――労働人口予備軍があまりいなくなり、加えて、人々の生活に最低限必要な〝もの〟が市場に供給されるようになってくると、各企業とも〝同じようなもの〟を作り続けているだけでは、生産規模を拡大できなくなる。一九世紀末から二〇世紀初頭にかけて、西欧の先進資本主義諸国は、安い原材料と労働力、新たな商品市場を求めて帝国主義政策を採るようになったが、第二次大戦後は、第三世界の植民地が次々と独立し、独自の道を歩むようになったので、帝国主義的拡張も困難になる。

安価な労働力を大量に投入する重工業を中心とした成長が限界に達しつつあった西欧諸国は、流通・サービス・情報などの第三次産業にシフトしていく（＝ポスト工業化社会）。〝同じようなもの〟を大量に作るのではなく、人々の「消費」意欲を刺激する付加価値の高い商品、つまり様々な形を取る〝余分なもの〟を作り出す企業が増えてくる。高級な衣服、化粧品、装身具、時計、家具を扱う百貨店や専門店が都市の中心部に立ち並ぶ。そこに人々を幻惑して引き寄せるべく、様々なイメージ戦略を打ち出し、人為的に「流行」を作り出す広告業やメディア業界も連動して成長してくる。無論、〝生活必需品とは言えない様々なもの〟を人々に買わせようとすれば、低賃金で単純作業に従事させられる肉体労働者ばかりではなく、それなりの収入を得ているホワイトカラーを中心とする新中間層が形成されている必要がある。そうした二〇世紀前半から徐々に続いていた変化は、六〇年代後半から七〇年代前半にかけて一挙に顕在化する。大量消費社会の到来である。

それに対してソ連・東欧の社会主義諸国は、生産財を公有化し、資本家による搾取を取り除きさえすれば、生産力はさらに増大していくことが可能であるという前提に立って、重工業部門に労働力を投入する戦略を取り続ける。社会主義諸国では、〝贅沢な消費財〟は、健全な労働者には不要だと考えられていたふしがある。終戦直後の何年間か、五〇年代半ばくらいまでは、どちらの経済体制が経済成長戦略として有効かはっきりしなかったが、七〇年代のオイル・ショックの前後に、重工業への労働集約路線を取り続ける社会主義諸国の経済成長が鈍化していることが統計的に明らかになってくる。伝統的なマルクス主義は、「労働」と表裏一体の関係にあるはずの「消費」にはあまり注目してこなかったので、社会主義国では「消費」を重視するという考え方が育ちにくかったのかもしれない。

そうなると、西欧諸国の政治・社会思想における対立軸も、正統マルクス主義が依拠していた、ブルジョワジー／プロレタリアートの二項対立から、大量消費＝大衆社会に見られる新たな問題、例えば、文化産業（資本）による芸術や（批判的）社会科学、ジャーナリズムなどの囲い込み、消費文化に満足した大衆の体制順応傾向、中央集権化された官僚機構による公的領域における管理強化、性差やエスニシティをめぐる文化的摩擦などの問題にシフトしてくる。

3　「消費」と記号論

「消費」をめぐる問題系を、一九六〇年代から七〇年代にかけてフランスやアメリカを中心に形成された「ポストモダン思想」の枠内で本格的に展開したのは、フランスの社会学者ボードリヤールである。彼の初期の著作『消費社会の神話と構造』（一九七〇）は、モノ（objet）やサービスや物的財の増加によってもたらされた消費や豊かさによって、我々の生態系に根本的な変化が生じている、という状況認識に立っている。我々は、（交換価値を帯びた商品として作り出された）モノのリズムに合わせて、モノの絶えざる運動に従って生きている。人工的な生態系を形成しているモノは、個々の商品としての使用価値とは独立に、モノの集合体としての幻惑作用を発揮する。そのようなモノの複合的な誘惑が端的に現れる場が、百貨店やドラッグストアだ。

ボードリヤールは、人々を「消費」に向かわせている心性の内に、日常生活の中で奇蹟を待望する未開社会の魔術的な心性と同質のものが潜んでいることを指摘する。各種の儀礼によって秩序付けられている未開社会と、現代の大量消費社会の共通点は、象徴的な「記号」を通しての操作である。神話的な儀礼においては、象徴的な意味を帯びた「記号」としての役割を果たしている各種のモノ（呪物）を一定の作法に従って動かすことによって、奇蹟に対する人々の欲望が再活性化され、奇蹟信仰を中心とする社会秩序が再生されるが、それとパラレルに、商品として生み出されたモノを、百貨店のような空間の中で一定の様式の下に「記号」として配置することによって、我々の欲望が刺激され、我々は新たな消費活動へと誘われる。ただし、「記号」によって主体の振る舞いが規定されているといっても、未開社会と現代の大量消費社会では、「記号」の作用の仕方が異なる。象徴的な儀礼によってその秩序が繰り返し再生されるような未開社会では、「モノ＝記号」の指し示す「差異」はほぼ固定化しているが、現代の大量消費社会では、人々を新たな「消費」へと誘うべく、新たな「差異」が、つまり新たな「モノ＝記号」が作り出されているのである。

大量消費社会に生きる〝我々〟は、自らの自然な欲求に従って〝主体〟的にモノを消費しているわけではなくて、呪物的な魔力を発揮する象徴的な記号体系の中で特定の「意味」を割り振られているモノの消費へと仕向けられているということになる。「記号としてのモノ」を消費させられているわけである。これは、主体の意識の自律性を前提にするデカルト―カント以降の近代自我哲学とも、下部構造＝生産様式による意識の規定性を強調するマルクス主義的唯物論とも異なる世界観、言わば記号論的な世界観である。

こうした意味での「記号論」の台頭は、マルクス主義と古典的自由主義の共通の基盤であった「労働価値説」の解体と同時に、フーコーが、近代の「人間」中心的なエピステーメーのもう一つの柱として挙げていた「言語活動」の「脱人間化」をも含意している。近代的な言語学では、言語活動の本質は、「人間」の「精神」の〝内〟にあると前提され、「言語」は「人間」の内なる声（パロール）を反映する透明な媒体と見なされていた。それに対して、ポストモダン思想に影響を与えたソシュール（一八五七―一九一三）の構造主義言語学・記号学、あるいは、それを応用したレヴィ＝ストロース（一九〇八―二〇〇九）の文化人類学、ラカン（一九〇一―八一）の精神分析などにおいては、主体の内面性の表れとしてのパロールよりも、外的な言語記号の体系（ラング）の方が重視されるようになった。主体としての「人間」抜きでの、言語活動の探求が可能になったのである。

構造主義的な記号論を軸として発展するようになったポストモダンの世界観においては、「労働」と「言語」によって、自己の周囲の「世界」を把握し、秩序化して支配しようとする「人間」はもはや絶対的に安定した〝主体〟ではないのである。

4 「パラノ」から「スキゾ」へ

資本主義の成長戦略の「労働」から「消費」へのシフトと、それと連動する思想のポスト近代化は、七〇年代以降日本でも急速に進行することになった。高度経済成長に伴って、工業化・都市化・サラリーマン化が進み、大学進学率が上昇し続けていた間は、「会社のような組織の中で決まったルールとスケジュールに従って、定年まで働き続けるまじめな勤労者」になることが、若者たちが目指すべき「社会化」の安定したモデルになっていた。しかし七〇年代前半のニクソン・ショックやオイル・ショックを機に、日本経済が全体的に低成長期に入ってくると、人々の「消費」意欲を刺激して、「企業労働」を中心に画一化していたライフスタイルを多様化させることが、更なる成長の条件になった。工場での「労働」を中心とする主体の画一的形成が頭打ちになったので、ボードリヤールが論じたように、強引にでも、「差異」を作り出さねばならなくなったわけである。

八〇年代にポストモダンの旗手として登場してきた浅田彰（一九五七— ）は、『構造と力』（一九八三）や『逃走論』（一九八四）などで、企業戦士のように一つのことに固執し、自分のアイデンティティを変えようとしないパラノ型人間に代わって、一つのことに集中できずあっちこっちに関心を移し、「シラケつつノリ、ノリつつシラケ」ているスキゾ・キッズを、ポストモダン社会に適したニュー・タイプとして称揚した。「パラノ」というのは、パラノイア（偏執狂）の略で、資本主義社会に生きる人間のように一つのところで継続的に働き、富を蓄積することに固執する傾向を示す。「スキゾ」というのは、その逆に、スキゾフレニー（分裂症あるいは統合失調症）の略で、一つところに留まることなく、あっちこっちに移動しようとする傾向である。

浅田が依拠しているドゥルーズ（一九二五―九五）やガタリ（一九三〇―九二）の議論によれば、農耕が始まる以前の社会に生きていた「遊牧民（ノマド）」は基本的にスキゾ体質であったが、農耕の発達によって人々が一つところに定着し、国家を形成するようになると、安定した生き方を志向するパラノ的な体質の人間が増加する。しかし資本主義が高度に発展すると、資本は更なる発展のために、「国家」の枠を超えた移動・変容を開始し、それに伴って人間のスキゾ的な面が再び前面に出てくる。スキゾ＝ノマド的な人間は、固定したアイデンティティに縛られるのを嫌がり、既成の慣習の枠からはみ出してしまうので、彼らの増加は、資本主義発展のための良質で均質化された労働力を提供してきた「国民国家」の土台を揺るがすことにもなる。

ドゥルーズ＝ガタリ、そして浅田は、この再ノマド＝スキゾ化現象を、フロイト派精神分析の前提になってきたエディプス三角形（父―母―子）を通じての自我形成過程の変容とも関連付けている。エンゲルス（一八二〇―九五）が『家族・私有財産・国家の起源』（一八八四）で論じているように、近代的な核家族は、資本主義と共に形成されてきたとされている。資本の脱領域化と諸個人の（再）スキゾ化は、不可避的に、資本主義と密接に結び付いてきた核家族のあり方にも影響を与えることになる。

大家族が農業を中心とする生産の基本単位であった前近代社会と違い、資本主義化された社会では、労働者である父親だけが工場に働きに行き、そこで搾取されながら労働した〝対価〟として、（妻や子供たちからなる）核家族の生活を営むのに必要な最低限の賃金をもらってくる。その賃金で子供が養われることによって、次の世代の（搾取の対象としての）労働力が再生産される。核家族における生殖（reproduction）と、労働力の再生産（reproduction）が重なって、資本主義社会は機能してきた。このエンゲルス的な見方を、エディプス・コンプレックスを通しての自我形成をめぐる精神分析のストーリーと重ね合わせると、核家族＝エディプス三角形の内で形成されてくる「主体」は、その〝父〟と同様に、外の世界における資本主義的・市民社会的秩序に同化し、その秩序を〝主体〟的に支えていくようになる、ということになる。

（再）スキゾ化というのは、核家族＝エディプス的な主体形成のメカニズムが「限界」に突き当たって変調を来たしたせいで、資本主義にきちんと同化（＝パラノイア化）できず、子供のようにスキゾ的な体質を残したまま〝大人〟になる者が大量に出てくる現象として理解できる。『逃走論』で浅田は、突発的に暴力をふるったり、極端に内向的になったりする現代の若者たちは病んでおり、彼らが病んでいるのは「家族が病んでいる」からだと決め付ける当時の紋切型の俗論を批判し、スキゾ体質の若者の生き方を肯定する論を展開した。彼はドゥルーズ＝ガタリの『アンチ・オイディプス』（一九七二）を参照しながら、病んでいない〝健全な家族〟とされているものが、実は、（将来の労働力である）子供たちを資本主義的な競争のサイクルに誘うべく発明された「エディプス的な家族」にすぎないことを明らかにする。彼は、スキゾ・キッズが病気なのではなく、むしろスキゾ・キッズを閉じ込め、資本主義社会に順応した〝主体〟として走り続けるよう強いてきたエディプス的家族＝パラノ・ファミリーこそ病気であると見る。浅田に言わせれば、群れを成して同じ方向に走り続けるパラノ的な〝主体〟たちよりも、注意散漫で分散化・多様化した走りをするスキゾ・キッズの方が〝自然〟であるとも言える。現実的に考えても、従来のような重工業を中心とする高度経済成長が難しくなり、消費主導で産業構造が多様化している以上、従来のようにパラノ・ドライブだけで突き進んでいけない。いい年をしてスキゾ・キッズであり続けるような人間が、そろそろ肯定的に評価されていい頃だ、と言うのである。

5 「スキゾ・キッズ」と「フリーター」

浅田の「スキゾ・キッズ」は近代的な「人間」像の解体・崩壊を示唆する、ある意味終末論的言説であるが、不安に駆り立てられて一方向に走る資本主義的な「パラノ人間」のネガティヴなイメージを対置することで、注意散漫で落ち着きのない「スキゾ・キッズ」を相対的にポジティヴに見せている。しかも、〝主体〟になり切らない「キッズ」という中途半端なイメージを出すことで、革命主体を掲げるマルクス主義のような先鋭化された二項対立にはまることも回避している。

スキゾ・キッズは、パラノ人間に正面から「闘争」を挑み、彼らに取って代わろうとするのではなく、左右のパラノの群れから、ひたすら「逃走」する。浅田の描くイメージは、資本主義社会に順応した会社人間になるのも、資本主義を破壊する革命活動の闘士になるのも嫌になっていた当時の若者の心情にフィットしていた。

一つの正常＝規範性（normality）の枠内に留まることができないで、すぐに逸脱してしまう「スキゾ・キッズ」的な生き方は、「差異」を強調することによって「消費」を拡大していこうとする、サービスや広告などイメージ的なものに重きを置く軽薄短小産業の成長戦略にとって好都合であった。パラノ的に同じものばかり買い、使い続けたら、商売にならないからである。

そうした「スキゾ・キッズ」たちの「差異」志向のライフスタイルは、日本的な雇用・労働形態の変化にも対応していた。終身雇用制に保護されながら、同じ企業で定まったキャリア・コースに即して働き続け、「会社人間」になることが自明の理ではなくなり、職場も働き方も収入も、その時々の状況に応じて変化させる、スキゾ的な生き方が相対的に高く評価されるようになった。そして、七〇年代から八〇年代にかけて、スキゾ的な――かなり「遊び」の要素も入った――〝労働〟に対応するような流動的な職種も生まれてきた。

『逃走論』の中で浅田は、「差異化」することによって商品を売り込む「広告」の世界で働く人、特にコピーライターには、子供っぽさを思いっ切り発揮して、絶えず規範＝正常性から逸脱してしまうような人間、まじめな業界ではやっていけないスキゾ型人間が多い、と述べている。無論、スキゾ人間が多いといっても、自らの想像力と戯れているだけでは、商売にはならない。しかし、商売を意識しすぎると、スキゾ的な面白みがなくなる。「広告」業界では、一カ所での集約・蓄積的な労働を好まず、遊び心を保とうとするスキゾ人間と、スキゾ人間たちがもたらす差異を利用して商売しようとするパラノ人間の間の絶え間なき鬩ぎ合いがあると言うのである。

八〇年代には、「コピーライター」だけでなく、一般的に「〇〇ライター」とか「△△コーディネーター」「□□デザイナー」「××スタイリスト」など、その業界の外の人間には何をやっているのかよく分からないし、一般会社員のように安定しているとは思えないカタカナ表記の情報・文化・芸術関係の職種が若者たちの間でポピュラーになり、スキゾ・キッズの活躍の余地が広がった。彼らにとって、遊び／労働の境界線は定かではなく、古典的な意味での「労働」は絶対的な価値基準ではなくなった。

一九八七年には（それ自体がカタカナ産業である）リクルートによって、「フリーター（フリー＋アルバイター）」という言葉が広まったが、この言葉は当初ネガティヴなニュアンスを含んでいなかった。むしろ、一つところに落ち着かず、自由気ままに職場を渡り歩く「スキゾ・キッズ＝ノマド」的なイメージの方が強かった。八〇年代には、「パラノ・ドライブから逃走するスキゾ・キッズ」は単なる観念ではなく、ある程度のリアリティがあったのである。

「フリーター」という言葉はその後、次第に、不安定な形でしか雇用されない、若者の辛い現状を象徴する言葉としても使われるようになったが（本書第2章を参照）、日常語として定着した。

私たちの社会は、「フリーター」が、人口のかなりの割合を占めることが当たり前の社会になった。若者の貧困をどうにかしようと政治・社会運動を展開している人たちは、「フリーター」がゼロになるのが理想だとは思っていないだろう。万人にとっての理想の「労働」の在り方、あるいは、「労働」と「消費」「余暇」のバランスを確定することはもはや不可能である。

ポストモダン社会においては、(「消費」だけでなく)「労働」もまた「記号」的な営みであること、つまり記号的な差異を作り出すことで、人間の欲望を刺激する「価値」を生み出す営みであることが顕わになる。人間のライフスタイルが変われば、それに伴って、必要とされる「労働」も変化する。〝同じように働く人たち〟の共同体を無理に再建しようとする試みは、ディストピアにしかならないだろう。

第2章　スキゾ・キッズがニートになるまで

1　資本主義社会の変容と「ニート」

二〇〇四年七月に労働経済学者の玄田有史（一九六四―　）とフリーライターの曲沼美恵（一九七〇―　）の共著『ニート――フリーターでも失業者でもなく』（幻冬舎）が刊行されベストセラーになって以来、もともと英国の若年就業政策の文脈で使われていたこの言葉（NEET）が、その原義を離れてひとり歩きし始め、「（現代日本の）若者の勤労意識」に生じつつある〝根本的な変化〟を象徴的に表現するキーワードになった感がある。小泉チルドレンの杉村太蔵（一九七九―　）が、自らを「フリーター・ニート世代の代表」と呼んでいることや、国の一般会計予算案で「ニート」対策が雇用分野での重点項目になっていることが、その端的な表れであろう。団塊ジュニア世代以降の「若者のニート化」が、人口減少社会になった日本が早急に解決すべき「社会問題」として構築されつつある。

「ニート」が「引きこもり」や「青少年犯罪」「下流」などとも結び付いて、「働く意欲のない若者」を指し示す言葉になっていること自体を、政府やマスコミの不当なイメージ操作の帰結として批判する論者もいる。二〇〇六年に入って刊行された本田由紀・内藤朝雄・後藤和智著『「ニート」って言うな！』（光文社新書）は、主として企業が正社員の雇用に消極的になっているにもかかわらず、「ニート」というマジックワードの使用によって、「若者の意欲」や「親の甘やかし」の方に責任が転嫁されていると指摘している。著者三人の「今時の若者」の〝現実〟像には微妙な違いが見られるが、「ニート」と一括りにして問題視されるべき〝実体〟はない、という点では共通しているようだ。

私自身も「ニート」を「今時の若者」全般の象徴のようなものとして実体視することは望ましくないと思っている。私は彼ら三人のように「今時の若者」に対して思い入れがあるわけではない──というより、業務以外では「生きた現実」を語りたがる若者や老人の相手をするのは極力避けるようにしている──が、根がかなり徹底した個人主義なので、「若者が市場経済の厳しさに適応できるように鍛え直す」という態度（主に「右」）であれ、「若者が市場経済の犠牲にならないで自立できるように支援する」という態度（主に「左」）であれ、若者の望ましい生き方を一義的に規定し、そこからはみ出ることを問題視するパターナリズム的な干渉論に同調する気はない。景気・雇用・社会保障・財政の相関関係の構造的変化にどのように対処するかというマクロ政策レベルの問題と、若者一人一人が抱えている〝心の問題〟を安易に結び付けて論じるべきではないだろう――政治や経済は、多かれ少なかれ当事者たちの人間本性観のようなものを反映しているので、全く無関係というわけにはいかないが。

ただし、「ニート」という言葉が虚の焦点となって実体のない〝問題〟が構築されているとしても、この言葉が公共の場から消えさえすれば、「若者と労働」の関係をめぐる漠然とした不安が全面的に解消されるということでもないだろう。不安が解消されない限り、労働規範から逸脱してしまう若者を象徴的に問題視する次のキーワードが、次々と創出され続けるだけだ。「各人が（資本を中心に組織化された）労働に生きがいを見出し、それに打ち込むことによって社会全体が豊かになっていく」という資本主義社会を根底で支えている命題が、日本において、いつのまにか自明の理ではなくなったことが不安の源泉にあるのではないか、と私は社会思想史的な視点から考えている。それはある意味、後期資本主義社会が不可避的に直面する問題である。

これまでいろんなところで散々言い古されてきたことではあるが、高度経済成長に伴って、工業化・都市化・サラリーマン化が進行し、大学進学率が上昇し続けていた間は、「会社のような組織の中で決まったルールとスケジュールに従って、定年まで働き続けるまじめな勤労者」になることが、若者たちが目指すべき「社会化」の安定したモデルになっていった。七〇年代前半には、ニクソン・ショックやオイル・ショックを機に、日本経済は低成長期に入ったと言われるが、その分、「会社人間」たちを軸とする「総中流化」が更に進み、「普通の勤労者の生活の標準的パターン」のようなものについての固定的なイメージが強化されることになった。

若者たち、特に高校・大学受験を控えた若者たちは、安定化の道を自分自身が歩んでいるかどうか、エリート・コースを歩んでいるのか、中流以下のコースに転落しつつあるのかを異様なまでに気にするようになった。七〇年代末から八〇年代初頭にかけて、受験勉強など学歴に関連した問題で追い詰められた若者が両親や祖父母を殺害する――当時としては――ショッキングな事件が相次いで起こった。[1]受験地獄をテーマにした城山三郎の小説『素直な戦士たち』[2]（一九七七―七八）が新聞で連載された。

かつて新人類世代[3]と呼ばれた玄田や本田、内藤、あるいは私などの六〇年代前半生まれが大学に入学する八〇年代になると、「企業労働」を核とするライフスタイルの画一化傾向も一段落し、ポスト工業化社会に入ったことがはっきりしてくる。そうすると今度は、人々の消費意欲を刺激して、いったん画一化したライフスタイルを消費の面で多様化させることが、（消費）資本主義の更なる成長の条件と見なされるようになった。人々が消費生活の充実を重視するようになれば、当然、職種、職場環境、勤務地などに対する選好も多様化し、企業への帰属意識も絶対的に安定したものではなくなる。資本主義の成長メカニズム自体の内から、「労働主体」の在り方が変容する必然性が生じてくる。逆に言うと、「労働」を中心とする主体の画一的形成が頭打ちになったので、強引にでも「差異」を作り出さねばならなくなったわけである。

この時期にポストモダンの旗手として登場した浅田彰は、『構造と力』や『逃走論』で、企業戦士のように一つのことに固執し自分のアイデンティティを変えようとしないパラノ型人間に代わって、一つのことに集中できずあっちこっちに関心を移し、「シラケつつノリ、ノリつつシラケ」ているスキゾ・キッズを、ポストモダン社会に適したニュー・タイプとして称揚した。浅田の議論は、資本主義的な会社人間になり切るのも、資本主義を破壊する革命活動にコミットするのも嫌気がさしていた当時の大学生たちにアピールした。

このスキゾ・キッズのイメージは、「焦って一つの企業に自分の人生を縛り付けようとせず、自分らしい生き方ができる仕事を求める自由な労働者」というポジティヴな意味で、八〇年代後半にリクルートが使い出した「フリーター」という言葉とうまく重なっていた、という気がする。

2　「フリーター」から「ニート」へ

当初は、安定性よりも自由を志向する〝より人間らしく生き生きした生き方〟のように言われていた「フリーター」であるが、九〇年代に入ってバブル経済が崩壊し、不況が長期化するにつれて、次第に「夢ばかり語っていて、定職に就こうとしない今時の若者」という負のイメージを帯びるようになった。個人的なことを言うと、私が大学に就職したのは一九九八年一月であるが、その二カ月ほど前に行われた面接で、担当者から、履歴書の中の（研究・教育活動に従事していない）空白の部分について聞かれて、「フリーターのようなことをやっていました」、と答えた――

今から考えると、むしろ「ニート」だったような気がする。私の認識では、九〇年代後半には、フリーターのイメージは、「職業生活におけるフリーハンドを確保しようとする主体性の表れ」と「夢ばかり追いかけて職業生活を回避しようとするモラトリアム的な甘えの表れ」――小此木啓吾の『モラトリアム人間の時代』が刊行されたのは一九七八年――の両義性を帯びていたが、次第に後者の方に比重が移っていった。

「フリーター」が「社会現象」として認知されるようになった当初は、「自分の夢を実現できる場所」を見つけたら、自然と定着するはずなのでずるずるとフリーターが増え続けることはないという予想もあったが、二一世紀に入ってからも増え続けたため、次第に「社会問題」として再認識されるようになった。不況が一〇年以上にわたって長期化しているので、なかなか正規雇用されない人が累積していくのは当然であったとも言える。しかし、それまでの「スキゾ・キッズ」としての「フリーター」という八〇年代的なプラスのイメージに対する反動と、「パラサイト・シングル」「社会的引きこもり」「オタク」などの「今時の若者」を〝象徴〟する負のイメージの増殖が、相乗効果を引き起こして、ポスト・バブルの日本の経済構造の側だけでなく、フリーターになってしまう「若者」の側にも「問題」があるのではと見る風潮が生まれてきた。マーケット・アナリストの三浦展（一九五八―　）が『下流社会』（光文社新書、二〇〇五）で述べているような、「夢ばかり追って職業生活に適応できない若者」像ができあがるわけである。

そういうイメージが流通するようになったのは、「人は労働に生きがいを見出すはずである」

という「近代的人間」観の大前提が、浅田たちが華々しく活躍した八〇年代よりも更に怪しくなったからではないかと私は見ている。「スキゾ・キッズ〃フリーター」をポジティヴに評価することが可能であったのは、若いうちはふらふらしていても、年を取っていけばいつしか継続的に打ち込める「労働の場」への定着を好むようになるはずだ、という暗黙の了解があったからである。その了解が崩れると、放っておいたら、ちゃんと労働する能力がない社会の余計者になってしまうのではないか、という不安が生じてくる。親にかなりの年収があるおかげで完全に自立しないでフリーター生活を続ける若者の存在がメディアでクローズアップされることで、そうした「近代的人間」観の崩壊に対する不安に拍車がかかる。「自分が経済的に自立していないにもかかわらず将来のことをあまり気にしていない若者」というのは、スキゾ・キッズの究極の姿かもしれないが、そのように見える若者が増え続けることは、大人たちにとって、大げさに言えば、近代資本主義社会にとって大きな脅威である。理由はともかくとして、フリーターが増加し続けているという事実が、不気味なのである。

「フリーター」問題の底流で進行していたこうした「近代的人間」観の動揺を言い表すための、「ニート」という新たなシニフィアン（意味するもの）がタイミングよく与えられたことによって、「ニート」言説が形成されたというのが私の見方である。「人間は労働することによって幸福になるとは限らない」というポストモダン的認識ゆえの漠然とした不安が「今時の若者」に投影されているせいで、〝ニート〟という「市民社会の他者」に対する苛立ちが起こってくるのである。

ニート化する若者を鍛え直そうとする保守的な論者たちは、当然のごとく、「人間は本来労働するものであり、かつ労働する義務を負っている」という見方をしているが、若者に同情する姿勢を見せるリベラル左派の論者たちもまた、「若者は本来労働したいはずなのに、新自由主義がそれを阻害している」というような論旨で、「労働」を依然として神聖視するきらいがある。「労働」を人間性形成の核と見る限り、〝ニート的（に見える）存在〟をそのまま肯定するのは難しい。『「ニート」って言うな！』の著者の間でも、専門科での教育を充実させることで労働の場へのスムーズな参入を可能にするモデルを形成することを提唱する本田と、労働しようとしないニート的な存在を許容できる不透明な社会でいいではないかと言う内藤は、この点をめぐって明らかに対立している。「ニート化防止のための社会的対策はそもそも必要か」という問題は、近代的「人間」像が崩壊していく中で生じるポストモダンの不安にどう対処するかという思想・哲学の問題と深いところで結び付いている。

3 「ニート」言説から見た「労働価値」説

「ニートを許容する自由な社会」を積極的に提唱する内藤の議論のようなものは例外として、（「ニート」という言葉の誤用を批判する本田のような議論も含めて）「ニート」論の大半は、その具体的な方法論や語り方のトーンは異なっていても、どうやったら「若者」が「労働の場」にアクセスしやすくなるのかという問題設定の下で展開されている。熟練した労働能力を身に付けることは、基本的に〝いいこと〟なのである。社会的分業化と自由競争を通しての［労働の効率化→生産力の増大］を前提とする「資本主義経済」を否定してきたマルクス主義的あるいはアナーキズム的な左派論客たちまでも、こと「ニート」の問題になると、「若者たちがみな〝ちゃんと〟就職して働けるように」支援する枠組みを作るという方向に話をもっていく傾向がある。九〇年代の終わり頃には、だめ連[4]やスロー・ライフ、年収三〇〇万円での豊かな生活など、資本主義的な労働規範から〝自然と〟逸脱しているように見える生き方、言い換えると、スキゾ・キッズのニュー・ヴァージョンに見える生き方を称揚していたプチ左翼的な人たちも、いつのまにか、若者たちが（資本主義社会の中での）労働生活に適応することを希望する「いい大人」になってしまったように思われる。

原理的に考えると、だめ連とか不良少年、ニート、フリーター的な生き方をする若者――昔のマルクス主義風に言うと、ルンペンプロレタリアート――がどんどん増えていけば、国民全体の生産力も購買力も落ちていくので、資本主義は崩壊していくはずである。資本主義自体は否定しない市民派＝リベラル派であれば、そうした破局を食い止めようとしても不思議はないが、反資本主義的左翼にとっては、資本主義社会が崩壊過程に入っていくのは、喜ぶべきことである。後者が一時期だめ連的なものに期待を寄せていたのは、「（資本主義社会の中で）『だめ』であり続けること」に適応しているように見える若者たちに、資本主義社会の崩壊を生き延びる力があると見ていたからだろう。

二〇〇四年以降の「ニート」論議では、そうした「反資本主義的にしぶとい若者」像が影を潜めてしまい、むしろ労働市場から締め出される若者たちを犠牲者視するトーンが支配的になっている。絶望した若者たちが余計に自分たちの首をしめることになるとも気付かずに、〝強いリーダーシップ〟を見せる小泉首相や竹中大臣の新自由主義的な政策を支持し、全体主義志向を強めるのではないかと――教科書的に――危惧する良心左派的な発言の方が目立っている。革命的左翼であれば、窮乏化に起因する全体主義の危機は、革命への好機と読み替えることが可能なはずだが、そうは考えないようである。

左派論客たちが〝常識的〟になっている現実的な理由として、真正マルクス主義者たちが高齢化して表舞台から退場し始めているということと、「フリーター」の生活の実態が次第に分かってきてあまり呑気に革命熱を煽り続けるわけにもいかなくなったといったことが考えられる。しかし、〝より本質的な理由〟として、左翼として（新）自由主義経済を〝批判〟しているつもりでも、アダム・スミス的な「労働価値説」から抜け切っていないため、いつのまにか先祖返りしてしまった、ということがあるのではないかと思う。マルクスは、市場での交換価値が支配的になっている資本主義社会では、労働者が生産物に投下した「（生の）労働」がそのまま「価値」として妥当するという労働価値説は成り立たないとして批判した。しかし若者向けの雇用対策をしようとすれば、どうしても、まるで〝労働価値説〟の信奉者であるかのように、若者たちがその価値が社会的に――つまり資本主義的な市場で――認められているような種類の「労働」にコミットすることを良しとせざるを得なくなる。

このように、左右のフリーター・ニート論者たちが〝労働価値説〟を軸に〝再結集〟する傾向があるわけだが、彼らのイメージする〝労働〟は必ずしも一様ではなくなっているように思われる。ニートにしないためのマニュアル本のような類の議論は、当然のことながら、社会的分業体制に参加して自らも労働価値産出の担い手になることを良しとする、古典的な労働価値説にそのまま依拠しているふしがある。それに対して、ＮＰＯ法人「ニュースタート事務局」代表の二神能基（一九四三―　）の『希望のニート』（東洋経済新報社、二〇〇五）や、小杉礼子編『フリーターとニート――「移行」の危機』（勁草書房、二〇〇五）に収められている一部の論考は、組織内での「労働」を通しての価値創出それ自体よりも、むしろ、「労働」という形での他の諸人格との「繋がり」に力点を置いているように読める。「物」を作り出すことそれ自体ではなくて、「物を作る」ことを共通目的とする一定の社会関係の中で自分の居場所を得て、その関係の中での活動が評価されるようになることを「労働」の中心的意義と見るわけである――著者たちには、恐らくそういう哲学的議論を展開する意図はなかったろうが。

「労働力」の本質が、人間の生活に必要な使用価値を帯びたもの（＝生活資材）を生み出すことにあるのか、それとも、交換価値の基盤にある間主体的関係性を構築することにあるのかという問題は、初期マルクスが『経済学・哲学草稿』（一八四四）や『ドイツ・イデオロギー』（一八四五―

四六）などで提起しており、〝素朴な唯物論に基づく単純な労働価値説〟に反対するネオ・マルクス主義の文脈でしばしばテーマ化されてきた。例えば初期フランクフルト学派に貨幣論の文脈で強い影響を与えたゾーン＝レーテル（一八九九―一九九〇）や、アルチュセール（一九一八―九〇）の弟子のジャック・ランシエール（一九四〇―　）は、間主体的な相互作用の中での「価値」の創出・組織化として「労働」を捉える議論を提示的に展開している。ネグリ（一九三三―　）とハート（一九六〇―　）の『〈帝国〉』（二〇〇〇）では、コンピューター技術を介することで高度に非物質化・ネットワーク化・グローバル化した「労働」がマルチチュード（多様性＝群衆）の連帯の基盤として想定されている。

ネット化の進展によって、「労働」が、具体的な物質性を示す「物」や特定の空間との結び付きから解き放たれるようになると、一般労働者／フリーター／ニートの区別も次第に曖昧になっていくかもしれない。アダム・スミスやマルクスがイメージしていた「労働」というのは、工場や会社のような集団的に組織化された空間の中で、所定の期間、自らの身体を拘束され、決められた様式に従っての作業に従事することの対価として賃金を得ることであったが、ネット上のやり取りを通して構成され、多くのネット・ユーザーから認められるようになった〝アイデア〟に何かのきっかけで値段が付き、〝商品〟として流通することが当たり前になれば、家に閉じ込もって遊び心でネットにかじりついている人と、毎日会社に通勤して夕方まで真面目に所定の場所で与えられた仕事をしている人と、どちらが創造的な労働者か分からなくなる。無論、現状はそこまで至っていないし、すぐにそうなるとも思え得ないので、正規雇用者／ニートの区別を解消するオルターナティヴ運動のようなものを焦って立ち上げても仕方がない、と私は思う——慌ててそういうことをやっても、柄谷行人（一九四一―　）を中心とするＮＡＭ（New Associationist Movement）[5]のようにすぐに消滅する。

デリダ（一九三〇―二〇〇四）の脱構築の手法を法哲学に本格的に導入することを試みているドゥルシラ・コーネル（一九五〇―　）は、ヘーゲル（一七七〇―一八三一）の主／僕の弁証法の解釈をめぐる、リバタリアンの「法と経済」学者リチャード・ポズナー（一九三九―　）との論争の中で、「労働」という営みにおいては、作業に対して対価を受け取ることだけではなく、職場という関係性の中で「人格」として承認されることも重要であり、そうした視点が雇用法制にも反映されるべきであると主張している。「人格」として承認されることと、その〝労働〟の成果を評価されることは、実は不可分の関係にあるというのである（この論争については、コーネル『正義の根源』御茶の水書房、二〇〇二、第六章及び第七章参照）。

当事者たちには申し訳ないが、「ニート」概念をめぐる混乱は、図らずも、「労働」のもう一つの意味の層を浮上させているように、私には思われる。

注

▼1 一九七九年一月、仏文学者として著名な朝倉季雄の高校一年生の孫が、朝倉の妻である祖母を惨殺した後、飛び降り自殺する事件が起こった。少年の両親（離婚）も、学者とシナリオライターで、エリート一家であったことも話題になった。一九八〇年一一月には、川崎市在住の受験勉強で悩んでいた予備校生が金属バットで両親——父親は東大出の大手企業支店長——を殺害する事件が起こった。さらに一九八二年七月には、斎藤勇東大名誉教授（英文学者）——二人の息子も東大教授（政治学）——が、慶応卒で進路に行き詰まり、神秘思想に傾倒していた二七歳の孫から悪魔と呼ばれ、何度も殴打されて殺害された。

▼2 息子を東大生にしようと心に決めた女性が、ＩＱは高いがその能力をあまり発揮できないで、出世していない男性と結婚し、一貫した英才教育を試みるところから物語が出発する。予定外で長男の一年後に生まれた次男の方がＩＱが高いうえに身体能力に優れ、放っておいたのに兄の成績に追いついてきたことから、兄弟間に摩擦が生じ、悲劇的結末へと向かっていく。

▼3 一九八〇年代半ばに入社してきた当時の新入社員のそれまでとは異なった傾向（社会参加＝大人になることに対する、無気力に見える、醒めた態度）を指して、当時の管理職世代が使った言葉。共通一次試験を最初に受けた一九六〇年度生まれから七〇年生まれくらいまでが「新人類世代」と呼ばれる——それ以降は「団塊ジュニア世代」と呼ばれる。漫画・アニメやインベーダーゲーム、テクノ・ポップなどのサブカル経験が人格形成に大きな影響を与えたとされる。オタク第一世代と同一視されることもある。

▼4 一九九二年に神長恒一とぺぺ長谷川のイニシアティヴによって結成され、東京都内を中心に一定の広

がりを見せた、（元）学生等による運動。当初新左翼運動出身のメンバーが多かったが、資本主義社会の打倒を目指すのでも順応するのでもなく、安定した職や、恋愛・結婚に拘ることのない、ダメなままの生き方を肯定する姿勢が、メディアから注目された。だめ連を、脱資本主義社会に向けての新しい社会運動の形態として評価する思想家・評論家も少なくなかった。

▼5

二〇〇〇年に柄谷行人を中心に結成された、資本主義と近代国家への対抗基軸を打ち立てることを目指した運動。二〇〇〇年一一月に刊行された『ＮＡＭ　原理』が、マニフェストとしての性格を持つ。各メンバーが、関心系（革命運動史、法律、協同組合、環境、教育、マイノリティなど）、地域系（当面は、東京と大阪の二つに分かれ、北海道、東北等のブロックを随時創設）、階層系（学生、サラリーマン、主婦、中小企業経営者、文筆業など）の三つのカテゴリーでグループ化されることで、画一的な階層的組織になるのを防ぐことや、全国的な電子地域通貨Ｑを使うことなどを特徴とした。組織運営をめぐるごたごたが続き、二〇〇三年一月に解散する。

第3章 「ニューアカデミズム」はどこが「新しかった」のか？

1 「ポストモダン」と「ニューアカデミズム」

今ではあまり聞かなくなったが、ポストモダン思想がブームになっていた一九八〇年代の日本では、「ニューアカデミズム」と呼ばれる新しい知のスタイルが脚光を浴びていた。「ポストモダン」と「ニューアカデミズム」は意味内容的には相互に独立のカテゴリーだが、日本の「現代思想」理解においては、一体不可分のものと見なされることが多い。ごく簡単に説明すると、「ポストモダン（思想）」とは、〝普遍的理性を共有する自律した主体たちが理性的に対話しながら、自由に活動し、自己実現することができる理想状態〟に到達することが可能であるとする近代的な「人間―世界―歴史」観の終焉を告知し、その「後」にやって来るであろう、あるいはやって来つつある〝世界〟について予測・分析する哲学・思想的な営為である。それに対して「ニューアカデミズム」とは、哲学、社会学、経済学、歴史学、文化人類学、精神分析、言語学、文芸批評等の既成のディシプリン（専門分野）の枠を超えたインターディシプリナリー（学際的）な性格を有するとともに、「アカデミズム」と「ジャーナリズム」の間の境界線を越えようとする、総合的な「知」の活動である。

理性中心主義的な「近代知」を批判する「ポストモダン」は、個々の「知」の領域を支えている〝合理性〟に絶対的根拠がないことを露呈し、自己解体へと追い込む「脱構築」の作業に取り組むことがしばしばある。その点で、「ポストモダン」は、堅固な自己完結した論理によって重武装し、ディシプリンごとに自己完結しているかのような様相を呈する、従来的な「知」の在り方に反発し、形式に囚われない柔軟な――半ば芸術的な――スタイルの「知」の在り方を探求する「ニューアカデミズム」と、「反近代知」あるいは「脱近代知」の身振りを共有していると言える。硬直化した近代「知」の諸体系を解体して、新しい「知」の可能性を探求するプロジェクト全体を意味付けようとするメタ理論的な営みが「ポストモダン」で、そのプロジェクトの個別・具体的な表れ、あるいは成果が「ニューアカデミズム」だと考えてもいいだろう。

日本では七〇年代末から八〇年代初頭にかけて、メタ理論としての「ポストモダン」と、その具体的な表れとしての「ニューアカデミズム」がほぼ同時並行的に登場し、注目を集めたわけだが、ポストモダン思想の発祥地であるフランスでは若干事情が異なる。というより、そもそも「ニューアカデミズム」は日本独特の表現であり、フランス語圏、英語圏、ドイツ語圏には、これにそのまま対応する表現がない。当然のことながら、フランス等の西欧諸国に、「ニューアカデミズム」に相当する脱領域で柔軟な「知」の在り方への探求がなかったということではない。むしろ西欧諸国で既に当たり前になりつつあったことが、日本では、「ポストモダン」という極めてキャッチーなキーワードを冠した——七〇年代に急速に知的権威を喪失したマルクス主義に代わる——新たな思想の流行に伴って、急速に認知されるようになったと見るべきだろう。

フランスの場合、一九六〇年代にポストモダンの源流とも言うべき「構造主義」の思想が、文化人類学、精神分析、記号学・文芸批評等の、狭義の「哲学」外の領域で台頭してくる。「構造主義」というのは、普遍的理性に基づいて自律的に思考し、行為することのできる「主体」の〝存在〟を前提にしてきた近代知に抗して、「主体」の思考や振る舞いが、言語等の記号体系によって構成される様々なレベルの「構造」によって規定されている可能性を示唆し、それらの「構造」を明らかにしようとする営みである。近代の産物である「自律した主体＝考える私＝人間理性」に代えて、非人称的で無意識的な「構造」を、「知」の中心に据えようとしたわけである。「構造主義」の立場から見れば、［唯物論→下部構造決定論］を標榜する一方で、革命活動に従事する「主体」を特権化しようとするマルクス主義も、主体中心主義の一変種にすぎない。「コギト（考える私）」の原理を中心とするデカルト以来の近代哲学の伝統に逆らう思想が、「哲学」そのものではなく、その隣接領域において、「構造」という搦め手から提起されたわけである。反デカルト主義的な傾向を強く帯びた「構造主義」は、近代知の相対化・解体を試みるという意味で、「ポストモダン」思想的な方向性を有しているとともに、その領域的な広がりから見て、〝ニューアカデミズム〟的な性質も持っていたと言うことができる。

こうした「構造主義」の問題提起に対して、「主体」「理性」「ヒューマニズム」を擁護すべく論争を挑んだのが、実存主義の哲学者として出発し、次第にマルクス主義に傾斜していったサルトル（一九〇五―八〇）である。彼は、構造主義言語学の方法を文化人類学に応用したレヴィ＝ストロースや、各時代の知の在り方を根底において規定する「エピステーメー（知の体系）」を明らかにしようとしたフーコーとの間で、構造主義論争を展開した。サルトルは、当時、知の最先端としてもてはやされていた「構造主義」を、人間の主体的実践の意義を否定するものとして倫理的な面から強く非難したが、彼は決して既存の知の在り方に満足していたわけではなかった。彼自身、狭義の「哲学」の枠に留まることなく、小説家・劇作家・評論家としても活動しており、哲学と文学の境界線を越えた脱ジャンル的著作も少なくない。彼はまた、自らの政治的実践・発言を、脱ジャンル的な知の実践と密接に結び付ける形で意味付けている。

さらに言えば、当時マルクス主義哲学の理論家として共産党内で一定の影響力を発揮していたアルチュセールは、マルクス主義の［下部構造（生産様式）→上部構造（イデオロギー形態）］論を、「構造主義」的な理論装置へと改編したことでも知られている。「構造主義」の批判のターゲットにされたマルクス主義の内にも、「構造主義」的な契機が生じていたわけであるから、事態は複雑である。マルクス主義自体がもともと、独自の経済学的カテゴリーによって政治、歴史、文化の諸現象を分析するとともに、弁証法の論理によって文系と理系を架橋する学際的性格を持っていたが、戦後フランスのマルクス主義は――日本のマルクス主義と同様に――「党」の権威を絶対視する教条主義的な性格を強めたため、学際性を生かした柔軟な発想をすることができず、自らのイデオロギー的に硬直化した「知」の形態に安住するようになっていた。アルチュセールと彼の弟子であるバリバール（一九四二―　）やランシエールたちは、構造主義的な手法を導入することによって、マルクス主義のジャンル横断的な流動性を復活させようとしたと見ることができる。実際、彼らの仕事は、哲学、政治学、法学、歴史学、人類学、社会学とかなり多岐にわたっているとともに、単純な下部構造決定論のような〝典型的なマルクス主義の論理〟と一線を画し、「マルクス」の脱構築的読解を試みるものである。

こうした哲学隣接領域での動きとは独立に、「歴史学」の領域でも、学際化の動きが進行していた。第二次大戦前に、文献史料重視の従来の実証主義的歴史学では視野に入ってこなかった歴史の深層構造を解明すべく、マルク・ブロック（一八八六―一九四四）とリュシアン・フェーブル（一八七八―一九五六）を中心に結成された「アナール学派」は、心理学や社会学、人類学などの成果を積極的に取り入れ、「心性」や「感性」などに焦点を当てた研究を進めていた。六〇年代には、地中海地域の文明史的研究に取り組むフェルナン・ブローデル（一九〇二―八五）が、学派第二世代の論客として台頭し、国際的にも注目されるようになる。アナール学派的な新しい歴史学の影響の拡大や、その時代ごとの知と権力の関係を探求するフーコーの「知の考古学」の展開によって、客観的・普遍的な発展法則に従って展開していく諸事象の連続体として「歴史」を見る――マルクス主義の唯物史観もその変種である――近代的歴史観が次第に相対化されていった。

このように、脱近代・脱主体を志向する哲学的な路線とは必ずしもシンクロ（同期化）しない形で、いくつかの異なった文脈において同時並行的に、「主体」の振る舞いや志向性を規定する（無意識的な）深層構造を解明するための、新しい脱領域的で柔軟な「知」の在り方が求められるようになったわけである。そうした知の地殻変動がじわじわと進行していく中で、六〇年代後半になると。ドゥルーズ、ガタリ、デリダ、リオタール（一九二四―九八）等によって、「構造主義」の前提になっている「構造」をも相対化し、最終的な係留点を持たない「知」の在り方としての「ポスト構造主義」の流れが新たに形成されてくる。「知」の最終的な根拠付け・正当化の不可能性を示唆する「ポスト構造主義」の登場で、近代哲学の諸前提に縛られない「ポストモダン」思想の特徴が鮮明になった。

2　日本の「ニューアカデミズム」

日本に構造主義／ポスト構造主義が本格的に輸入・紹介されるようになるのは、七〇年代後半くらいからであるが、それ以前に、脱領域的な「知」の探求らしきものがなかったわけではない。例えば、六〇年代から七〇年代にかけて新左翼の間に影響を及ぼした吉本隆明（一九二四―二〇一二）は、マルクス主義的な「文芸批評家（＋詩人）」という比較的自由な立場から、狭義の文学の枠を超えて、言語学、哲学、民俗学、歴史学、大衆文化論等にまたがる広範な仕事をしている。彼の主著『共同幻想論』（一九六八）は、神話である『古事記』や、柳田國男（一八七五―一九六二）によって民俗学的な意図の下に収集された民話の記録である『遠野物語』（一九一二）等を手がかりに、日本という国家の基盤にある「共同幻想」の諸層を解明することを試みた、極めて学際性の高いものであった。ただし、吉本が大学のアカデミズムとはあまり縁のない在野の評論家であり続けたことや、「文芸批評」というジャンルが、小林秀雄（一九〇二―八三）によって確立されて以来、明確な方法論を持つ正規の学問とは違って、芸術作品や哲学・思想のテクスト等、様々なものを素材として自由に論評することが許される領域と見なされていたこともあって、アカデミズムに対する挑戦とは認識されなかった。

少なくとも七〇年代までの日本の知的風土では、「文芸批評家」や「作家」等が、「作品」の中でディレッタント的に自分の〝学説〟を開陳しても、「学者」はそれを真剣に受け止めようとしなかったし、「文芸批評家」の側も、アカデミックな認知に拘らないため、両者が比較的平和に棲み分けることができた。国文、仏文、独文等の文学研究者や哲学・思想史研究者の中には、学者・教育者としての立場と、評論家としての立場を使い分けている人たちも少なくなかった。フランスの構造主義／ポスト構造主義も当初、主として蓮實重彦（一九三六―　）や渡邊守章（一九三三―　）等の仏文系の「批評家」たちによって、「文芸批評」的なスタイルで――蓮實たちは戦略的にそうしていたようだが――紹介されていたということがあって、既成のアカデミズムの根底を揺るがすような挑発的なものであることがなかなか認識されなかったふしがある。

歴史学の領域では、日本中世史の研究者である網野善彦（一九二八―二〇〇四）が、民俗学の手法を導入して、職人や芸能民等の漂泊民の研究を行い、六〇年代後半から徐々に歴史学の内外で注目されるようになった。彼の仕事は、アナール学派のそれと同じように、「歴史学」というディシプリン自体を変化させる画期的な意味を持っていたと評価する人たちも現在では少なくないが、当時は、それほどの大きな意義を持つ仕事だとは認識されていなかった。ましてや、そうした学際的な試みが、（西欧近代の産物である）人文・社会科学全体に及ぶ「知の再編」に繋がっているかもしれない、というような「エピステーメー」論的な問題意識は、当時の日本の歴史学には芽生えていなかった。

哲学における「ポストモダン」と結び付いた「ニューアカデミズム」的な試みの意味するところが七〇年代後半から徐々に認知されるようになった背景として、『現代思想』をはじめいくつかの思想系総合雑誌が、構造主義／ポスト構造主義の系譜に属するフランスの思想家たちと、その影響を受けて――それまでの日本でのアカデミズムに見られなかったような――学際的仕事をする日本の理論家たちを集中的に取り上げるようになったことを挙げることができよう。セットで繰り返し紹介されることによって、フランスを中心に起こっている「知の地殻変動」の全体像が少しずつ見えてくる中で、構造主義／ポスト構造主義の議論の射程が、「文芸批評」の領域に限定されるものではないことも理解されるようになったわけである。
八〇年代になると、経済人類学者の栗本慎一郎（一九四一— ）や経済学者・文芸批評家の浅田彰といった「ポストモダン」系のスターが現れ、思想雑誌の枠を超えて、一般のメディアでも活躍するようになる。彼らは、単にメディアに取り上げられるだけに留まらず、メディアとのコラボレーションによって、サブカルチャー的な要素を含んだ新しいジャンルの「知」を生み出すことを試みた。

栗本は、「人間」に内在する「蕩尽」「破壊」「死」への欲望をめぐる文化人類学やフランスの文芸批評での難解な議論を、買春ツアー、ポルノ、ノイローゼなど、アクチュアルな社会・経済・文化現象の分析に応用する形で、「人間」の抱える非合理性を描き出した『パンツをはいたサル』（一九八一）で一世を風靡する。人間が、他の動物とは違って、生物として生きていくうえで直接必要のない「余分なもの」をため込むと同時に、何かの機会にその「余分なもの」を放出しようとする奇妙な習性を持っており、それが進歩の原動力になったことを、「パンツ」と表現するところに栗本の文体の特徴が出ている。通常のアカデミズムの文章には見られない下世話な表現を多用し、伝法な口調でリズミカルに語りながらも、現代思想の文脈で重要なポイントはきちんと押さえているのである。

「私たちヒト科の動物は、本来なら不必要だったはずの、パンツをはくようになってしまった。はいたけれども、一生パンツをつけたままではいられない。ある特定の時間と場所でこれを脱がなければ、発狂してしまうのである。／不必要に生産した財物を、ある特定の時間と場所で破壊するとかいうことは、すなわちパンツを脱ぎ捨てるのと等しい行為なのだ。そして再び、紳士淑女がおしとやかにパンツをはくのと同じように、昨日の熱狂と陶酔を忘れて日常の生活に戻っていく。そのことは両方とも正常なのだ」（『新版 パンツをはいたサル』現代書館、八五頁）。

浅田は、学術書の体裁を取りながら十数万部のベストセラーになった『構造と力』で、ドゥルーズ、ガタリを軸とするポスト構造主義の理論を分かりやすく図式的に記述するとともに、それに準拠する自らの思想戦略を、政治の季節が終わった後の若者たちの冷めた気分とオーバーラップさせる形で、「シラケつつノリ、ノリつつシラケる」と表現している。当時の思想・哲学の最先端をコンパクトに見通し良く表現する手際の良さと、時代の雰囲気を摑んで若者にアピールする軽やかな文体を兼ね備えているところ、そして彼自身が若かったことが、大きな売りになったと思われる。

浅田はその翌年、『BRUTUS』や『月刊ペン』などに掲載された軽いエッセイ調の文章と、『現代思想』に掲載された今村仁司（一九四二―二〇〇七）や柄谷行人といったやや年長のポストモダンの旗手たちとの対談を合わせて一冊とした『逃走論』――「闘争」ではなくて、「逃走」であることを暗示するタイトル――を出している。こちらでは、ドゥルーズ＝ガタリによる「パラノイア（偏執型）／スキゾフレニー（分裂型）」の区分に依拠しながら、エディプス三角形（近代核家族）の中での主体性形成の枠からはみ出し、まともな大人になることを拒否し続ける「スキゾ・キッズ」の生き方を肯定的に描き出した。「ノマド（遊牧民）」のように、一つところに落ち着くことなく、自らのアイデンティティを変化させ続ける「スキゾ・キッズ」という形象は、重工業中心の高度成長が終わり、消費資本主義が本格的に始動し始めていた日本の現状にフィットした、新しい人間（若者）像として注目され、流行語になった。消費主導の資本主義では、企業での労働を中心とした画一化された生き方に安住せず、（消費の対象としての）様々な記号と戯れながら、ライフスタイルをどんどん多様化させる「ノマド＝スキゾ・キッズ」的な生き方が好まれる。

「ニューアカデミズム」のもう一つの顔になったのは、宗教人類学者の中沢新一（一九五〇―　）である。彼は、自らのチベットでのフィールドワーク的な密教修行の体験を軸に、「主体／客体」の二項対立を前提とする近代合理主義によって否定されてきた、瞑想を通じての意識の原初状態への回帰、意味形成の場としてのマントラといったことをテーマ化し、それをクリステヴァ（一九四一―　）のテクスト論など「ポストモダン」系の言葉も使いながらエッセイ風に表現した『チベットのモーツァルト』（一九八三）でデビューした。

「一九七九年の春から私はネパールに住むチベット人の密教僧のもとに弟子入りし、密教の行者になるための訓練を続けてきた。チベットの密教ではドラッグをつかわずにただ瞑想（ゴム）のテクニックによって現実を変容させたり意識の深層領域に下降したりする訓練をおこなう。弟子としての修行をはじめて一年半ばかりたった頃、私の訓練は新しい段階に入ろうとしていた」（『チベットのモーツァルト』せりか書房、九頁）。

『チベットのモーツァルト』には、後にオウム真理教事件で有名になった「ポワ」という言葉も登場する。「ポワ」というのは、意識を身体の外に送り出し、死の状態をコントロールするための激しい瞑想のテクニックであり、中沢自身もこの修業を終えたと記述されている。栗本や浅田等も、文化人類学、社会学、精神分析等の知見を利用して、近代合理主義のそれとは異なる「人間」像を打ち出そうとしたが、さすがに宗教体験の中身そのものを肯定的なニュアンスでクローズアップし、新しい「知」の一部にしようとはしなかった。「知」の形式に関してはかなり柔軟であるものの、第三者的に検証のしようのない神秘体験のようなものにまで手を出そうとしなかったわけであるが、中沢は検証不可能な領域にまで踏み込んだわけである。『雪片曲線論』（一九八五）でも、現代数学のフラクタル（次元分裂図形）理論を、密教の曼陀羅的世界観に見られる流体的思考と結び付けて論じるという、かなりアクロバティックな――際物と見られかねない――議論を展開している。

従来的な意味ではどう頑張っても「理論」化しようのない「脱自」体験について平然と語る中沢の存在によって、「ポストモダン／ニューアカデミズム」には、栗本の破天荒な猥雑さ、浅田の「ノリつつシラケ」るクールさと並んで、神秘主義・オカルト的なものとの親和性というもう一つの側面が付加されることになった。三人とも、ジャーナリズム、広告・情報産業、現代芸術等との繋がりが強く、コピーライターやキュレーターに近い仕事も手がけ、そうした〝非アカデミック〟な仕事も〝本業〟の研究と結び付けている。ただし、職業的には、京大経済学研究所に勤める経済学者でありながら、経済学とあまり関係のない哲学、文芸・芸術批評的な文章を書いて有名になった浅田や、宗教人類学の論文というより、宗教体験を交えたエッセイを書いているとしか思えない中沢は、何が本業かよく分からなくなっていたわけだが。

3 「ニューアカデミズム」の制度化

栗本、浅田、中沢に加えて、構造主義言語学やゲーデルの不完全性定理を文芸批評の基礎理論として取り込もうと試みた柄谷、ポストモダン的な映画批評を開拓した蓮實等の活躍によって、脱ジャンル的で各種のメディアを巻き込んだ「ニューアカデミズム」が新しい「知」の在り方として、人文系のアカデミズムの内外で徐々に認められるようになった。既に述べたように、広義の「文芸批評」の領域では以前から準学際的な議論をすることが許容されていたし、マスコミ等に登場して一般向けの〝分かりやすい話〟を披露する人文系の学者はそれなりにいた。しかし、「学者」を自らの職業的アイデンティティとする人間が、自分の〝本来の専門〟――つまり大学院などで自分の「専門」として学んだこと――とは違う分野で、ジャーナリストあるいはクリエーター的な要素を含んだ――従来のアカデミズムには見られなかった方法論に基づく――仕事をし、それを「新しい知」の在り方として堂々と主張するというのは、新しいことだった。「ニューアカデミズム」というのは、それまで〝単なる学者の余技〟としか思われていなかったようなことを、ジャーナリズムや広告業界の力を借りて、アカデミズムの一角に格上げさせる運動であったとも言える。

ある程度認知されてくると、今度は、そういう〝単なる余技〟としか思われていなかったことを、「アカデミズム」の本拠である大学の中での研究・教育の一部に組み込もうとする動きが起こってくる。そうなると当然、それまで「ニューアカ」的なものを際物として無視していた既成の「アカデミズム」の側からの本格的な抵抗も起こってくる。その具体的な表れが、一九八七年から八八年にかけて東大駒場で起こった、中沢人事問題を中心とする一連の騒動である。東大教養学部では、八八年三月に退官する、初期マルクスの研究で著名な社会思想史の城塚登（一九二七—二〇〇三）の後任に中沢新一を採用しようとする人事案が、保守派の論客として知られる経済学者の西部邁（一九三九—二〇一八）を中心に進められていた。エドマンド・バーク（一七二九—九七）やチェスタトン（一八七四—一九三六）などの英国系の保守思想をベースとする西部自身は、「ポストモダン系」の思想自体は必ずしも高く評価していなかったが、経済学の枠を外れた学際的で柔軟なスタイルの仕事やメディアとの密な連携という面では、「ニューアカデミズム」の論客たちと近いところがあった。この人事案に対して、マックス・ウェーバー（一八六四—一九二〇）の文献学的研究の権威である社会学の折原浩（一九三五—　）——彼は全共闘に共感して授業をボイコットした造反教員としても知られる——をはじめ、従来的な意味での「実証主義」的な学問観を重んじる教官たちが反発して、人事が難航し、最終的には教授会で否決される、という事態になった。この内紛のため西部の他、「新中間大衆論」で知られる理論経済学者の村上泰亮（一九三一―九三）、社会システム論の公文俊平（一九三五―　）等、中沢招聘を支持し、折原等と対立した教官が辞任した。事件はマスコミでも大きく取り上げられた。

この件が紛糾した背景には、中沢自身に対する評価の問題以外にも、マルクス主義的左派と保守派の思想的対立や、教養学部という組織全体の在り方をめぐる利害対立、マスコミで目立ちすぎる西部たちに対する反発なども絡んでいたので、純粋に新旧アカデミズムの対決であったとは言いにくいところもある。しかし、中沢が錬金術などの神秘主義を研究していたことに対して、折原がウェーバーの「脱呪術化」の概念などを持ち出してかなりベタな反発をしてみせたことや、教授会で紹介された中沢の業績が従来的な意味で論文の体を成していないことが問題にされたことなど、アカデミズム観の違いを象徴するようなやりとりがあったことが、辞職した西部たちによって伝えられ、マスコミの報道でもクローズアップされた。その当時、「ニューアカデミズム」自体は、新奇さが薄れてブームが収縮しつつある感もあったが、「近代的実証主義に固執する左翼系の学者VS.専門の蛸壺を批判する保守主義＋ポストモダン／ニューアカデミズム」という図式が見えてきたせいで、普段は抽象的な議論を敬遠する一般の商業メディアでも、事件をネタにした大学論・学問論・教養論の特集が組まれた。

事件自体は、人事案件を否決された「ニューアカデミズム」擁護陣営が、敗北したような形になった。東大駒場は、それまで比較文学、国際関係論等の新しいディシプリンを生み出し、新しい学問の発信地というイメージが強かったが、「学術論文」という概念が成立するのかどうかさえ定かでない「ニューアカデミズム」のような〝怪しいもの〟までは受け入れられないのか、という印象を多くの人が持った。

しかしこの頃の駒場では、騒ぎとは独立に、既成の美学・美術史ではなかなか研究の対象にならなかった、映画、身体芸術、ポップアート、都市表象、コンピューター・グラフィックス等を、学際的手法で分析する「表象文化論」のコースが渡邉や蓮實を中心に創設され、活動を開始していた。九〇年代には、このコースや、西部や公文等が中心的役割を果たしていた――名前からして脱専門的な傾向の強いことが分かる――「相関社会科学」を軸に組織再編が行われた。周知のように、蓮實は後に東大総長になっている。排除されたように思われた「ニューアカデミズム」が、日本のアカデミズムを牛耳るようになったとも言えるわけである。

九〇年代には、東大だけでなく、大学教育における教養課程と専門課程の区分がなくなったのに対応して、多くの大学で「教養課程」の再編が行われたが、それに伴って、「〇〇文化論」とか「△△コミュニケーション論」「メディア□□論」といった、従来にはなかった――少なくとも名前だけは学際的な――学部、学科、コースが生まれ、それらが表象文化論とか相関社会科学等の、ニューアカデミズム的な傾向の強い専攻課程出身の研究者の受け皿になった。また、システム理論を理論的バックグラウンドにする社会学者の宮台真司（一九五九―　）のように、哲学・思想としての「ポストモダニズム」とはあまり縁がなくても、援助交際をやっている女子高生と付き合ってその〝成果〟を各種メディアで発表するといった形で、専門的なフィールドワークの範疇を超えた「実践」をする学者も登場し、栗本や中沢のような活動もそれほど珍しくなくなった。駒場騒動で渦中の人になった中沢は、中央大学総合政策学部の教授を経て、二〇〇六年に多摩美術大学芸術人類学研究所の所長に、浅田も二〇〇八年に京都造形芸術大学の大学院長に就任し、いずれもそれらしい制度的ポジションに収まっている。

「ニューアカデミズム」という名称そのものは、いつのまにか消えてしまったが、〝ニューアカデミズム〟の特徴であった、学際性、各種メディアとのコラボ、学術論文／評論の境界線の相対化、身体的・社会的パフォーマンスの強調……といったことは、さほど新奇ではなくなった。〝ニューアカ的なこと〟を実践するのに、構造主義／ポスト構造主義をメタ理論として引き合いに出す必要もなくなった。私のように、駒場の大学院出身で、本来の専門（ドイツ初期ロマン派の言語哲学の思想史的分析）からかなりずれたことを、大学で教えたり（政治思想史）、書いたり（ポストモダンの思想史、リベラリズム系の正義論、医療倫理学、「雑文」等）している人間にとっては、結構住み心地のよい環境になっている。学問的でない本を書いても、〝偉い先生〟から叱られることはない。

しかし、その反面、「知」の基準があまりにも相対化され、〝変わったこと〟を言ったもの勝ちの雰囲気になり、人文系のほとんどの領域で、論争らしい論争が少なくなっている――喧嘩とか、政治的対立ならしばしばある。他人のせいにばかりするわけにはいかないが、学問的な討論のアリーナが崩壊して、本格的な「知」の無法状態になると、結果的に、地位のある者、コネのある者、あるいは、知名度の高い者が〝勝つ〟ことになるので、かえって不自由である。

第Ⅱ部

第4章 〈暴力＝権力〉に憑きまとう亡霊の正体？

――ベンヤミン＝デリダの法哲学とポストモダンの〈正義〉

1 デリダのポスト〈暴力〉批判

〈脱構築〉とは無縁であると思われがちの〈法〉と〈正義〉の問題をデリダが直接的に扱ったテクストとして知られる『法の力』（一九九四）は、一九八九年一〇月にニューヨークのカードーゾ法学院で開催されたコロキウム「脱構築と正義の可能性」での講演「法＝権利から正義へ／正義への権利について Du droit à la justice」と、その際にテクストとして参加者に配布され、翌九〇年四月のカリフォルニア大学でのコロキウム「ナチズムと『最終解決』：表象の限界を試す」で口頭発表された原稿「ベンヤミンの名前」の二部構成になっている。ベンヤミンの『暴力批判論』（一九二一）を〝今日的（ポストモダン）〟な文脈に引き寄せて読解することを試みたデリダのテクストを、我々が〝今〟から（再）読解するに際しては、先ず最初に両者のテクストを強く結び付けている歴史的文脈を〝歴史的〟に（再）構築しておく必要があるだろう。

『暴力批判論』は、プロレタリアートの〈暴力〉の〝非権力性〟を主張したジョルジュ・ソレル（一八四七―一九二二）の『暴力についての省察』（一九〇八）を受けて書かれたものである。ソレルは、次第に恐怖政治へと変質していったフランス大革命（一七八九年）の担い手であったブルジョワジーによる（国家）権力（force＝Macht）の濫用と、組合（サンディカ）の総罷業を通して〈法〉の支配を打破しようとするプロレタリアートの〈暴力violence＝Gewalt〉を明確に区別する。ブルジョワジーが〝革命的〟な政治行動を起こしても、それは既存の〈国家〉形態を温存したまま〈権力〉を特権者の間で盥回しすることにしかならない。これに対してプロレタリアートの〈暴力〉はいかなる種類の〈国家〉の権力形態とも相容れず、純粋なアナーキーを目指す。ベンヤミンは、ソレルの暴力論が〈法措定 Rechtssetzung〉に繋がるあらゆる綱領やユートピアを拒絶する点に注目し、自己を〈法〉として措定することのない〈暴力〉の内に真の倫理性を見ようとする（B五七頁）。ベンヤミンはソレルの議論を更に展開する形で、〈法措定〉を通して〈権力 Macht〉へと変質する〈暴力〉と、自己措定ではなく、あくまでも〈正義〉を目指す〈暴力〉を対置する。

法措定における暴力の機能は、以下の意味で二重である。つまり法措定は、暴力を手段として、法として制定されることになるものを目的として追求するが、目的としていたものが法として制定された瞬間に、暴力を解雇するのではなく、むしろ今こそ厳密な意味で、しかも直接的に、暴力を——暴力から自由かつ独立ではなく、必然的かつ密に暴力と結び付いている目的を、権力の名の下に法として制定することにより、法措定的な暴力にしてしまうのである。法措定は権力措定であり、その点で、暴力を直接的に宣言（Manifestation）する行為であると言える。正義が全ての神的な目的措定の原理であるのに対し、権力は全ての神話的な法措定の原理である。（B六一頁）

ベンヤミンは自己目的化しない〈暴力〉の最終到達目的である〈正義＝公正 Gerechtigkeit〉と、一旦措定されて暴力的な〈権力〉行使の根拠と化した〈法 Recht〉を峻別する（英語・仏語で〈正義＝公正〉を意味する〝justice〟も〈法〉を意味するラテン語〝ius〟から派生した語である）。〈法〉は〈権力者〉たちの〈特・権 Vor-recht〉を保持するために、彼らの〈権力〉が及ぶ〈境界線〉を措定し、固定化するのである。この〈境界線〉を踏み越えてしまった者は罪を犯したことになり、贖罪（Sühne）を要求される。神話的（mythisch）な〈法〉が支配する世界では、法＝権利（Recht）の主体としての各個人は始源的な暴力を通して措定された〈法〉の境界線の内側に留まることを強いられる。神的（göttlich）な純粋な〈暴力〉とは、そうした〈法〉の境界線を破壊し、〈法権力〉の下での〈罪〉を取り去る〈暴力〉だ。破壊的な作用を及ぼすという点では、〈神的暴力〉も〈神話的暴力〉と似ているようだが、前者が破壊的なのはもっぱら財貨、法＝権利、生活といった外的な事柄に関してであって、命あるものの魂を破壊することは絶対にない（B六三頁）。神的な暴力は犠牲の〈血〉を流すことはない。ベンヤミンは、神話的な法形態に支えられた国家権力の呪縛が綻び始めている〝現在〟こそ、純粋な革命的暴力の至高の表示＝宣言（Manifestation）が姿を見せる新たな時代だと断言する（B六五頁以下）。

彼がこの文章を書いた一九二一年は、プロレタリアートによる非権力的な〈暴力〉への期待が最高度に高まっていた時代である。一七年には二月革命（ブルジョワ革命）と十月革命（プロレタリアート革命）を経てロシアにソヴィエト政権が成立した。翌一八年にはドイツとオーストリア＝ハンガリーの第一次大戦敗戦を機に十一月革命で帝制が崩壊し、各地で革命的暴力の機関として兵士・労働者評議会が樹立され、同年一二月から翌年一月にかけてカール・リープクネヒト（一八七一―一九一九）とローザ・ルクセンブルク（一八七一―一九一九）を指導者とするスパルタクス団の蜂起（失敗に終わる）が起こっている。『暴力についての省察』は一三年前よりも遥かにアクチュアリティを増していた。[1]

権利＝法主体（Rechtssubjekt）としての各人が自然状態において行使していた（とされる）〈暴力〉を、〈法〉の境界線の内で一つの〈権力〉へと集約（独占）するという前提に基礎付けられた近代市民社会は、この時期に一つの〈危機＝転機 Krise〉に直面していた。〈国家〉は自らの〈権力〉の維持・拡張のための〈暴力〉を追求し続け、帝国主義戦争への道を突き進んだが、〈市民社会〉にはそれを押し留めることができなかったばかりか、むしろ〈国家〉理性に進んで順応しさえした。国家の法秩序の枠内で〈主体〉としての自己を形成した〈市民〉には、〈法〉の彼方にある〈正義〉を実現する革命的エネルギーはない。（ブルジョワ）〈国家〉の枠組みを温存し、その中に身を置いたままでは、〈法〉と〈正義〉の乖離の克服は不可能だった。ブロッホ（一八八五—一九七七）、ルカーチ（一八八五—一九七一）、グラムシ（一八九一—一九三七）といった知識人たちがこの時期に共産党に急速に接近し始め、フランクフルト大学の社会研究所に集まったポロック（一八九四—一九七〇）やホルクハイマー（一八九五—一九七三）といった若手の哲学・社会科学研究者たちがネオ・マルクス主義的な視点から啓蒙化された市民社会の現実を批判的に分析するようになった背景には、〈国家権力〉の前に無力であったブルジョワ的市民文化への絶望があった。ベンヤミンの親しい友人となったブロッホは一九一八年に、我々の無意識に内在している〈未だ来らざる存在 das Noch-nicht-Sein〉（＝〈メシア的なもの〉）に対する〈希望〉によって引き起こされる革命の原理について考察した『ユートピアの精神』を出している。ベンヤミンが、ブルジョワ的な権力争奪戦とは無縁な真の〈正義〉を目指す〈暴力〉の可能性を論じ、それによって〈近代〉の鉄の檻からの脱出を模索したのは、こうした〝革命的〟時代状況の中では至極当然のことだった。[2]

ところが、デリダが『暴力批判論』の（再）読解を試みている一九八九年の時点になると、〈権力〉へと変質しない純粋な〈暴力〉について語ることは、極めて困難になっていた。フランス大革命の二〇〇周年に当たるこの年には、フランスで革命の成果を誇る様々な（主に政府主催の）イベントが開かれたが、〝革命〟がもたらした二つの政治形態、自由主義と社会主義の双方が限界に達していたのは明らかだった。とりわけプロレタリアートの純粋な〈暴力〉によって、非権力的な最終的〈解放〉を目指したはずの社会主義国家群は、〝ブルジョワ〟国家以上に自己に〈権力〉を集中させ続けた結果、ポーランドの例に見られるように、労働組合の総罷業などを通して〝プロレタリアート的〟な法秩序が〈内部〉から突き崩されつつある皮肉な事態に陥っていた。デリダの第一部講演が行われた直後、翌月九日には周知のように「ベルリンの壁」が崩壊した。『暴力批判論』から六八年、『暴力についての省察』から八一年、『共産党宣言 Manifest der kommunistischen Partei』から数えると一四一年も経過しているというのに、〈権力〉の奪取を自己目的とする市民〈ブルジョワ〉革命とは異なる純粋な〈暴力〉の〈表示〉と言いうる〈革命〉の実例はどこにもない。そもそも全ての非権力的な〈革命〉の〈宣言〉が、神話的暴力の〈表示〉なのではないかと疑いたくなるような状況である。こうした情勢の中で、ポスト〈近代〉の立場を取っている（と少なくとも一般的には思われている）デリダが、敢えて〈近代〉の〝神話〟とも言うべき〈法を破壊する暴力〉のエクリチュールである『暴力批判論』を再読解しようとするわけであるから、その〈読む〉という行為自体に必然的に歴史的制約が加わっている。

加えて『暴力批判論』の著者である「ベンヤミン」の名は、古代ギリシアのポリスに始まる西欧文明の伝統の〈断絶〉を記した歴史的事件〈ホロコースト〉とも結び付いている。ベンヤミンは、単線的な歴史哲学（唯物史観）を掲げる正統的マルクス主義とは一線を画していたが、プロレタリアートを主体とする非権力的〈革命〉の可能性に対しては終始期待を抱いていた。神話的暴力による〈近代〉超克を目指すナチスが一九三三年に政権に就いたため、亡命生活を余儀なくされた後も、プロレタリアートによる〈神話〉からの覚醒（解放）を信じ続けた。『複製技術時代の芸術作品』（一九三六）の「後書き」でも、ナチズムによる〈政治〉の〈美学＝感性化 Ästhetisierung〉に対し、プロレタリアートは〈美学〉の政治化によって応えるだろうとオプティミスティックな見解を示しているが、[3] 現実の歴史は逆の方向に進んだ。ナチスに追い詰められたベンヤミンが一九四〇年九月に自殺して一年四カ月ほど経った四二年一月には、ヴァンゼー会議で（ユダヤ人問題に対する）「最終解決 Endlösung」の方針が打ち出された。無論二一年当時のベンヤミンに、（ナチズムへと収斂していく）近代の〝神話的〟暴力が〈最終解決〉にまでエスカレートするであろう、と予見できたはずはない。しかし翻って考えれば〝全て〟を廃棄する〝神話〟暴力に期待を寄せる彼の議論の立て方そのものが、現存の法秩序の枠内での全ての〝問題〟への〈最終解決 la solution finale〉を志向していたとは考えられないか。デリダは、『暴力批判論』のテクストの持つそうした逆説的な性格に注意を向ける（D七一頁）。「ベンヤミン」という名前は何重もの意味で、近代市民社会の法秩序の陥っている閉塞状況から〝最終的〟に抜け出そうとする〈暴力〉が陥るアポリアと関わっているのだ。ベンヤミンのテクストの〝運命〟を予め知った立場にあるデリダが、〈法〉の（脱構築の）彼方にある〈正義〉への〈権利〉について語るということは、「ベンヤミン」の名に象徴される問題系を引き受けることに他ならない。

　デリダは『法の力』の出版に際して「ベンヤミンの名前」に付した「プロレゴメナ（序説）」で、『暴力批判論』と「最終解決」を結び付けるいくつかの問題系を挙げている。その第一に挙げられているのが、〈法〉の破壊というテーマである。

この不安にさせ、不可思議で、恐ろしく曖昧なテクストは、予め（しかしここで「予め」と言うことができるだろうか？）ラディカルな破壊、絶滅、全面的消滅といったテーマに憑かれている、と私は思っている。そして取り分けても、正義の、ということではないにせよ、法＝権利（droit）の消滅というテーマに。そしてそれらの法＝権利の中でも、人間の諸権利、少なくとも、ギリシア型あるいは「啓蒙」型の自然権の伝統の中でそう解釈されうるものの消滅である。このテクストは絶滅の暴力というテーマに憑かれていると念を入れて言っておこう、なぜならこのテクストがまずもって憑かれたものであり、私がそのことをその憑きもの＝強迫観念（hantise）自体によって、つまり亡霊の疑似論理によって実証しようとしているからなのだ。この疑似論理は、現前、不在、再・現前化＝表象をめぐる存在論の論理よりも強力で、ゆえにそれに取って代わるはずのものだ。ところで私は、「最終解決」という渾名で呼ばれてきた、この名前のないものについて考え、思索すべきものは何であるか考えるために集まり、思索する共同体は、まずもって亡霊の法則、幽霊の経験、亡霊の記憶に親しい態度を見せるべきではないのかと自問している。この亡霊とは死んでいるわけでも、生きているわけでもなく、ただ生き残っている＝生を超えている（survivant）ものであり、最も強く命令する法則、つまり最も目立たず、最も消え入りそうであるにもかかわらず、まさに

それゆえに最も多くを要求する記憶の法則と親しい関係にあるのだ。(D六七頁以下)

ここでデリダが〈亡霊 fantôme〉と呼んでいるものは、明らかに『共産党宣言』の冒頭で「ヨーロッパに亡霊(Gespenst)が出る――共産主義という亡霊である。古いヨーロッパの諸権力はこの亡霊を追い払おうとして神聖同盟を結んだ」と表現されてる〈亡霊〉のことである。ベンヤミンのテクストが、全ての地上の〈法秩序〉を廃棄するためにやって来るこのマルクスの〈亡霊〉に憑かれているという〝メタファー〟は「マルクス―ソレル―ベンヤミン」の暴力論の歴史的系譜から考えれば極めて当然のことである。しかしここで我々が留意しておかねばならないのは、『共産党宣言』のテクストそれ自体は、自らが〈亡霊〉であるとは認めていない点である。『共産党宣言』(の著者であるマルクス゠エンゲルス)に言わせれば、〈亡霊〉というのは滅ぼされるべき旧〈権力〉の側が勝手に描いているイメージだ。そうした「共産主義という亡霊についてのメルヒェンに、党自身の宣言[4]」を対置することこそが『宣言』の〝意図〟であった。つまり『宣言』は、自らがもはや有るのかないのか(現前するのか不在か)分からないメルヒェン上の存在者ではなく、〈現前〉するものであることを〈宣言〉したわけである。本来『宣言』によってその歴史的役割を終えたはずの〈亡霊〉がベンヤミンのテクストの中へと召喚されている、というのがデリダの〈読み〉なのだ。いったん生きた言葉になったはずの『宣言』がもう一度(生きているのでも、死んでいるのでもない)〈亡霊〉の姿になって舞い戻ってきたわけである。『共産党宣言』は(自らの)

〈亡霊〉を追い払うことによって、同時に自らがもう一度〈亡霊〉として復活してくる可能性を〝予め〟宣言しているエクリチュールなのである。[5]

2　〈暴力＝権力〉に宿る〈亡霊〉

では、この（デリダの〈読み〉を通してベンヤミンのテクストの中に）召喚された〈亡霊〉とは、果たして〝何〟の〈亡霊〉であろうか。現実の中で何度挫折しても〈革命〉のために執拗に回帰してくる『宣言』の〈亡霊〉である、と考えれば分かりやすい。ただ、その場合でも『宣言』へと変身する〝前〟の〈亡霊〉はどこからやって来たのかという疑問は残る。純粋な暴力によって全ての現実的な〈法措定〉を廃止するという『暴力批判論』の〝宣言〟から遡って推測すると、全ての律法を廃止（成就）するために到来するとされる〈メシア〉をめぐるユダヤ＝キリスト教的な終末論の系譜が浮上してくる。デリダは〈法〉を破壊する正当（juste）な〈神的暴力〉と、〈法〉を措定し保持する〈神話的暴力〉というベンヤミンの区別が、〈ユダヤ的なもの／ギリシア的伝統〉の二分法に対応しており、そうしたベンヤミンの視角自体がユダヤ的なものであることを指摘している（D六八頁）。つまり、（マルクスを含めて）これまでの西欧形而上学批判者たちが否定しようと躍起になってきたが、それでも何度も形を変えて〈生き残って〉きた〈メシア的なもの〉の〈亡霊〉が、逆説的なことに、マルクス主義の言説を経由してベンヤミンのテクストに取り憑いたのである。自らの〝意図〟に反して〈終末〉を目指す〈亡霊〉を背負ってしまった「マルクス—ソレル—ベンヤミン」の言説は、対極にあるはずのカール・シュミット（一八八八—一九八五）の政治神学、引いてはナチスのイデオロギーに接近していく。二〇年代から三〇年代前半にかけて、〈暴力〉によって啓蒙化された〈市民社会〉の（法）秩序を根底から破壊しようとする革命的＝メシア的ラディカリズムが高揚していく中で、ベンヤミンとシュミットは直接的に接近していく。[6] 両者の繫がりを、デリダはベンヤミンのテクストと「最終解決」を結ぶテーマの一つとして挙げている（D六九頁、七六頁）。

『暴力批判論』の中に再来した〈亡霊〉は〝全て〟を破壊しようとする霊であるが、これまで歴史の中に登場してきたあらゆる終末論の〈亡霊〉たちがそうであったように、破壊することによって、同時に自らの存在を正当化するための〈（法）秩序〉を措定するという逆説的な性格を帯びている。言語（＝〈宣言〉）を媒介として再・現前化される〈純粋な〉〈暴力〉は否応なく、本来の目的からずれて〈権力〉へと堕してしまうのだ（D六九頁）。デリダは「法から正義へ」の中で、ベンヤミンのテクストで用いられる〈暴力＝無法〉を意味するドイツ語〈Gewalt〉が、〈gesetzgebende Gewalt：立法権〉〈geistliche Gewalt：（教会の）霊的権威〉〈Staatsgewalt：国家権力〉といった形で同時に〈権力・権威〉という意味も含んでいることに注意を向けている（D一九頁）。既成の〈法〉秩序に基づく〈権力〉の廃棄する〈（神的）暴力〉は、廃棄を宣言したその瞬間から自らがそれに取って代わる新しい〈権力〉へと変質する。〈暴力＝無法〉宣言は、同時に〈法措定〉の宣言でもある。

直接的な暴力の神話的宣言はより純粋な領域を開くどころか、その最も深いところでは全ての法権力＝法的暴力（Rechtsgewalt）と同一であり、法権力の問題性についての漠とした予感を、その歴史的機能の確実な腐敗性という形で明確なものにするのだ。よって、これを消滅させることが課題となる。まさにこの課題こそ、神話的権力＝暴力に停止を命じうる純粋な直接的な暴力への問いを、究極の審級（Instanz）においてもう一度提起するものなのである。（B六二頁）

神話的な法権力と化した〈暴力〉は、歴史的なプロセスの中で次第に腐敗していき、神的な〝純粋さ〟から隔たったものであることが暴露される。法権力として措定されたもののそうした腐敗を克服すべく、神的暴力が再び呼び返されるが、それが〝神的〟なのは既成の神話的暴力の廃棄を〈宣言〉する瞬間だけで、次の瞬間には自らが神話的・運命的性格を帯びることになるのだ。純粋な神的暴力は自らが措定した〈法権力〉を廃棄するために〈亡霊〉のごとく〝生き残って〟何度もやって来るのだ。デリダは、『暴力批判論』を〈暴力／権力〉をめぐる自らの言説のアポリアを〝知っている〟テクストとして読んでいる。彼はこのテクストを締め括る以下の表現の内に、このアポリアが（自己）言及されていることを指摘する。

しかし人間たちにとっては、純粋な暴力がいつ、一つの特定のケースとして現実に存在したかを決定することはすぐにできることでもないし、差し迫ってしなければならないことでもない。というのは、人間の目に暴力の贖罪的な力が隠されているせいで、暴力として確認されるのは神話的暴力だけで――比喩を絶する凄まじい効果が見られる場合を除けば――神的暴力がそれ自体として確認されることはないからである。純粋な神的な暴力は、神話によって法と交配させられている古より続く諸形態を改めて取ることもあるだろう。例えばそれは真の戦争において現象することもあるだろうし、罪人に対する群衆の神明裁判として現象するかもしれない。しかし非難されるべきは、全ての法措定的な――支配的（schaltend）と言い換えてもよい――神話的暴力である。これに仕える法維持的（rechtserhaltend）、管理された（verwaltet）暴力もまた同様に非難されるべきである。神聖なる執行の――決して手段ではなく――印璽・封印である神的な暴力（Gewalt）は神の摂理による＝支配・管理的な（waltend）暴力と呼ばれていいかもしれない。（B六六頁：傍線引用者）

この箇所からはっきり読み取れるように、ベンヤミンの言う〈神的暴力〉は、「比喩を絶するunvergleichbar」仕方でしか、つまり〈表象の限界〉においてしか現れず、通常は、〈法権力〉としての〈神話的暴力〉の影に潜んでいる〈暴力〉である。逆に言えば、我々は自らが生きている神話的・運命的な表象空間を抜け出さない限り、〈神的暴力〉によって罪から贖われることはないのだ。真の戦争や、群衆による神明裁判において〈神的暴力〉が真の姿を現す（かもしれない）というのであるから、この暴力のイメージはナチスによる〈最終解決〉に限りなく近付いていく。デリダは、『暴力批判論』のテクストが、〈神の摂理による暴力〉とも〈支配的な暴力〉とも解釈できる両義的なものへの言及で終わっている点に着目して、ここを『法の力』における読解のポイントにしている。しかもこのテクストの著者として、封印の署名をした彼の「名」はヴァルター（Walter：「管理者」「支配者」を暗示する）である（D七七頁、一三三頁）。「ベンヤミンの名（prénom）」は目に見えない神の摂理を司る封印と共に、地上を管理・支配する権威を象徴しているのだ。無論、ベンヤミンが自らの〈名〉の持つ（摂理的な）意味を意識してこのテクストを書いたかどうかは定かではないが、一九八九年の時点でこれについて語るデリダの〈読み〉の中では、（典型的なユダヤ人の〈姓〉を持つ）彼の〈名〉は、最終解決へと繋がる歴史の〈暴力＝権力〉を連想させてしまうのである。[7] 神から直接的に発した〈摂理の暴力〉が、人々を表象空間の中での運命へと縛り付けてしまう〈支配の権力〉でもあることを「ベンヤミンの名」は暗示しているのだ。

このように〈神的な暴力〉としての性質を帯びた〈法措定の暴力〉は、自己の存在を宣言した瞬間から〈法権力〉へと変質してしまうわけだが、デリダはこの地点から更にラディカルな思考を続け、ベンヤミンのテクストに対する新たな問題を引き出してくる。それは既成の法秩序を破壊する無法な力として現れてくる〈暴力〉は、果たしてその〝瞬間〟だけは〝純粋〟であると言い切れるのだろうか、という疑問である。『暴力批判論』のテクストを読む限り、ベンヤミンは〈（まだ）純粋な暴力〉と〈（既に）神話化した法権力〉は異質であり、通常は前者が後者の影に隠れていても、非常時には瞬間的に姿を現すという前提で論を進めているように見える。しかしこの〝瞬間〟に現れた〈暴力〉がいかなる〈権力〉性も含んでいない、と判断しうる最終審級は一体どこに求められるのだろうか。デリダは、両者の区別の可能性そのものを脱構築することを試みる。

> なぜなら私はこれから、ベンヤミンの明示的な意図を超えた解釈を提案しようとしているからだ。その解釈によれば、根拠付け（fondation）もしくは法措定の暴力それ自体が法維持（conservation du droit）の暴力＝権力を包含しており、これと絶縁されることはありえない。根拠付けの暴力には、自己自身の繰り返しを招来すること、そして保存（conserver）されるべきもの、保存可能であり、その遺産相続・伝承・分配が約束されているものを根拠付けることが、構造的性質として含まれているのである。根拠付けは約束（promesse）である。全ての措定は可能（permet）にし、約束する＝予め置く（pro-met）、つまり置くこと及び予め置くことを通して措定するのである。そしてたとえ実際には約束が守られなかったとしても、根拠付けのなされる最も断絶的な瞬間において、反復可能性が保護＝保存（garde）の約束を書き込むのである。そのようにして措定は、元になるものの心臓部に繰り返しの可能性を書き込んでいるのだ。もっといい――あるいは悪い――言い方をすれば、措定はこの反復可能

性の法（則）の内に書き込まれており、自らの法（則）の下に、あるいは法（則）の前にあるのだ。だから純粋に保存する権力がないのと同様に、法の純粋な根拠付けもしくは純粋な措定、つまり純粋な根拠付けの暴力などないのだ。措定することは既に反復可能性であり、自己保存への呼びかけだ。一方保存もまた再・根拠付け的な性質を帯びており、それによって自らが根拠付けようとするものを保存できるのだ。従って措定と保存の間に厳密な対立はなく、単に私が両者の間の差延的感染（*contamination différentielle*）と呼ぼうとする（そしてベンヤミンはそれを名付けてはいない）ものがあるだけで、それにはそれから導き出される様々な逆説が伴っているのだ。（D九三頁以下）

我々にとって名付けえない〝何か〟を〈法〉として〈措定〉するということは、その措定されるべき〈元のもの＝根源的なもの l'orginaire〉の中に〈反復可能性〉を書き込むことである。言い換えれば、措定された〈元のもの〉が〈記号〉を通して繰り返し再・現前化されるのを担保することだ。一般的な事物の存在の〈措定〉と〈反復〉が、それを〈名前〉によって名指しすることを通してなされる（レヴィ＝ストロースの〈名指し〉の暴力）のとパラレルに、法の〈措定〉と〈反復〉は、法をエクリチュールとして書き込み、そこに署名することにおいて遂行される。[8]〈法措定〉の〈宣言〉は、それが将来にわたって反復されるであろうことを〈予め約束〉する。この〈約束〉はそれが現実に成就するか否かは別として、少なくとも未来における反復が可能になる構造を作り出すのである。我々の眼前に、あるいは我々の上に〈法〉を〈措定〉した始源の暴力は自らの反復（再来）を予め告知しているのである。

こうした〈根拠付けの暴力〉の反復可能性に対して、〈法維持の権力〉の側にも自らを保存していくために、瞬間ごとに自己を（再）措定する性質が構造的に含まれている。「法から正義へ」の中でデリダは、裁判官が〈決定〉を下すに際しては、自らの決定が単に法あるいは一般的法則に沿ったものであることを示すだけではなく、その根拠になっている〈法〉の価値を再承認しなければならないことを指摘する。つまり、「それ以前には法（則）は実在していなかったかのように、裁判官自身がその都度法（則）を発明しているかのように」（D五〇頁）極限まで突きつめたところで、再設定的な性質の解釈行為を遂行しなければならないのである。極限すれば、それぞれの判決（文）が自己の内で自らの基礎（根源）としての〈法〉を再・現前化し、再生しているのだ。無論、これは司法制度の枠内での〈判決〉だけではなく、我々が日々なしている〈決定・決断décision＝Entscheidung〉一般について当てはまることである。〈私〉が何らかの〈決定〉に直面するたびに、〈私〉の前に目に見えない〈法〉への〈扉〉が現れてくる。[9]「決定が公正（juste）で、責任あるものとなるには、その固有の瞬間――そういう瞬間があるとすればの話だが――において制御（régler）されながら、規則（régle）を持たず、法を維持すると同時に、十分に法を破壊し、宙吊りにする（suspensif）性質を持ち、それによって各場合ごとに法を再発明、再・正当化（re-justifier）する、少なくともその原則の自由で新たなる再肯定と確認という点で再発明するようになるのだ」（D五一頁）。

このように二つの種類の〈暴力＝権力〉が互いの間の差異を示しながらも、根底において〈感染〉し合っていることを考察していくと、〝純粋な暴力〟による新たな〝法措定〟も実は〝始源〟より何度も繰り返される［〈再・措定〉→〈再・正当化〉］の運動の一つの局面にすぎないのではないか、という推測が成立する。無論、日常生活における細かな判断と、〈最終解決〉のような大きな決定ではそのスケールが異なるが、〈法〉をその瞬間に再・現前化するという基本的構造においては同一である。デリダは『暴力批判論』のテクストの中で、二つの〈暴力＝権力〉の関係が〈亡霊のような gespenstisch〉と形容されている以下の箇所をクローズアップする。

（…）不自然な仕方で結合され、あたかも亡霊のように混合している二つの種類の暴力＝権力は近代国家のもう一つの機関、警察の内に現前している。この機関は、法的目的のための（処分権を伴った）権力であるが、同時に法的目的を措定する（命令権を伴った）権能を帯びているのである。（B五二頁）

この「あたかも亡霊のように」とは一体どのような状態を指すのだろうか。デリダはこれを、二つの暴力＝権力が相互に「憑いている」という意味に解釈する。二つの権力＝暴力の間の結合が極めて不透明であり、あたかも〈亡霊〉が憑くようにもう一方の形態にまとわりついているため、相互の本質は隠蔽されてしまう。「亡霊は消えることを通して、あるいは自らが表象するものを消すことを通して、姿を現す」（D一〇二頁）のである。本来〝一つ〟である暴力が、法措定〈根拠付け〉の〈暴力〉と法維持の〈権力〉に分裂した形で現れるため、〝二つ〟の〈暴力＝権力〉形態は、それぞれ他方を隠蔽しながら同時に〈表象〉するという逆説的な関係を結ぶようになる。〝両者〟が逆説的な仕方で相互補完的に関係し続けることにより、始源の〈暴力〉は自己再生産しながら生き延びるのだ。法的目的に即して具体的な事柄を処理していく〈処分権 Verfügungsrecht〉と、そうした個々の判断を通して新しい秩序（Ordnung）を生み出す〈命令権 Verordnungsrecht〉を兼ね備えた〈警察（政治）Polizei〉にこそ、そうした二つの暴力の差延的感染、共犯関係が最も端的に具現されているのだ。

このような形でデリダは、〈秩序／暴力〉のせめぎ合いの歴史を、［措定―保存］の間を行き来する〈亡霊の〉反復運動として捉え直す。ベンヤミンが最も断絶的な〈措定〉の〈瞬間〉に現れてくる〈はずの〉〈純粋な神的暴力〉に歴史哲学的な希望を繋ごうとしたのに対し、デリダはそうした特殊な〈瞬間〉を特権化するのではなく、我々が日々直面する法の前での〈決断〉の内に、暴力による〈断絶 irruption〉の瞬間を見ようとする。〈法〉を断絶することによって同時に〈始源から連綿と続く〉法の反復可能性を再確認しようとする太古の〈亡霊〉は、「アメリカ独立宣言」、「人及び市民の権利宣言」、「共産党宣言」といった歴史的に重視される〈暴力〉宣言の場面においてばかりでなく、〈我々自身がそう意識すると否とにかかわらず〉我々が〈法〉の扉の前に立つ瞬間ごとに、我々の前に「消えることを通して現れる」のである。

当然、（純粋な）暴力発動の〈瞬間〉をポジティヴに捉えようとするベンヤミンのテクストに比して、（「最終解決」の可能性を視野に入れている）デリダのテクストにおける〈瞬間〉の位置付けは極めて両義的である。〈法〉の前での〈決断〉を通して、我々は〈正義〉の実現に向けての一歩を踏み出すことになるわけだが、デリダは現存する一切の秩序が停止する〈決断〉の瞬間に〈狂気folie〉を見る。

> 決断の瞬間は狂気である、とキルケゴールは言った。それはとりわけ、時間を切り裂き、弁証法に挑戦する正しい決断の瞬間に当てはまることだ。これが狂気だ。狂気であるというのは、こうした決断は超・活動＝能動的（sur-active）であり、かつ受け身（subi）であるからだ。つまり決断には受動的な何か、更に言えば、無意識的な何かがある。あたかも、決断者は自らの決断によって感動を受けることを通してのみ自由になるかのように、そしてその決断が他者から来るかのように。（D五八頁）

決断の瞬間の〈狂気〉とは、自分の能動的な意志で決定を下そうとする際に、あたかも〈私〉ならざる〈他の者〉によって影響を受けて押し出されるかのように一歩を踏み出すことである。この瞬間の〝私〟は〈無意識的な何か〉の介入に対し全く無防備になる。コギトの始動する瞬間に、コギトの行使される瞬間に（無意識の）狂気が暴力を行使するのと同様に、▼10 決断者が「正しい（正義の）決断」を下す瞬間は、狂気と共に〈法〉が暴力的に措定される。そして他の全ての〝正しくないもの〟は、〈法権力〉によって〝法外なもの〟として排除されるのだ。合法性を基礎付けている既成の審級の全てが一旦停止される〈決断〉の瞬間には、「最終解決」のような表象の限界を超えた結末をもたらす政策も、共同体の法秩序の維持のための〝正しい決断〟として選択される危険がある。こうした狂気の危険はあらゆる（それ自体としては直接的に現前することがない）〈法〉の前での〈決断〉に憑きまとう。狂気の瞬間における〝反暴力的で自由な〟決断は、逆に〈暴力〉を増幅した形で再生産してしまうかもしれない。そして我々は、〈決断〉を避けて生きることはできないのだ。

3 〈アポリア〉の政治

デリダと共に〈正しい決断〉をめぐるアポリアについて考察し続けると、出口の見えない袋小路にますます深く入り込んでいくように思われる。しかし逆の見方をすれば、そもそも著者（＝創造者）としてのデリダに寄りかかり、救済に向けての解答を彼から求めてしまう（我々の）読みの姿勢こそが、デリダが脱構築しようとするものに他ならない。デリダの戦略目標は、新たなユートピアを表象することではなく、むしろ我々をアポリア（＝出口のない状態）へと追い込み、

〈現在〉（に属する我々）にとって〈可能ではないもの〉を思考するよう仕向けることだ。[▼11]一九九八年三月五日付のドイツの『ツァイト』紙とのインタビューでデリダは、ユートピアを拒否し、敢えて〈可能でないもの〉を思考しようとする自らの姿勢について以下のように述べている。

ユートピアには批判的なポテンシャルがあり、それを放棄することができないのは当然だが、私はこの言葉を信用しない。（…）ある文脈においてはユートピアは——あるいは少なくともこの言葉は——極めて容易に、夢、武装解除、行動よりもむしろ諦めへと促す不可能なもの（das Unmögliche）と結び付いてしまう。私がしばしば話題にする不（非）・可能なもの（Un-Mögliche = l'im-possible）はユートピア的なものではない。非・可能なものは現実的なものそれ自体の形状だ。硬さ、近さ、そして切迫感を備えている。私が最近のテクストの多くで解釈しているように、非・可能なものとは、今、ここという一回的な状況、瞬間における切迫感だ。この不・可能なものは否定的なものではなく、肯定だ。この肯定によって我々は、批判的な仕方で似非行動、似非決断、似非責任に抵抗することができる。可能なもので満足してしまえば、規則を適用し、綱領を実行し、予見可能な因果律をでっち上げ、明らかに既に進行中のものに順応し、結果として政治においても他の場面でも何かを行うことも、決断することもできなくなるだろう。

デリダの言う〈非・可能なもの〉は、我々が、〝出来るかもしれない（?）〟という漠然とした（ユートピア的）期待を抱いたままで行動することを許さない。〈不・可能なもの〉は、我々に対して現実の越え難い壁、限界を押し付けてくる。我々が本当の意味で、責任をもって決断し、行動しようとするのであれば、押し迫ってくる〈不・可能なもの〉の〈不〉性（＝アポリア）に真っ向から立ち向かい、これを突破する道を模索する必要がある。〈現在〉においてリアルに我々に切迫してくる〈アポリア〉を直視しないまま、最終的なテロス（＝ユートピア）を目指す歴史の運動法則に頼ろうとする姿勢は、現実逃避に他ならない。そのような姿勢は結局、似非責任・似非決断・似非行為でしかなく、〈暴力＝権力〉の自己再生産運動に対する一切の抵抗を事実上放棄することになる。「最終解決」の危険を知った我々は容易に（狂気の中での）〈決断〉の瞬間に身を委ねることはできないが、デリダの指し示すポストモダンの〈アポリア〉はその危険に対する責任を覚悟のうえで、それでも〈決断〉せざるを得ない立場へと我々を追い込む。では、こうした前提を踏まえたうえで、デリダのテクストから我々に向かって迫ってくる〈決断〉のアポリアをポジティヴに読み替えることを試みることにしよう。

我々は何かの〈決断＝決定〉をするに際しては、必ずAであるともBであるとも割り切れないもの、言わば〈決定不可能なもの l'indécidable〉（D五三頁）に遭遇する。〈決定不可能なもの＝割り切れないもの〉の前で一旦宙吊り状態になることを通して、決断する主体はAかBを選び取る自由を得る。この宙吊り状態から決断へと踏み出すことによって選び取られるのは〈決定不可能なもの〉の〝一部〟にすぎないわけだから、どうしても法的合理性の枠内には収まらない〈決定不可能なもの〉の〈記憶〉（＝テクストの〈残余〉）は〈亡霊〉として〈決定〉の〈内部〉に留まる。この〈決定〉の〈亡霊性〉によって、〈決定の正しさ〉を我々に対して保証していたものが、まさにその内側から脱構築されるのだ（D五四頁）。この〈脱構築〉を通して、原初の〈決定〉において零れ落ちたものが復活する道が開かれる。〝かつて〟の〈決定〉の際に〈アポリア〉に遮られて選択〈不可能〉だった（と思えた）ものが、新たな〈決断〉を前に宙吊り状態になっている〝私〟の眼前に〈非・可能なもの〉として〝再び〟迫ってくる。生きているのでも死んでいるのでもなく、ただ生き残るだけの〈亡霊〉に憑かれているおかげで、反復的に自己措定を続ける〈法秩序〉の彼方に、法外なものに〈権利〉を与える〈正義〉の余地が残されているのだ。ポストモダンのアポリアの中での〈責任〉を伴う〈決断〉とは、（未来の）ユートピアの表象を拒絶しながらも、〈亡霊〉が指し示す〝法外なもの〟を掬い取るべく、〈現在〉を規定する思考の〈限界〉、即ち〈可能なもの／非・可能なもの〉を隔てている壁に（再）挑戦することなのだ。

> 「恐らく」、正義については常に恐らくと言わねばならないだろう。正義のための未来があり、そして出来事として計算、規則、綱領、予測云々を超える出来事における正義が可能である、というような仕方でしか正義はありえないのだ。絶対的他性の経験としての正義は現前不可能であるが、それは出来事における偶然であり、歴史の条件なのである。（D六一頁）

措定された〈法〉の本来の目的としての〈正義〉は表象不可能で、いかなる計算・予測も超えており、▼12〈現在〉の秩序に属する〝我々〟が、「これが正義だ」と名指しすることはできない。〈正義〉とは、いかなる法的合理性にも還元できない〈絶対的他性 l'alterité〉を経験することなのだ。摑まえることはできないが、〈亡霊〉のように〈法〉の彼方から迫り来る〈正義〉に呼応して、〈歴史〉の流れに断絶が生じる。この〈正義〉への一歩を踏み出すことは、狂気の危険を伴う。〈真の暴力〉に向けての試みがこれまで数多く挫折してきた結果、〈正義〉という言葉は回復しがたいほど傷付いている。しかし〈決定不可能なもの〉は歴史の中に確かに残存している。歴史哲学的に措定することのできない〈(決定)不可能なもの〉に向かって、(狂気の引き起こすリスクを覚悟のうえで)敢えて〈決断〉するというポスト近代のアポリアを我々は避けて通れないのだ。

注

*『暴力批判論』と『法の力』からの引用には以下のテクストを用いた。本文中ではそれぞれのテクストをB及びDと表示したうえで、頁数を記した。

Benjamin, Walter; Zur Kritik der Gewalt, in: Angelus Novus = Ausgewählte Schriften 2, 1966, Frankfurt a.M. (Suhrkamp)

Derrida, Jacques; *Force de loi*, 1994, Paris (Galilée)

▼1　一九一八年二月四日付のスイスの『ジュルナル・ド・ジュネーヴ』紙は、「今一つの危険」という表題の論文を掲載し、レーニンとトロツキーがスイス滞在中にソレルの著作を読んで影響を受けたに違いないと断じて、〈暴力〉を肯定する危険な影響関係を非難した。これに対してソレルは、翌一九年九月に出された『暴力についての省察』第四版の付録として書いた「レーニン」という文章で、暴力論についての同紙の誤解を正したうえで、自らの著作のレーニンへの直接的影響を確認することはできないとしながらも、もしそうであれば誇りに思うと述べて、ボリシェビキ革命の理念を賞賛している。

▼2　第一次大戦後の現実的政治・社会状況、特にマックス・ウェーバーの近代批判との関連で『暴力批判論』を位置付けることを試みた最近の研究としては、高橋順一の以下の論文を挙げることができる。「ヴァルター・ベンヤミンの政治思想・素描――暴力と解放〈救済史〉」『両大戦間の政治思想』（飯島昇藏編、新評論、一九九八年）、一二三―一五五頁。

▼3　プロレタリアートの〈覚醒〉について楽観的な見方をしているベンヤミンに対し、アドルノはかなり批判的な立場を取っている。この経緯について詳しくは以下の拙論で論じた。「複製技術時代における脱物象化の可能性――〈ミメーシス〉をめぐるベンヤミンとアドルノの差異」（『情況』一九九九年一・二月号、四九―六〇頁（＝本書第5章））。

▼4　Cf. Der Manifest der kommunistischen Partei, in: Karl Marx/Friedrich Engels Werke Bd.4, hrsg. v. Institut fur Marxismus-Leninismus beim Zk der SED, 1959, *Berlin (Dietz-Verlag)*, S. 461.

▼5　デリダは『法の力』の一年前に刊行された『マルクスの亡霊たち Spectres de Marx』（一九九三年）で、

『共産党宣言』の〈亡霊〉に対する二重の関わり方をめぐって本格的な議論を展開している。この問題については、高橋哲哉が詳しく解説している。『デリダ――脱構築』（講談社、一九九八年）〔『デリダ 脱構築と正義』（講談社学術文庫、二〇一五年）〕、二四八―二七〇頁。

▼6
〈近代〉の超克をめぐるベンヤミンの終末論的な議論と、カール・シュミットやエルンスト・ユンガーのそれとの類縁性については、ノルベルト・ボルツが以下の著作で詳細に論じている。Bolz, Norbert; *Auszug aus der entzauberten Welt. Philosophischer Extremismus zwischen den weltkriegen*, 1991, Munchen (Wilhelm-Fink-Verlag)／山本尤・大貫敦子訳『批判理論の系譜学〈新装版〉』（法政大学出版局、二〇一八年）。

▼7
〈Walter〉というドイツ語の名前は、語源的に見て古ドイツ語の〈waltan "walten"〉と〈heri "Heer"：軍、群れ〉が合成されたものであり、必然的に〈（軍を）支配・管理する者〉の意味を含んでいる。〈Walter〉というドイツ的な名前と、〈Benjamin：「右手側の息子＝幸運児」を意味する〉というユダヤ的な姓からなる〝ヴァルター・ベンヤミン〟という氏名自体が、法（権力）と神的摂理の交配を暗示していると見ることもできる（両親から与えられた特殊な〈氏名〉に対するベンヤミンの拘りについては、ヨッヘン・ヘーリッシュのゼミで示唆を得た）。

▼8
名付けの暴力と記号の反復可能性の問題について、デリダは『グラマトロジーについて』で基本的な議論を展開している。Cf. *De la Grammatologie*, 1967, Paris (Minuit). デリダにおける記号の〈反復可能性〉の問題について詳しくは高橋哲哉の解説を参照。前掲書、一一五―一七七頁。

▼9
一九八二年にリオタールを中心として行われたコロキウムで発表した『予・断――法の前』でデリダは、カフカの長編小説『審判』に含まれる小編「法の前」のテクストに即して〈判断＝判決〉に際して我々の

前に現れてくる（アクセス不可能な）法の扉というテーマについて論じている。Cf. *Préjugés. Devant la loi*. In: *La faculté de juger, édité par Jean François Lyotard*, 1985, Paris (Minuit), p. 87-139.〔三浦信孝訳『カフカ論―「掟の門前」をめぐって』朝日出版社、一九八六年〕。

▼10 デリダはフーコーのデカルト論を批判した論文「コギトと『狂気の歴史』」で、この点について論じている。Cf. Cogito et histoire de la folie (1964), in: *L'Écriture et la différence*, 1967, Paris (Seuil), p. 51-98.〔合田正人・谷口博史訳『エクリチュールと差異』（法政大学出版局、二〇一三年）〕。

▼11 デリダの政治哲学における〈アポリア〉の特殊な位置付けについては、バーヅワースの議論を参照。Cf. Beardsworth, Richard; *Derrida & the political*, 1996, London and New York (Routledge), pp. 32-45.

▼12 デリダが〈正義〉を計算不可能（incalculable）としているのは、ジョン・ロールズの正義の〈分配〉（＝計算）を意識した議論であると考えられる。ロールズの正義論については、川本隆史『ロールズ――正義の原理』（講談社、一九九七年）を参照。

第5章　複製技術時代における脱物象化の可能性

――〈ミメーシス〉をめぐるベンヤミンとアドルノの差異

晩年のアドルノ（一九〇三―六九）が集中的に取り組み、彼の死後遺著として刊行された『美の理論 Ästhetische Theorie』（一九七〇）は、アウシュヴィッツ以降における〈芸術〉の可能性を論じた著作である。テリー・イーグルトン（一九四三―　）が指摘するように、〈美的なもの the Aesthetic〉をめぐる哲学的言説は、〈労働〉の分業化に伴う〈精神＝主体／自然＝客体〉の分裂を基礎に形成された近代市民社会、特にドイツにおいて、この分裂（二項対立）を克服しようとする（ブルジョワジーの）試みとして生まれたものであり、その意味で必然的に自家撞着に陥ることを運命付けられていたと言える。[1] 戦前のドイツ語圏でのマルクス主義的美学の系譜では、ブロッホとルカーチを中心に展開された表現主義論争（一九三七―三八年）に代表されるように、前衛芸術には人々を〈〈主体／客体〉を一致させる〉〈真なるもの〉の認識へと至らしめる革命的な力が備わっていると前提されたうえで、どのような芸術がその役割を担いうるかという枠組みで議論が展開された。しかしながら、前衛芸術がナチズム、そしてスターリニズムの大衆動員のメディアとして取り込まれていく歴史的現実を体験した西欧マルクス主義者たちは、〈美的なもの〉の解放の力を期待することに躊躇せざるを得なくなった。『美の理論』は、前衛芸術に潜在する〈ユートピア〉への期待が崩壊していく時代にあって、〈美的なもの〉にどのような（革命的）役割が残されているかを問題にする。〈美的なもの〉に関するアドルノの議論を理解するには、彼以上に〝ポストモダン的〟な視点から、現代（＝複製技術時代）における芸術の機能を論じながらも、最終的には解放の幻想に囚われてしまった（と思われる）ベンヤミンの議論との絡みを視野に入れておく必要がある。本章はこの点での両者の立場の差異を明確にすることを試みるものである。

　前期ベンヤミンの代表的著作『ドイツ悲劇の根源』（一九二八）では、〈超越的なもの＝崇高な自然〉の表象体としての象徴的芸術が解体する過程の中で現れた寓意（アレゴリー）芸術の特質が論じられている。〈意味するもの／意味されるもの〉の一致を前提に成立する〈象徴〉に対して、バロック芸術の〈アレゴリー〉では、〈形象的存在 bildliches Sein〉と〈意味作用 Bedeuten〉の間を隔てる深淵が顕在化する。[2] アレゴリーによって表象されるのは〈自然〉そのものではなく、〈自然〉が過ぎ去っていった後に残された廃墟（Ruine）なのである。

悲劇と共に歴史が舞台に入り込んで来る時、歴史は文字（Schrift）の役割を演じる。自然の顔には、無常なる符号文字で「歴史」と記されている。悲劇によって舞台上演される自然・史（Natur-Geschichte）のアレゴリー的な相貌は、実際残骸として現前するのだ。そうした相貌を見せながら、歴史は感性的に変化して、舞台入りするのだ。そして、そのような姿をした歴史は、永遠なる生のプロセスとしてではなく、むしろ止まることのない崩壊の過程として現れてくる。そうやってアレゴリーは自らが美の彼岸にあることを告白する。アレゴリーは思考の領域において、物の領域における廃墟に相当する。そこからバロックの廃墟崇拝が生まれてくるのだ。▼3

ベンヤミンにとって〈歴史〉とは、最終的な自然との和解（＝〈主体／客体〉の合一）へと収斂していく救済の歴史ではなく、むしろ〈自然〉が次第に崩壊していく歴史である。（死んだ）文字によって書き留められた〈歴史〉の中には、生き生きした〈自然〉の現前性を見出すことはできない。〈歴史〉とは、もはや生を失った〈自然〉の死骸を〈記号〉によって（再）結合し、人為的統一体として再生させる〈意味作用〉の連関である。我々に〈自然〉のように見えているものは、実際には、自然の残骸から組み立てられた〈歴史〉なのである。意味作用の主体である〈私〉が、〈自然〉を取り戻そうとしてもがけばもがくほど、〈自然〉は〈私〉から遠ざかる。〈象徴〉が隠蔽してきた〈自然〉と〈歴史〉の間の弁証法的関係が、〈アレゴリー〉の中に映し出されてしまうのだ。中世から近代への移行期に登場したアレゴリー芸術は、〈象徴〉形式に付着していた〈感性的な美〉の仮象を破壊し、死の相貌を呈する〈自然＝歴史〉の本質を露呈してしまうと同時に、抽象化された〈記号〉の中に〈超越的なもの〉の痕跡を保持する両義的機能を果たす。

バロック芸術におけるアレゴリーの位置付けをめぐる前期の議論は、資本主義社会における芸術の在り方を問題にした後期の議論にも引き継がれる。亡命期間中にボードレール論の一部として書き残された断片群『セントラル・パーク』（一九三八—三九）では、ボードレール（一八二一—六七）のエクリチュールにおける〈アレゴリー〉の破壊的性格が繰り返し言及されている。[4] 第二帝政期のパリで生活したボードレールを取り巻いていたのは高度に発展した複製技術を通して構築された商品世界である。芸術とは本来、自らが感性的に知覚した〈物〉を〈像 Bild〉として再現（模倣）しようとする人間の営みであった。しかし写真に代表される複製技術の発達で、人間の知覚を関与させずに、〈物〉を形像化することが可能になった。商品として大量生産されるようになった〈像〉からは、かつての芸術作品が身にまとっていた〈アウラ〉が消えていく。〈アウラ〉とは、〈無意志的記憶 mémoire involontaire〉の内に住み着いている表象が、対象の直観にまとわりつくようになったものである。アウラの衰退は、〈物〉に対する我々の知覚能力の衰退を意味する。[5] ボードレールは技術によって画一化され、ステレオタイプが氾濫している商品世界の現実に反抗する戦略として、〈アレゴリー〉の破壊力を利用する。一九世紀のパリを描いたボードレールのテクストの中で〈アレゴリー〉は、生産体制に従って合目的的に秩序付けられている〈物〉相互の連関を切り裂き、〈断片 Bruchstück〉化する役割を果たす。

人間の対象的環境はますます仮借なく、商品としての表情を見せるようになっていく。同時に物の商品的性格を覆い隠そうとする広告が始まる。商品世界をアレゴリー的なものへと変形するのは、商品世界の欺瞞的な美化に対する反抗だ。商品は自らの顔を見つめようとする。商品は売春婦の中で、自らが人間化したことを祝うのだ。

商品経済におけるアレゴリーの機能変換を叙述せねばならない。ボードレールの企ては、商品に特有のアウラを現象させることだった。彼は英雄的な仕方で商品を人間的なものにしようとした。この試みと対をなすのは、商品をセンチメンタルな仕方で人間扱いする同時代のブルジョワの試みだ。つまり人間にしてやるように、商品に家を与えてやろうとする試みだ。当時は、この時代のブルジョワの家財を包んでいたケース、カバー、サックがその役割を果たすことが期待されていたのだ。[6]

〈ベンヤミンが読解した〉ボードレールは、一九世紀半ばのブルジョワジーが自らの対象的環境である〈商品世界〉の紡ぎ出すファンタスマゴリー〈幻像〉に無自覚的に囚われ、フェティシズムに陥っていることに危機感を覚える。人間の願望〈ユートピア〉を実現するために生産された〈商品〉が、逆に人間の願望をコントロールし、人間自体を商品化させるという皮肉な事態が生じたのだ。ボードレールはそうしたブルジョワジーの倒錯した〈夢〉から身を引き離すため、アレゴリーの手法によって〈商品世界〉の中での〈物（＝商品）〉相互の組織的連関を〝歪んだ〟形で叙述する。ボードレールのまなざしの中でパリはアレゴリカルなタブロー（風景画＝一覧表）へと変貌する。[7] アレゴリー化された都市空間においては、〈商品〉を拘束していた既成の意味連関（生産秩序）が寸断され、個々の〈物〉はモナドとして粉々に砕け散る。散乱した〈物〉は自然の残骸の様相を呈する。フェティシズム的な幻惑の連鎖を一旦断ち切ったうえで、ブルジョワジーのユートピア願望の反映体である〈商品〉に潜む固有の〈アウラ〉（の痕跡）を浮上させ、それを自らの〈まなざし〉の中で自覚的（人間的）に捉え直そうとしたのだ。バロック芸術におけるアレゴリーが象徴的なものを崩壊へと追い込むと同時に、象徴の中に現前していた〈超越的なもの〉を抽象的な形式で保存する役割を果たしたのとパラレルに、ボードレールのエクリチュールにおけるアレゴリーは、〈商品世界〉における一元的な価値のヒエラルキーを寸断すると同時に、個別の〈商品〉に残存するアウラ的なものを〝我々〟のまなざしの中へと現象化させる両義的な機能を担っている。商品経済の中で硬直化しつつある我々のまなざしは、アレゴリーの破壊作用によって瞬間的に〈覚醒〉へと導かれる。ボードレールは、〈夢＝内部／覚醒＝外部〉の境界線上の微妙な地点に身を置く遊歩者（フラヌール）としてパリのパサージュ（アーケード）を歩みながら、〈商品世界〉にアレゴリー的なまなざしを向け続ける。彼はそういうスタンスを取ることで、我々の知覚能力が次第に衰退していく大量生産社会において〈芸術〉が生き残る道を探ったのだ。「アレゴリーはモデルネ（近代＝現代芸術）の武具なのだ」[8]。

このようにベンヤミンは、ボードレール論の文脈では、全般的なアウラの衰退状況の中での〈芸術〉と〈複製技術〉の間の競ぎ合いをめぐる弁証法的関係を叙述しながら、〈商品世界〉のフェティシズムに全面的に飲み込まれてしまわないための美的〈覚醒〉の戦略を模索している。しかしその一方で、ボードレールの時代よりも更に複製技術が発展し、映画やラジオといったニュー・メディアが登場する二〇世紀前半の状況を分析した『複製技術時代の芸術作品』では、脱アウラ化と共に生まれてきた大衆芸術の可能性について楽観的とも思える見解を示している。この論文でベンヤミンは新しいメディアが芸術の領域に参入してきたことで、かつてオリジナルな芸術作品が帯びていた〈今と此・性 das Jetzt und Hier〉、言い換えれば、その存在の一回性（Einmaligkeit）が脱落しつつあることを指摘している[9]。〝今・此〟にしかない真正なものであるからこそ、オリジナルはコピー（複製）にはない権威を持っていたのだ。しかし新しい複製技術においては、〈オリジナル／コピー〉関係が根本的に変化する。例えば写真術では、レンズの視角の変化や、拡大、スローモーションなどの操作によって、自然な視覚効果の限界を超えて、オリジナルの特定の側面を強調することができる。場合によっては、複製の方がオリジナルでは不可能な効果を出すこともある。複製技術が我々の知覚の領域を大幅に拡張したことで、オリジナルが〈伝統〉の中で帯びていた〈アウラ〉は衰退する。ベンヤミンは、複製技術によって芸術作品が伝統の拘束から解放されつつあると分析する。

芸術作品の一回性は、その作品が伝統の連関の中に織り込まれているのと同じことである。（…）芸術作品の伝統連関の中への根源的な織り込まれ方は、祭祀の内に表現されていた。周知のように最古の芸術作品は――最初は呪術的な、次いで宗教的な――儀礼に奉仕するものとして成立した。ところで、芸術作品のこうしたアウラ的な在り方が、決して全面的にその儀礼機能から解き放たれはしないということは、決定的な意味を持つ。別の言い方をすれば、「真正な」芸術作品の唯一的な価値は、儀礼の中に根拠付けられている。儀礼の中にその独自の、第一義的な使用価値があったのだ。[10]

芸術作品の起源は、原初的な儀礼において〈超越的なもの〉の媒体〈メディア〉の役割を演じた呪物である。呪物崇拝（フェティシズム）から発生した〈アウラ〉は、〈芸術〉というメディアによって構築される伝統連関の中で継承されてきた。完全に世俗化されたように見える芸術作品も〈祭祀価値 Kultwert〉から自由ではない。我々は芸術によってアウラ的なものを知覚する能力を維持することができるが、その反面、作品の祭祀価値に引き摺られて、〈太古的なもの〉の中に退行する危険に身を晒すことになる。ベンヤミンは、大量複製技術はアウラの衰退を加速させるものの、それによって〈芸術作品〉を〈祭祀価値〉から全面的に解放する道を切り開いたのは革命的だと評価している。写真術によって、芸術作品の価値の比重は〈祭祀価値〉から〈展示価値 Ausstellungswert〉へと大きくシフトした[11]。〈祭祀価値〉は作品が特定の〝聖なる場〟に〈存在〉し、神秘のヴェールに覆われていることによって生じてくるが、〈展示価値〉は至る所で〈見られる〉ことによって成立する。〈作品〉に対する〈観衆〉の関係は儀礼的な強制から自由になり、多様化する。映画では、演技者の動作が観衆に対して直接的に現前するのではなく、カメラに捉えられた断片的な映像（素材）がモンタージュされた形で伝達される。従来の演劇とは違って、観衆は役者の演技を〈全体〉として受容するよう強いられることはなく、各場面をその都度吟味する立場に置かれる。映画の観衆は作品の〈祭祀価値〉を押し付けられることはない、とベンヤミンは断言する[12]。

このように『複製技術時代の芸術作品』では、ボードレール論で鍵になっていた〈アレゴリー〉の技法が、複製技術それ自体に既に内在する機能として理解されている。ベンヤミンは、ニュー・メディアには〈芸術〉に潜在する解放の可能性を引き出す力があると見たのである。イーグルトンの解説に即して言えば、ベンヤミンは単なる〈反復 repetition〉と〈複製＝再生産 reproduction〉を厳密に区別している。〈反復〉は〈オリジナル＝根源的なもの〉に縛られているため、歴史の中で〈常に同一なるもの〉への永劫回帰を続けることになるが、〈再生産〉では絶えざる〈差延化〉を通して脱アウラ化した〈根源〉が脱構築されていく[13]。〈複製〉技術と共存する新しいタイプの芸術によって大衆社会が神話的・イデオロギー的な円環構造から離脱する道が開けてきたのだ。

ただしベンヤミンはこの論文の「後書き」では、複製技術によって、逆に神話的な反復構造へ大衆を同化する圧力が強まるケースもありうることを認めている。[14] その具体例は、ナチスによる映像メディアを駆使した大衆動員戦略である。熱狂した群衆の動きの〈全体〉がカメラの操作によって効果的に映し出され、その映像化された〈自己〉に対して群衆がより一層熱狂的に同化する、というナルシシスティックな循環を創出することにナチスは成功した。[15] 複製技術が〈差延化〉を促進する代わりに、神話的反復構造の再生産に奉仕してしまったのである。展示価値が、祭祀価値を排除するのではなく、むしろ復活させてしまったのだ。ベンヤミンはこの「政治の美学化」という現実に対して、〈プロレタリアート〉の側が取るべき戦略を具体的に示しておらず、彼の複製技術論は大きなアポリアを抱え込むことになった。アドルノがベンヤミンの美学に不満を覚えたのは、この点についての彼の叙述の曖昧さである。

社会研究所の機関誌『社会研究』の第五号（一九三六）にクロソフスキー（一九〇五―二〇〇一）の仏語訳で掲載されたこの論文を読んだアドルノは、同年三月一八日付のベンヤミン宛の書簡で、芸術の脱呪術化に照準を当てながら〈神話〉の弁証法的自己解体のプロセスを叙述しようとする戦略には基本的に賛成であると断ったうえで、複製技術時代における大衆芸術の評価に関して受け入れがたいものがあるとしている。アドルノの批判は、①ベンヤミンは、呪術的なアウラ概念を〈他の領域から独立した〉〈自律的な芸術作品〉にも適用し、そうした作品を反革命の側に押しやっているが、自律的な芸術は一方的に〈呪術的なもの〉の側にのみ属しているわけではなく、呪術的なものと弁証法的に絡み合いながら、自由への可能性をも指し示していることを視野に入れるべきだ、②〈プロレタリアート〉自体がブルジョワ的生産体制の産物であり、彼らが自らの置かれている（物象化された）客体的状況を自覚的に把握する以前に、（美的）革命の主体としての地位を無媒介に投げ与えるかのような論述は十分にマルクス主義的ではない――の二点に要約できる。[16] アドルノの議論は表面的に見ると、大衆芸術を軽視する彼のエリート主義の反映と取れないこともないが、ここでベンヤミンとの相互影響を考えるうえでより重要なのは、原初的な神話的構造からの〝解放〟に向けてどういう戦略を取るかをめぐっての両者の見解の相違である。

ベンヤミンの叙述は、〈（呪術的）アウラ的芸術＝自律した芸術（芸術のための芸術）／脱アウラ的芸術＝複製技術による大衆芸術〉という二項対立を設定したうえで、前者から後者へと推移していく歴史哲学的図式に嵌まり込んでいるという印象を与える。アドルノの懸念は、複製技術による〈脱アウラ化〉を通して、我々が最終的に呪物崇拝（フェティシズム）から解き放たれるのか、という点にある。映画などのニュー・メディアが〈大衆〉の主体意識を覚醒させる作用があると前提してしまうと、（文化産業によって支配されている）映画自体の生み出す新たなフェティシズムに対して無防備になる可能性がある。アドルノには、ベンヤミンがそうした脱アウラ化のもう一つの側面を軽視しているように思えたわけである。無論、既に見たようにベンヤミンはボードレール論の文脈では、複製技術に対してアンビヴァレントな姿勢を示しているので、アドルノの批判がベンヤミンの現代芸術論全般に当てはまるわけではないが、いずれにしても、アドルノからすればベンヤミンの〈脱アウラ化〉論に〝甘さ〟が残っていたわけである。

この時点では〝美的革命〟の可能性についてのアドルノ自身の見解はまだはっきりしていない。しかしその数年後にナチズムの大衆動員戦略が全面的な破局へと至り、ベンヤミン自身もその犠牲になったことで、〈脱呪術化〉に関するアドルノのペシミズムは決定的になった。ホルクハイマーとの共著『啓蒙の弁証法』では、原初の神話的な円環構造からの離脱を目指したオデュッセウスの船旅が、〈啓蒙〉という名の新たな神話（＝大いなる語り）を生み出す過程が描き出されている。太古の呪術師は自然のデーモン（霊）たちを〈真似る〉ことによって、彼らを脅かし、宥める営みを続けていた。それに対して啓蒙化された文明人は、多様なる自然を統一的な意味連関から成るコスモスへと変換し、自らを見えざる力（＝唯一神）の〈似姿〉に仕立て上げたうえで、自然を全面的に征服する壮大な企てへと乗り出したのである。永劫回帰（反復）の〈呪術〉から〈啓蒙〉への移行は、全てを自己に同一化しようとする〈精神〉の暴力の始動を意味する。[17]〈呪術的なもの〉からの〝全面的〟解放は、全てを〈一なるもの〉に統合しようとする現代の神話（＝全体主義）の勝利なのである。

啓蒙の弁証法の逆説を体験したアドルノの美学は、神話的な円環構造から離脱することを試みるとともに、離脱に際して生じる〝第二の神話〟の危険を回避するという二正面作戦を取らざるをえなくなった。アウシュヴィッツ以降の芸術には、〈呪術的なもの〉を全面的に否定することも、またその逆に肯定することも許されない。ミュトス〈神話〉とロゴスのいずれの側にも全面的に従属せず、その中間地帯を漂い続けるアンビヴァレントな道を行くしかないのだ。『美の理論』の冒頭でアドルノは、芸術の営みを通して獲得される〈神話的な呪縛構造からの〉〈自由〉は、常に作品という〈特殊なもの〉の中での〝自由〟であって、その〝自由〟のために、〈全体〉においては逆に不自由になるというパラドクスを呈示している。

芸術が自らの祭祀的な機能とその残像を振り払うことを通して獲得した自律性は、人間性〈Humanität〉の観念を食い潰していった。芸術においては、芸術自体の運動法則のために、人間性の理想から芸術に対して割り振られていた構成素が輝きを失ってしまった。芸術の自律性を取り消すことはできないだろう。芸術が疑いを抱いているもの、そして疑いを持つべきものとして表現しているものを、芸術の社会的な機能によって弁済しようとする全ての試みは挫折してきた。しかし芸術の自律性は盲目性への契機を露呈し始めている。それは古からの芸術の特性なのだ。[18]

アドルノは、芸術が自律化していくプロセスが、〈人間性〉という理想を実現しようとする社会的欲求と不可分に結び付いていたことに注意を向ける。祭祀機能から身を振りほどいた芸術は、〈作品〉の内に神話的円環構造から解放された〈人間性〉の理想を表象することを通して、社会の脱神話化＝啓蒙化に貢献するようになった。社会は芸術の中に自らが最終的に至るべき〈ユートピア〉を見出すことによって、変革への刺激を受ける。しかし現実の社会が、芸術の中に映し出される〈人間性〉と完全に一致することはなかった。むしろ、社会は（芸術の尺度から見て）次第に非人間化していった。そのため、芸術の指示する〈人間性〉は、現実社会の基盤にある〝人間性〟とは全く異質のものになってしまった。未だ到達されざる〈人間性〉の理想を描出すべく自己を変貌させ続けるという芸術固有の運動法則に従って、芸術は社会全体から乖離し、閉鎖された領域を形成するに至った。自律化した芸術は社会的な芸術から自己を遮断しながら、現存する〈非人間的な〉社会にとっての〈他者 das Andere〉を指し示す機能を果たすようになったのである。ただし自律的な芸術は経験的な世界から自己を隔離した代償として、社会〈全体〉の中で自己をどのように位置付け、どのように現実に介入したらよいのか分からない「盲目」状態に置かれている。芸術は自らの進んでいくべき方向性について確信を持つことができない（一〇頁）。そのため芸術は自らが作り出した〈美〉の仮象を、次の瞬間には自らの手で破壊しなければならないというジレンマを背負わされているのだ。

社会主義リアリズムに基礎を置くルカーチの美学では、芸術は、日常においては漠然としか把握されていない社会的・歴史的現実を〝より客観的〟に反映すること（＝美的ミメーシス）を通して、現実における矛盾を克服する〈実践〉に向けて主体の意識を喚起する役割を担っている。[19] これに対して、モダニズム芸術の〈自律性〉を重視するアドルノの美学では、ミメーシス（模倣）の対象となるべき〝社会的現実〟は実体として存在しない。〈現実〉を構成する意味連関（ロゴス）から身を引き離すことで独自の領域を獲得した芸術が、〈現実〉に直接介入することは原理的に不可能なのだ。社会的〈現実〉とは〝異なった〟もの、理解不可能なものを呈示することで間接的に社会を〈批判〉するしかないのだ。「芸術作品と外部のもの、つまり――幸か不幸か芸術がそれに対して自己を閉鎖している――世界とのコミュニケーションは、非コミュニケーションを通して成立するのである」（一五頁）。啓蒙化された市民社会における自律的な芸術は、（生産秩序を支えている）コミュニケーションを破壊することによって、（メタ）コミュニケーションの可能性を開示するという逆説的な機能を帯びているのだ。

アドルノに言わせれば、こうした芸術の自己矛盾した性格は、〈啓蒙〉の弁証法の抱える根源的な逆説に由来する。神話的な円環構造（太古の自然）からの解放を試みる一方で、最終的には、失ってしまった自然との絆の回復（＝〈主体／客体〉の一致）を目指している啓蒙の〈理性〉（ロゴス）は、必然的にアンチノミーに陥る。我々が恒常的な技術革新を通して獲得しようとしている〈新しいもの das Neue〉は、実は〈太古的なもの das Archaische〉を回復しようとする市民社会の潜在的願望が現象化したものなのである。テクノロジー自体が呪術的（呪物崇拝的）性格を帯びている以上、ベンヤミンによる〈アウラ的な芸術／テクノロジー的な芸術〉の二分法は効力を喪失する（五六頁以下）。絶えずより〈ナウなもの Nouveauté〉を追い求めて循環し続ける〈流行〉という市民社会に特有の現象は、裏を返せば、呪物を中心に永劫回帰する反復運動の名残なのだ。

後期資本主義社会における〈文化産業〉は、交換経済の中で〈新しいもの＝太古的なもの〉を反復再生産するシステムである。アウラ的なものを内包している〈展示価値〉は、とどのつまり、〈祭祀価値〉が表面的に形を変えたものにすぎない（七三頁）。

アドルノにとって美的ミメーシスとは、そうした啓蒙の弁証法（ロゴス）の裏側を〝模倣〟する営みである。〈芸術〉に映し出されるのは、社会が自覚していない、あるいは自覚することを回避している社会自体の物象化された姿である。市民社会に寄生しながらも、社会の支配的コードを攪乱する〈芸術〉の中で、商品経済の表層には現れてこない神話的な位相が露出してくる。芸術は、〈太古的な合理性 die archaische Rationalität〉（一九二頁）とも言うべき逆説的なものを表示しているのだ。後期アドルノの美学は、市民社会を支える（計算的）合理性をトータルに〈否定〉するのではなく、むしろ自らを市民社会の〝一部〟として位置付けながら、合理性の根底に沈殿している呪術的なものの残滓を内側から露呈する戦略を取る。ボードレール論を軸にしたベンヤミンの美学では、我々を拘束する理性の歴史の隙間に、〈メシア的な時間〉（＝〈救済の瞬間〉）を見出すことに主眼が置かれたが、後期アドルノの美学には、そうした救いの瞬間さえもない。〈救済〉（の仮象）自体が、ロゴスによって物象化された我々の意識の産物なのだ。アドルノは一切の〈救済〉の仮象を破壊することで、形而上学の誘惑に抵抗しようとする。その点でアドルノのボードレール読解は、ベンヤミンのそれと微妙にニュアンスが異なってくる。

ボードレールは物象化に対して躍起になって反対するわけでも、物象化を模写するわけでもない。彼は物象化の原型（Archetyp）を経験することにおいて、物象化に抗議するのであり、その経験の媒体が詩的形式である。それによって彼は全ての後期ロマン派的な感傷を凌駕しているのだ。彼の作品の閃きは、全ての人間的なものの残滓を吸い上げる商品的性格の圧倒的な客観性を、生きた主体に先行する作品それ自体の客観性によってシンコペーション＝総合複製（synkopieren）する点にある。絶対的な芸術作品が絶対的な商品と遭遇するのだ。モデルネの概念の内にある抽象的なものの残余は、抽象的なものがモデルヌに捧げる貢物なのだ。一般的に独占資本主義の下ではもはや使用価値ではなく、交換価値が享受されるのだとすれば、近代的な芸術作品にとって、その抽象性、つまりそれが何であり、何を目指すべきかについての苛々させる不確定性が、それが何であるかを示す暗号（Chiffer）になっているのだ。（三九頁以下）

（アドルノの）ボードレールは、高度資本主義社会を覆い尽くすフェティシズムの根底に、〝全て〟を〈物象化〉してしまうロゴスの作用を経験する。ロゴスは自然界における個々の事物の感性的多様性を吸い尽くし、常に〈A＝A〉という形で同一的に存在する〈物〉（＝〈客体〉）を産出する。抽象的な〝物〟と〝物〟を等価物として〈交換〉する営みを通して、〈交換〉主体である〝私〟が生成してきたのである。[20] 具体的な使用価値を捨象（abstrahieren）され、抽象的（abstrakt）な交換価値だけを帯びている〈商品〉はロゴスによる〈物（象）化〉作用の最も純粋な産物なのだ。我々が〈商品〉の背後に自然な〝物〟を見出そうとあがいても、〝物〟を見つめる我々の〈まなざし〉自体が既に物象化されている。〈物象化〉から脱出しようとする〈芸術〉の試みは挫折を余儀なくされているのだ。ボードレールによって理論的に定式化されたモデルヌの芸術（三八頁）は、商品的性格を打破して自然に回帰しようとするものではない。むしろ〈生きた主体性〉の入り込む余地のないまでに徹底した〈抽象性〉を追求することにおいて、〈商品〉と酷似している。その点では、モデルヌの芸術作品は抽象的な商品世界の秩序に同調している。ただし、〈商品〉はその抽象性によって〈交換価値〉の基盤である〈等価性＝同一性〉の原理を強化することに寄与しているのに対し、モデルヌの芸術作品の抽象性は、それが一体何のために存在しているのか理解できない苛立ちを我々の内に引き起こす。つまり抽象的な〈同一性〉に仲介されるコミュニケーションのリズムを乱すのだ。モデルヌは商品世界のグロテスクな抽象性をむき出しにすることで、同一性の支配に変調を来させるのだ。

アドルノの『美の理論』は、〈全体〉への同化傾向に対抗しようとする芸術家の〈まなざし〉自体がもはや信用できなくなった時代において、芸術の存在意義を問いかけるエクリチュールだ。〈物象化〉の網目から零れ落ちてくる〝物〟の中に〈救い〉の契機を見ることさえ許されないアウシュヴィッツ以降の芸術には、自己自身が物象化されている現実を受け入れたうえで、同一化の原理の圧迫の下で〈人間性〉（の仮象）が完全に死滅してしまうことだけは最低限阻止するというミニマルな戦略しか残されていないのだ。

注

▼1　イーグルトンは、〈美的なもの〉をめぐる哲学的言説の抱えるアポリアについて以下の著作で詳しく論じている。Cf. Eagleton, Terry; *The Ideology of the Aesthetic*, 1990, Blackwell (Cambridge), Esp., pp. 1-30.〔鈴木聡・藤巻明・新井潤美・後藤和彦訳『美のイデオロギー』紀伊国屋書店、一九九六年〕。

▼2　Benjamin, Walter; Ursprung des deutschen Trauerspiels, In: *Walter Benjamin Gesammelte Schriften* (Abk.: BGS), Bd.1, Suhrkamp (Frankfurt a.M.), S. 342.〔浅井健二郎訳『ドイツ悲劇の根源』〈上〉〈下〉ちくま学芸文庫、一九九九年〕。

▼3　Ibid. S. 353f.

▼4　ボードレールの詩学における〈アレゴリー〉の手法について詳しくは、以下の論文を参照。Maillard, Pascal;《Homo bulla》: pour une poétique de l'allégorie, in: L'Année Baudelaire 1: Baudelaire, Paris, l'Allégorie, 1995, Klincksieck (Paris), p. 27-39.

▼5　Benjamin, Walter; Über einige Motive bei Baudelaire, in: BGS Bd.1, S. 644ff.〔「ボードレールにおけるいくつかのモティーフについて」『ベンヤミン・コレクション1　近代の意味』ちくま学芸文庫、一九九五年〕。

▼6　Benjamin, Walter; Zentralpark. In: BGS Bd.1, S. 671.〔「セントラルパーク」『ベンヤミン・コレクショ

ン1　近代の意味』ちくま学芸文庫、一九九五年〕。

▼7　ベンヤミンは『悪の華』の第二部「パリ風景画 Tableaux parisiens」をドイツ語訳し、これに自らの序文(「翻訳者の使命」)を添えて一九二五年に刊行している。Cf. BGS Bd.4, S. 7-82.〔「翻訳者の使命」『ベンヤミン・コレクション2　エッセイの思想』ちくま学芸文庫、一九九六年〕。

▼8　BGS Bd.1, S. 681.

▼9　Benjamin, Walter; *Das Kunstwerk im Zeitalter der technischen Reproduzierbarkeit* (Dritte Fassung, 1939), in: BGS Bd.1, S. 475f.〔佐々木基一『複製技術時代の芸術』晶文社、一九九九年〕。

▼10　Ibid. S. 480.

▼11　Ibid. S. 484f.

▼12　Ibid. S. 488ff.

▼13　Eagleton, terry; *Walter Benjamin, or, Towards a revolutionary criticism*, 1981, Verso (London, New York), p. 40.〔有満麻美子・高井宏子・今村仁司訳『ワルター・ベンヤミン――革命的批評に向けて』勁草書房、一九八八年〕。

▼14　BGS Bd.1, S. 506-508.

▼15　アドルノ、ベンヤミンの共通の友人であったジークフリート・クラカウアーは、ワイマール期のドイツ映画に反映された集団心理の変遷とナチズムの大衆動員戦略の関連を論じた著作を戦後米国で刊行している。Cf. Kracauer, Siegfried; *From Calgari to Hitler. A Psychological History of the German Film*, 1947, Princeton University Press (Princeton).〔丸尾定訳『カリガリからヒトラーへ』みすず書房、一九七〇年〕。

▼16 Adorno, Theodor W./Benjamin Walter; *Briefwechsel 1928-1940*, hrsg. v. Henri Lonitz, 2. Aufl., 1995, Suhrkamp (Frankfurt a.M.), S. 169-173.〔野村修訳『ベンヤミン／アドルノ往復書簡 1928-1940』上・下、みすず書房、二〇一三年〕。

▼17 Horkheimer, Max/Adorno, Theodor W.; *Dialektik der Aufklärung*, 1995, Fischer (Frankfurt a.M.), S. 15ff.〔徳永恂訳『啓蒙の弁証法』岩波文庫、二〇〇七年〕。

▼18 Adorno, Theodor W.; *Ästhetische Theorie*, 1973, Suhrkamp (Frankfurt a.M.), S. 9. 以下同書からの引用は本文中の括弧内に頁数のみ記す。〔大久保健治訳『美の理論』河出書房新社、二〇〇七年〕。

▼19 〈美的ミメーシス〉をめぐる後期ルカーチの議論は、『美学I』（一九六三年）の第五章から第一〇章にかけてまとめられている。Vgl. Georg Lukács Werke Bd.11, *Luchterhand (Neuwied u. Berlin)*, S. 352-851.

▼20 アドルノにおける〈交換〉と〈物象化〉の関連について詳しくは、以下の拙論を参照。「〈同一性〉の起源をめぐって」（『情況』一九九八年五月号（＝本書第6章））。

第6章 〈同一性〉の起源をめぐって

——アドルノの認識論批判とゾーン＝レーテルの〈貨幣＝存在〉論

初期フランクフルト学派の代表的な理論家であるアドルノの思想の特徴は、〝全て〟を単一的な秩序の下に同一化しようとする理性の強制に抵抗する〈非同一的なもの〉の探求にあったと言うことができる。アウシュヴィッツにおいてその頂点に達した全体主義の暴力は、〝全て〟を〈自己〉に同一化しようとする（啓蒙的）理性の最終的産物であった。アドルノはナチスの迫害を逃れてオクスフォードに滞在していた期間（一九三四—三七年）、全ての（西欧的）知を最終的に根拠付け、妥当性を与えている超越論的主観性を探求する学としての〈第一哲学 Erste Philosophie〉の確立を目指したフッサール現象学を批判的に研究し[1]、その時の成果を戦後、『認識論のメタ批判に向けて』（一九五六）として刊行している。この著書の緒論でアドルノは、フッサール（一八五九―一九三八）が拘り続けている哲学的な〈第一者 das Erste〉の概念が西洋哲学の原テクストにおいて中心的な位置を占めてきたことを指摘したうえで、古代ギリシアにおいてこの概念が成立した背景を、「所有＝数量化」という視点から論じている。「哲学の第一者は常に既に全てを含んでいると主張することを通して、精神は自らと等質でないものを差し押さえ、それを等質にし、自分の所有物（Besitz）にしてしまう。精神は財産目録を作成する。何一つ網の目から零れ落ちてはならないのだ。原理は完全性を保証しなければならない。精神によって捉えられたものの数的性格が公理になるのだ。哲学と数学の結び付きによって、精神が捉えたものを自在に処理することが可能になるわけであるが、この結び付きは、プラトンがエレア学派並びにヘラクレイトスの遺産をピタゴラス学派のそれと結合して以来、持続しているのだ」[2]。

フッサールは、世界を（単一の）存在論的秩序の下に構成している超越論的主観性を（再）発見することで、知の〈統一＝単一性 Einheit〉を回復しようとしたわけだが、アドルノに言わせれば、そうした〈単一性〉への志向こそが、自然の内に見出される多様なものを抑圧し、自らの財産目録の内に取り込もうとする〈（計算的）理性 ratio〉の暴力の現れなのである。〈単一性〉を土台として構成された〈世界〉は、理性の財産目録の網目に絡め取られた自然の〈残滓＝残余 Residuum〉にすぎない[3]。フッサールが現象学的還元後に残る〈残余〉として手に入れようとした〈絶対的な存在〉とは、時と共に移ろい行くものが（私から）通り過ぎた後に、私（＝主体）の所有物として手元に残った〈残骸〉だ[4]。それこそがプラトンが〝発見〟した永遠なるイデアの正体なのだ。プラトン以来の西欧哲学は、〈私＝コギト〉の手元に残る〈残留するもの das Bleibende〉を〈真なるもの das Wahre〉へとすりかえてしまう形而上学的な倒錯の上に成り立っている。〈不変のもの〉あるいは〈アプリオリなもの〉を自らの最終的拠り所として囲い込もうとするフッサール現象学は、そうした形而上学の伝統の延長線上にある。[5] 西欧形而上学の支配する存在領域にあっては、あらゆる〈主体／客体〉関係が所有の論理に従っている。言わば、〈物象化〉されているのだ。私の眼前に客体として現前している〝物〟とは、精神（＝一なるもの）の財産目録に登録された〝物〟（の残滓）であり、そのような〝物〟の存在する地平を構成している超越論的主体としての〝私〟もまた〈単一性〉の強制力に縛られているのだ。

アドルノは、「根源的に与える直観 originär gebende Anschauung」において、「事象それ自体」を摑み取ろうとするフッサールの基本スタンスを、近代科学が陥っている物象化の呪縛を逃れるための試みとしてそれなりに評価しているが、その一方で、現象学がアプリオリなものに基礎付けられる厳密な〈学〉を目指す限り、最終的にはこの呪縛の圏内に安住することになると指摘している。[6] 〝根源的〟な物象化を通して産出された〈理性〉の営みによって、物象化される〝以前〟の〈アプリオリなもの〉を獲得するのは原理的に不可能なのだ。アドルノはフッサールのテクストの批判的読解を通して、〈同一性〉をめぐって自己言及的に運動し続ける西欧哲学の逆説的構造を暴き出す。無論アドルノ自身は、物象化が始動する〝以前〟の真なる根源を求めようとはしない。単一の根源を志向すれば、必然的に〈精神〉による所有化の論理に加担することになる。認識論のエクリチュールの中に作用する〈一なるもの〉への〝志向性〟に対するメタ批判の立場に徹することで、同一化の網の目には捉えられない〈非同一的なもの〉（＝理性の外部）を間接的に指し示すのがアドルノの戦略だ。

このようにアドルノは、全ての知の根源としての〈一なるもの〉を求める〝我々〟の志向性と、自己拡大し続ける現実の経済社会を支配する所有の論理の間に共犯関係を見出し、両者の相関関係を〈物象化 Verdinglichung〉というタームによって分析することを試みたわけである。周知のように、マルクス主義的社会哲学の用語として〈物象化〉概念を定着させたのはルカーチである。ホルクハイマーやアドルノにも大きな影響を与えた『歴史と階級意識』（一九二三）の中でルカーチは、〈商品〉を媒介とした交換関係に支配される近代社会（商品世界）において、人々が自らの類的本質である労働から疎外され、〝物〟化している現状を分析した。物象化した〝我々〟の意識は、自己の周囲の社会的な現実を客観的に認識する能力を失い、商品の作り出す幻想に囚われている。ただしルカーチの場合、〈物象化〉はあくまでも資本主義社会に特有の現象であり[7]、プロレタリアートは物象化されている自らの社会的存在を意識化することを通して、硬直化した〈主体／客体〉関係を弁証法的に打破し、変革の〈主体＝客体〉になれる可能性を秘めているとされる。物象化を克服して〈真なるもの〉を認識することは可能なのだ[8]。これに対してアドルノは『否定の弁証法』（一九六六）の中で、ルカーチが、〝かつて〟は物象化されていない主体があったという前提に立って、それを取り戻そうとするユートピア的な歴史哲学を構想していることを批判し、自己の〈意識〉を〈物〉の支配から解放しようとする試みは現実の表面を上滑りするだけであり、最終的には〈物〉によって足を掬われることになると警告を発する。[9] アドルノに言わせれば、物象化されている〝我々〟の社会的存在を認識しようとする〝我々〟の志向性自体が物象化の産物なのであるから、ルカーチ流の意識革命を行っても、〝我々〟が同一性の原理に縛られているという事態に本質的な変化はない。むしろ、「克服して、真理を再び獲得した」と思い込むことで、全体主義的な〝原初性〟へと退行してしまうリスクの方が遥かに大きい。〝我々〟の意識構造そのものが、物象化された〈主体／客体〉関係の中で形成されているわけであるから、物象化される以前の純粋な〝物〟を直接的に見ることは原理的に不可能なのだ。〝我々〟を取り巻く物世界では、非同一的な物と、疎外された社会関係の中で構成された不純な〝物〟とが複雑に混合しており、前者だけ純粋に抽出することはできない。〝我々〟の文明の中で育まれてきた〈人間性 Humanität〉は物（象）化した〈主体／客体〉関係の上に成立しているのである。[10] 同一化の原理に全面的に制圧されることを回避するには、決して意識内容に還元しえず、絶えず〈意識〉の領域に侵入してくる〈物〉の〝存在〟を念頭に置きながら、批判の営みを継続するしかない。それがアドルノが選択した否定の弁証法の道である。

否定の弁証法は、同一化の論理によって世界を〈物象化した〉自己に同化しようとする普遍的〈理性〉の妥当性を〈限定〉することを試みる。フッサールが理性（Vernunft）とは「偶然的な能力」ではなく、「超越論的主観性一般の普遍的で本質的な構造形態」[11]であるとし、理性の超歴史性を強調したのに対し、アドルノは、〈(計算的)理性〉は歴史的・偶然的なものであるという立場を取る。『認識論のメタ批判に向けて』の中でアドルノは、理性の〝起源〟を、等価性(Äquivalenz)に基づく〈交換〉経済の成立と歴史的に関連付けている。我々の思考が論理的な〈同一性〉を維持するには、思考の客体に対して常に統一的な〈形式〉が与えられていなければならない。つまり客体に含まれる具体的な〈内容〉を捨象(abstrahieren)して、純粋な〈形式〉へと抽象化(abstrahieren)し、その純粋な形式だけを思考の中に取り込む理性の作用が不可欠になるわけだが、アドルノは、そうした抽象化作用は、自らの起源として「その同一性が交換価値の〈等価性〉において成立している商品形式を指し示す。またそのことによって同時に、自分自身に対して見通しがきかない社会関係、つまり虚偽意識、主体をも指し示している」[12]と述べている。自然界に見出される物の多様性の中から、社会的〈交換〉の尺度として普遍的に妥当する〈等価性〉(〝Äquivalenz〟はその語の作りから見て、〝等しく妥当する〟ことを意味する)だけが抽象化されることによって成立した〈商品形式〉こそが、世界を単一的に把握しようとする思考の同一化作用の基盤になっているのだ。〈等価性〉を機軸に事物相互の統一的な連関を形成している現実の〈商品世界〉は、超越論的主体によって(我々の内面に)構成された統一的〈世界〉に対応しているのである。

アドルノが〈等価性〉と〈同一性〉の相関関係を指摘したことにより、初期フランクフルト学派は、『資本論』第一章で提起された商品の呪物性(Fetischcharakter)の問題と、全体主義体制の出現を可能にした精神の〈同一化〉の問題が地下水脈で通底していると見る独特の批判の視座を獲得した。ホルクハイマーとアドルノの共著である『啓蒙の弁証法』に収められている第一論文「啓蒙の概念」では、アモルファスな自然の脅威から身を振りほどきながら、理性的な主体としての〈自己〉を確立していったオデュッセウスの歩みが、〈交換 Tausch〉行為との関連で論じられている。啓蒙の船旅に出たオデュッセウスは自らの知恵（理性）を駆使して、自然を象徴する神々と巧みに取り引き（交換）しながら、自己を自然から分離していく。彼が各地の神々に与えた〈客としての贈物 Gastgeschenk〉は、一方的な〈捧げ物 Opfer〉ではなく、それに対して何らかの代価を期待する性質のものであり、言わば、文明〝以前〟の社会統合の象徴であった〈供犠 Opfer〉から、啓蒙化された社会において自立化した主体同士を機能的に結び付ける〈交換〉へと移行する中間段階を表示している。自らの差し出す〝物〟に対して、それと等価の〝物〟を受け取る〈交換〉行為こそが、理性への第一歩だ。〈交換〉を通して成立した〝我々〟の主体性は、〝全て〟を〈自己〉に強制的に同一化する精神の暴力へと転化する危険性を当初から孕んでいたのだ。[13]等価性原理に基づく〈交換〉経済の発展によって、（計算的）理性は自らの支配圏を拡充していったのである。

ポストモダンの視点からのアドルノの新しい解釈を試みるヨッヘン・ヘーリッシュは、アドルノが「〈交換〉―等価性―〈同一性〉」という問題系に着目した背景として、マルクス主義（的）経済学者アルフレート・ゾーン＝レーテルの社会学的認識論からの強い影響があったことを指摘している。[14]ゾーン＝レーテルがアドルノやベンヤミンと個人的に知り合いになったのは二〇年代半ばのことであるが、本格的に思想的影響を与え合うようになるのは亡命時代に入ってからである。ゾーン＝レーテルは、デュッセルドルフの大工場主ペンスゲンの家庭で養育された関係から、ヒトラーの政権掌握後もしばらくの間、ドイツ国内の経済研究機関で仕事を続け、ファシズム体制下における大企業の経済的・政治的活動を〝内側〟から分析した貴重な業績を残している。一九三六年に入って、彼の論文に見られるマルクス主義的傾向や、抵抗運動との繋がりがゲシュタポによって摘発されたため、急遽スイスに亡命した。彼はスイスのルツェルンに滞在していた同年三月から七月にかけて、ベンヤミン、アドルノ、ルカーチ等との意見交換の叩き台にするために自らの認識論批判の視座を論文の形でまとめた。「ルツェルン報告」と呼ばれるこの論文の存在は一般にはあまり知られていなかったが、一九八五年になってヘーリッシュの序文付きで刊行されている。

「ルツェルン報告」の冒頭でゾーン＝レーテルは、〈（近代）社会 Gesellschaft〉とは、〈交換〉を通して成立する各人の〈現存在＝生活 Dasein〉の連関であると定義している。社会を構成している各個人は、身体的レベルで見れば、それぞれが独立した〈生活〉を営んでいる。一人がパンを食べたとしても、それによって別の一人の腹が満たされることはない。一人ひとりが物理的な意味での〈生活〉の単位になっている。その点で、各人の自己意識の中では〈現存在〉はもっぱら〈自我＝私〉とだけ関係している、と言うことができる。この〈現存在の排他的な自我関係性 die ausschließliche Ich-Bezogenheit des Daseins〉（三九頁）[15]が各人の社会における対人的振る舞いの基礎になっている。しかし社会というのは、この〈私〉にのみ関わっている（はずの）各人の〈生活＝現存在〉の相互連関である。〈私〉が〈私〉とのみ関わっている限り、いくら多くの〈私〉が集合したとしても、それは〈社会〉ではない。〈私〉の〝排他的〟自我関係性が、他我（＝別の〈私〉）との関係の中で妥当性（Gültigkeit）を獲得するという逆説を通して、〈社会〉は〈社会〉たりえているのである。言い換えれば、社会においては、それぞれの〈私〉は〝排他的〟に〈私〉（の現存在）とのみ関わりながらも、同時に他の〈私〉との関わりにおいてその〝排他性〟を相互承認し合っているわけである。こうした〈客観的な社会化 die objektive Vergesellschaftung〉と〈主観性の剝奪 die subjektive Privation〉の間の矛盾を超えて社会の成立を可能にしているモードが〈交換〉である（三九頁）。

〈交換〉の形式としての〈商品 Ware〉の〈存在〉は、社会を構成する各主体に対して統一的な妥当性を持っている。逆に言えば、単に個々の〈私〉の〈現存在〉に対してのみリアリティを持っているだけの〝物〟は決して交換の対象にはなりえない。〈私〉と〝物A〟との間に成り立っている関係が、社会を構成している他の任意の自我と〝物A〟の間にも成り立っているのでなければ、〝物A〟が〝商品A〟として交換されることはない。各人が〈商品〉の〈存在の単一性 Einheit des Seins〉を認めているから、社会的〈交換〉が可能になるのである。〈商品の〉〈交換〉を通して各人の〈排他的に自己関係的な〉〈現存在〉とは別の次元で、統一的な〈存在〉の領域が現れてくる。商品の存在の〈単一性〉を基盤にして、排他的に自己関係する現存在の間に生じる〈〈物〉の〉存在の連関が〈社会〉なのである。このように、各現存在と自然との直接的・身体的な関わりとは独立に、もっぱら商品（物）の存在の単一性にのみ基づいてなされる社会化をゾーン＝レーテルは〈機能的社会化〉と呼んでいる（四〇頁）。

ゾーン＝レーテルは、〈機能的な社会化〉の起源を、自然発生的（naturwüchsig）な形態の社会に生じてきた〈搾取関係〉という視点から説明しようとする（〈自然発生的な社会形態〉と〈機能的社会化〉という二分法はあくまで説明モデルであって、ゾーン＝レーテルは自然発生的な社会の歴史的実在を強く主張しているわけではない）[16]。〝自然発生的〟な共同体では、各人は直接的に自然と関わり、自然との物質交代を通して自らの食料を製造すること（＝労働）を通して、自らの〈生活＝現存在〉を維持していると考えられる。そうした共同体が、他の共同体を自らの支配下に置き、自らの生存を従属させた者たちの労働の余剰の上に根拠付けるようになったのが〈搾取〉の原初的形態である。搾取関係において対象になるのは、人間が直接的に関係を持っている自然の〝物〟それ自体ではなく、そうした〝物〟に対する人間の関わり（＝労働）である。〈労働〉の帰属をめぐって、〈支配／被支配〉の関係性が生じてくる。自然を直接の対象とするのではなく、自然に対する人間（被支配者）の関わりを対象にしているという意味で、この関係を反照＝反省的関係（Reflexionsverhältnis）と呼ぶことができる。「この反省的関係こそが、『機能的な社会化』の起源である。なぜならば、この社会化自体が、もっぱらこの意味での反省だけを『素材』として出来上がっており、その弁証法的な具象化（Konkretion）以外の何ものでもないからである。そうした弁証法的な具象化を通して、反省は、今日に至るまでの特定の歴史的進展の中で、人間の自然に対する関係の全体を媒介する実在的なシステムへと社会的に発達してきたのである」（四六頁）。〈《搾取》による強制の下での〉自然に対する人間の〈関わり〉を反照的に捉える営み（＝〈実在的反省 Realreflexion〉）を契機として、各人の〈現存在〉の物理的制約を超えた〈社会的な存在〉というディメンションが開けてくる。この〈社会的な存在〉の内部において、〈私〉は〈労働〉を媒介として自己自身の〈現存在〉を反省的に把握する。自己自身と出会った〈私〉たちは、〈労働〉の形態を発展させながら、より高次の反省的視点から自己を対象的に捉え直そうとするようになる。〈実在的反省＝反照〉と〈〈意識の内での〉反省〉の間の弁証法的相互作用を通して、社会の全構成員の行為と意識を根底から規定する実在的な反省システムが次第に〈具象化〉されてくるわけである。〈機能的社会化〉とは、個別の〈現存在〉がこの反省システムの中に組み込まれていくことなのである。

周知のようにマルクスは『経済学・哲学草稿』で、人間は〈労働〉を通して生産した〈対象的世界〉の中に自己を直観し、自己を二重化するが、同時に〈生産〉の対象を自己から〈外化〉することになるため、〈類的生活〉の本質である〈労働〉それ自体から〈疎外〉されてしまうという逆説的な構造を提示した。▼17 ただしマルクスの場合、〈労働〉の主体である（はずの）各現存在の間に、疎外を引き起こす社会的〈生産〉の構造が生じてくるメカニズムが必ずしも明確ではない。各現存在がそうした構造に自己を同化させるようになるのは何故なのか、という問いに対してマルクスははっきりした解答を与えていない。ゾーン＝レーテルは、〈労働〉における自己対象化（疎外）の背後に原初的な〈搾取＝反照〉関係を読み込むことで、この問いに一つの解答を与えることを試みた。つまり、各労働主体が自らの〈労働〉を通じて自発的に対象的な自己把握（反省）へと至るのではなく、実在的な反照関係の中で各人が〈反省〉へと強制されるのである。言わば、マルクスの言う意味での〈労働〉は〝始め〟から社会的搾取の対象として歴史の中に登場したのであって、反省への強制を伴わない純粋な労働を想定することは原理的に不可能なのだ。〈社会的な存在〉の領域の内部では、（反照的）生産関係の拘束を受けないで自己自身を反省的に捉えることはできないのである。

エジプトで発生した（と仮定される）原初的な搾取関係においては、支配者が労働の源としての被支配者の身体を物理的に拘束することによって反照的な価値連関が成立していたが、古代ギリシアのポリスでは、人間の身体から抽象化された［〈富 Reichtum〉＝〈商品〉］が価値の媒体になった。人間の身体ではなく、〈富〉がより高次に反省化された新たな〝搾取〟（＝所有）の対象になるわけである。機能的な価値形成の始まりである（六一頁）。〈反省＝反照〉の弁証法的具象化プロセスの更に次の段階になると、〈生産〉機能と〈活用＝価値化 Verwertung〉機能が分離する（八九頁以下）。つまり、生産過程から独立した市場での〈取引〉を通して〈商品〉の価値を形成する新たな反照関係が成立するのである。市場連関を土台にして構成される商品世界の秩序（＝存在の単一性）を維持する役割を果たすのが、商品の〈等価性〉の純粋な表現としての〈貨幣 Geld〉

である。〈貨幣〉を媒体にした〈等価交換〉が社会全体に対して普遍的な妥当性を獲得することで、全ての〈自我〉を同一的な反省（思考）の形式へと強制する実在的反省システムが完成する。言わば、〈貨幣〉が近代社会における〈機能的な社会化〉を可能にしているのだ。「実際に、近代社会では貨幣が全ての物の現存在の実在性の基準としての役割を担っている。貨幣（Geld）と引き換えに売り買いできるものだけが、『客観的に妥当する実在性 objektiv gültige Realität』を有する。（…）貨幣という等価性の表現において、物はその現存在の同一性（Daseinsidentität）に即して一義的に規定されているのだ」（一〇五頁：ドイツ語の名詞〈Geld〉は、動詞〈gelten：妥当する〉及び形容詞〈gültig：妥当である〉と語源を共有する）。

ゾーン＝レーテルの社会学的認識論においては、認識の〈主観＝主体〉は世界の構成者としての特権的地位を奪い取られる。〈主体〉は自発的に自己の周囲の〈世界〉を対象的に構成するのではなく、実在的反省システムにおいて既に構成されている〈世界〉の中で〈単一的な思考形式の下での〉認識へと強制されている。〈社会的な存在〉の領域では、むしろ〈客体〉が〈主体〉を構成しているのである。「認識の構成、即ちその範疇的な形式規定性（Formbestimmtheit）は、基本的に常に『客体』の側から規定されていると言うことができる。客体の規定性のみが一次的、構成的意味を持っているのであり、それに対して思考の上での認識の形成は二次的で、反射＝反省的（reflexiv）な意味しか持っていない。認識の構成的な、あるいは『根源的な総合 ursprüngliche Synthesis』は客体の総合であり、そしてこの総合はもっぱら、搾取関係を通しての人間の社会化という歴史的現実的プロセスにおいて生じるのである」（一六八頁以下）。〈私〉という〈現存在〉は〝アプリオリ〟に［認識＝労働］の〈主体〉であったわけではなく、機能的社会化によって、貨幣的秩序の中に統合されることを通して〈主体〉になるのである。従って、〈主体〉が〈主体〉である限り、貨幣的秩序による媒介を経ずに〈物〉を認識することはできない。ゾーン＝レーテルに言わせれば、「物それ自体は認識できない」という有名なカントのテーゼは、この意味で理解されるべきなのである。無論その場合、感性的表象の多様性を〈統一性〉へと統合する〈超越論的統覚〉としての〈自我〉の位置付けは根本的に変化する。ゾーン＝レーテルは、認識主体としての自我の〈超越論的制約性 die transzendentale Bedingtheit〉を解明しようとした点ではカントの業績を認めているが、この制約性（＝アプリオリ）の根拠を「主体の内に」求めたのは誤りだという立場を取る（一九一頁以下）。「認識の『アプリオリな諸条件（Bedingungen）は実際の社会な存在の内にあり、また社会的存在の内で認識の可能な客体の『アプリオリな超越論的総合』が行われるのである」（二〇四頁）。主体は、〈社会的な存在〉の中で既に遂行されている超越論的総合を、自己の内で反射的に再現しているだけであって、〈客体〉を構成する能力は持たないのである。

〈主体〉の活動はあくまで二次的・反射的なものであり、文字通りの意味での〝超越論的〟な性格は帯びていない。にもかかわらず〈私〉は〈私〉自身が世界を構成する主体であると錯覚している。それは、機能的社会化の媒体である〈貨幣〉に自らの起源（＝搾取関係）を（主体に対して）隠蔽する作用が備わっているからである。貨幣機能を通して単一的な形式の下に構成されている〈客体〉に従って、〈主体〉による認識の地平が定まっている以上、〈主体〉は自らの〈限界〉を超えて〈客体〉の〝背後にあるもの〟を見通すことはできない。〈客体〉の形式が〈主体〉の視野を遮っているのである。透明な媒体である貨幣は、機能的に社会化されている〈主体〉が、排他的に自己自身とのみ関わるように強制し、交換による連関を見えなくしているのだ。「人間は、社会化の創造主（Autor）としての形式的な性格において主体となっているのであり、そして社会化の中で、主体である人間は自覚し、自由に行為する人間として現れてくる。しかしそれによって彼がこの創造主としての性格を得ているもの、つまり創造主としての性格の物質的・実践的な存在の現実は、全て主観性（Subjektivität）の中に止揚（aufheben）されており、そのためそれは主観性の中で主体にとってもはやどうしても見出しえないものになっている。もしそれを見出すことができるとすれば、人間は主体ではないことになるが、人間は主体である、だから主観性こそが彼の見出す全てである」（一七三頁以下）。〈主体〉が貨幣機能によって創出された〈主観性〉と同化している以上、〈主体〉は自己自身が自己の創造主であるという錯覚を逃れることはできない。我々の認識の〈妥当性〉は、自己を隠蔽した貨幣の〈妥当性〉に由来しているのである。

このようにゾーン＝レーテルは、［交換―商品―貨幣］という社会学の視点から、カント以降の伝統的な哲学における〈主体／客体〉問題を読み替えることで、近代社会に生きる我々が〝主体的に〟システムに同一化してしまう〝超越論的な条件〟を明らかにしたわけである。アドルノは一九三六年一〇月にパリを訪れた際にゾーン゠レーテルと再会し、「ルツェルン報告」を受け取っている。同年一一月三日付のゾーン゠レーテル宛の書簡でアドルノは、①商品形式の帯びている〈歴史性〉の分析、②下部構造とイデオロギーの仲介の問題、③発生と妥当性の間のアンチノミーの克服――の三点において彼の業績を高く評価している。特に第三点については、自らのフッサール研究にとっても極めて重要な意味を持っていることに触れ、現在構想している著作では、「論理学の物象化」と「〈忘れられた総合〉としての妥当」が中心概念になるだろうと述べている。[18] 三〇年代に入ってから、意識内容に還元されない〈物〉の問題に拘ることで、アプリオリに世界を構成する〈超越論的主観性〉(という仮象)の呪縛から離脱することを試みていたアドルノにとっては、〈主観性〉の(社会的に)アプリオリな性質を〝歴史的に〟解明したゾーン゠レーテルの仕事は、自らの着想を社会経済学的な側面から補完するものであったわけである。

その後ゾーン゠レーテルは、アドルノの要請に従って、オクスフォード大学を訪れることを約束し、その際の議論のポイントを絞るために、「報告」の趣旨をコンパクトにまとめた書簡を送っている。この中でゾーン゠レーテルは、自らの〈批判〉の方法がマルクス主義に基づいていることを明確にしているが、同時に、唯物史観によって〈歴史〉を一元的に解釈しようとする従来型のマルクス主義とは一線を画している。(ゾーン゠レーテルの理解する)マルクス主義は観念論のそれに代わる新しい存在論(第一哲学)を構築するものではなく、最終哲学(ultima philosophia)の立場に徹するのである。「私の方法的立場は短く言えば、歴史的存在それ自体についてはいかなる発言も認めず、生じてくるもの全てを、常にその隠蔽に対する批判へと制約してしまうものです。だから商品形式、あるいは私の命名法によれば『機能的社会化』への批判が、私の全てにして、唯一の方法的な道のりなのです。(…)この概念はもっぱら、商品形式の隠蔽連関がその全歴史を通して自らがその姿をさらけ出してくる点を見出すという意図に沿ったものなのです」[19]。〝我々〟にとっての普遍的真理としてアプリオリに〈妥当〉しているものの内に、その〈歴史性〉を読み込むことで、普遍性の仮象をはぎ取ってしまうのがゾーン＝レーテルの社会学的認識批判の方法だ。〝真の歴史〟を発見し、それを実体化することが目的ではない。彼の唯物論的な分析は、超越論的な制約を受けている〈主体(性)〉の背後に隠蔽された〈社会的な存在〉を暴き出す戦略として、〈普遍性〉の中に封じ込められた〈歴史〉を自ずから浮き上がらせることを試みるものである。

この書簡を受け取ったアドルノは返事の手紙で、「一九二三年のベンヤミンの仕事との最初の出会い以来、最大の哲学的な衝撃を体験した」ことを率直に告白し、「歴史の中に真理が含まれているのではなく、真理の中に歴史が含まれている」とするゾーン＝レーテルの立場に全面的な同意を表明している[20]。当時のアドルノは、ベンヤミンの『ドイツ悲劇の根源』で提示されたアレゴリー分析の手法に刺激を受けて、第二の自然と化した歴史の中の「暗号的なもの、硬直化したものの覚醒」というモチーフを追求しながら、微文化した諸要素の〈組み立て〉を通しての〈志向性のないものの解釈 die Deutung des Intentionslosen〉を構想していた。言わば、〈全体性〉(＝

全体的な意味連関〉への要求を掲げる既成哲学の形而上学的な傾向を脱する手がかりとして、純正に唯物論的な歴史の読解法を求めていたわけである。[21]〈存在の単一性〉への同化を強制する隠蔽された構造を〈歴史〉として表に引き出すことで、硬直化した〈主体／客体〉関係を弁証法的に流動化させようとするゾーン＝レーテルの戦略は、アドルノ、そしてベンヤミンが追求していた〈素材＝物質〉の面からの歴史の読解と基本的に軌を一にしていたのである。アドルノは『否定の弁証法』の中で、「同一性の哲学の呪縛圏の彼岸では、超越論的主体は、自己自身を意識していない社会として解読（dechiffrieren）されうる」[22]ことに注意を向けたのは、ゾーン＝レーテルの功績だったとしている。アドルノは亡命中のゾーン＝レーテルとの思想的交流を通して、〈歴史〉を戦略的に利用しながら、アプリオリな仮象を帯びた〈超越論的な主観性〉と、主体の意識の背後に隠れている〈社会的な存在〉との間の関係を暴露していく手法を確立したのである。

ここまで見てきたように、アドルノとゾーン＝レーテルの関係を軸にして、近代哲学が抱えてきた〈主体／客体〉問題を、社会化のモードとしての〈交換〉という視点から捉え直す新しい理論的枠組みが形成されたわけである。しかしながら、ゾーン＝レーテルを社会研究所の研究プロジェクトに参加させようとするアドルノの働きかけにもかかわらず、ホルクハイマーがそれに対して終始否定的な態度を取り続けたことや、ゾーン＝レーテルの〝亡命生活〟がアドルノの死後まで長引いてしまったことなどいくつかの要因が相俟って、初期フランクフルト学派におけるる［貨幣＝存在］論の受容はかなり限定されたものになってしまった。このためアドルノの議論における［交換―等価性―同一性］の問題系の位置付けが見えにくくなり、第二世代以降のフランクフルト学派（主流派）のアドルノ理解を特定の方向に偏らせることになった。

ハーバマスは『コミュニケーション的行為の理論』（一九八一）の中で、アドルノの否定の弁証法は最終的には従来型の意識哲学の図式に留まっているため、〈主体〉と〈客体〉の〈和解〉をめぐるアポリアから抜け出せなくなり、パラダイム疲弊を起こしていると決め付け、コミュニケーション理論へのパラダイム・シフトを主張している。[23] ハーバマスの言う〈コミュニケーション的理性〉にとっては、「表象され、操作されうる客体的世界に対する孤独なる主体の関係ではなく、言語・行為能力を有する主体同士が何かについて了解し合う時に、相互に受け入れる間主観的な関係が範例的」[24]なのである。ハーバマスは、コミュニケーション能力を持つ主体は強制を伴わない相互の〈了解 Verständigung〉を通して、抑圧なき〈社会化〉を可能にするように行為し得ると仮定して、そこからポジティヴな社会哲学を構築しようとしたのである。しかしそうした彼の〝新しい〟社会化論を、ゾーン＝レーテルの〈機能的な社会化〉の視点から見直した場合、当然、「コミュニケーション能力によって貨幣機能による（隠蔽された）強制を克服し得るのか、また〝克服した〟とすればどうやってそれを確認し得るのか？」という根本的な疑問が生じてくる。各主体が自己を〝アプリオリに〟規定する認識の〈形式〉を完全に脱していない限り、主体間のコミュニケーション自体が（無自覚的に）〈交換〉のモードに従っているのではないかという疑念は払拭できない。アドルノとゾーン＝レーテルの間で展開された〈交換〉をめぐる議論は、〈間主観性〉を規定している隠蔽された社会的抑圧の構造をも視野に入れていたわけであるが、ハーバマスはその点を完全に見落としている。[25] ゾーン＝レーテルは一九三七年八月一五日付のアドルノ宛の書簡で、彼のフッサール論の草稿について論評を加えている文脈で、「貨幣呪物（Geldfetisch）の中には、『間主観性』が、単に任意の純粋な可能性としてではなく、自我存在の実在的条件として組み込まれているのです[26]」と述べている。ゾーン＝レーテルに言わせれば、フッサール現象学の〈間主観性〉は、貨幣に媒介される〈社会的な存在〉を反照しているのである。〈交換〉の問題を的確に把握していなかったハーバマスは、主体間のコミュニケーションを可能にしている〈間主観性〉は実在的な〈反照＝反省システム〉から解放され得るのか？という原理的な問いに十分に答えないままに〝パラダイム・シフト〟を断行したのである。

無論、「コミュニケーション的理性は交換（貨幣）の呪縛を超えられるか」という重要な問いに早急に答えを出すことは慎まねばならないが、近年のハーバマスの発言の上滑りを見ていると、〈貨幣〉の問題はまだ解決されていないのではないか、と筆者には思われる。東西ドイツ（再）統一の際に、ハーバマスは統一を政治的日程に乗せる前に、（東西両ドイツ国民の）コミュニケーション的対話に基づいて、新しい〈国家公民としての国民〉を形成することの是非を問うべきだと主張し続けたが、西ドイツ・マルク（DM）の東側への流入によって統一のプロセスはなし崩し的に進行した。これをDMナショナリズムと批判したハーバマスらのリベラル左派の知識人たちは〝敗北〟した形になった。また、ハーバマスが、ポスト国民国家時代における新たなアイデンティティ形成への契機になるとして歓迎している欧州統合プロセスは、現実には共通通貨ユーロの導入による市場の単一化を軸に推移しており、統合に伴って社会・労働制度をどう整備するのかといった問題は後回しにされている。加えて、通貨統合の時機をめぐるドイツ国内の論争で、長年ハーバマスと近い関係にあった社会民主党の有力政治家たちが、「統合よりも国内経済の安定の方を優先すべきだ」と発言して、逆に保守の側から〝DMナショナリズム〟と揶揄される皮肉な事態まで生じている。貨幣機能に媒介された〈同一化〉のプロセスが至る所で進行しているにもかかわらず、コミュニケーション的理性の回復を声高に訴えるだけのハーバマスが一層影響力を低下させるのは当然のことだ。批判理論が現実に対する〈批判〉として再び有効に機能するには、パラダイム・シフト（言語論的転回）に際して見落とされた課題を検討し直すことが必要だろう。

注

▼1　一九二三／二四年にフライブルク大学で行った講義「第一哲学」の中でフッサールは「全ての正当化の最終的源泉と統一性は、認識し、かつ超越論的な純粋性において把握する主観性の統一性の内にある。従って原源泉の学、第一哲学、超越論的主観性の学が必要になる」と述べている（Husserliana Ⅷ, Haag, 1959, S. 4）。

▼2 Adorno, Theodor W.; Zur Metakritik der Erkenntnistheorie, 2.Aufl., Frankfurt a.M., S. 17.（以下、Metakritikと略記）。〔古賀徹・細見和之訳『認識論のメタクリティーク』法政大学出版局、一九九五年〕

▼3 Ebd., S. 23.

▼4 フッサールは『イデーンⅠ』の§50で現象学的〈残余〉について以下のように述べている。「従ってそれこそが、求めていた『現象学的残余』として残るもの、私たちが世界全体を、全ての物、生物、人間、私たち自身をも含めて、『遮断』したとしても、より適切な言い方をすれば、括弧に入れたとしても、残るものなのである。私たちは何も失わなかったのだ、いやむしろ絶対的な存在の総体を手に入れたのだ……」（Husserliana Ⅲ, Haag, 1950, S. 118f.）。

▼5 Metakritik, S. 24.

▼6 Ebd., S. 54f.

▼7 Vgl. Lukács, Georg; Werke, Frühschriften Ⅱ, Neuwied u. Berlin, 1968, S. 257.

▼8 Vgl. Ebd., S. 349ff., S. 385.

▼9 Adorno, Theodor W.; *Negative Dialektik*, Frankfurt a.M., 1975, S. 190ff.〔木田元・徳永恂・渡辺祐邦・三島憲一・須田朗・宮武昭訳『否定弁証法』作品社、一九九六年〕。

▼10 Ebd., S. 192.

▼11 Husserliana Ⅰ, 2.Aufl., Haag, 1963, S. 92.

▼12 Metakritik, S. 76.

▼13 Horkheimer, Max/Adorno Theodor; *Dialektik der Aufklärung*, Frankfurt a.M., 1988, S. 55ff.

▼14 Vgl. Hörisch, Jochen; Kopf oder Zahl, Frankfurt a.M., 1996, S. 241f.

▼15　Sohn-Rethel, Alfred; Soziologische Theorie der Erkenntnis, Frankfurt a.M., 1985, S. 39. 以下同書からの引用は、本文に頁数のみ記す。なお、〈現存在の自我関係性〉という概念は、ハイデガーの〈各自性Jemeinigkeit〉に対応しており、そのことはゾーン゠レーテル自身が論文の注で指摘している。Vgl. Ebd., S. 233.

▼16　「ルツェルン報告」の一年後に刊行目的でこれを圧縮して書き改めた論文「アプリオリ主義の批判的解消に向けて」(「パリ報告」)の中でゾーン゠レーテルは、〈自然発生的な共同体〉を、いわゆる〈太古の共同体〉とは明確に区別して、「もっぱら自らの労働によって食料を獲得する、血縁的な連関による人間集団」と定義している。Sohn-Rethel, Alfred; Zur kritischen Liquidierung des Apriorismus, in: Sohn-Rethel, Geistige und körperliche Arbeit, Rev. u. erg. Neuaufl., Weinheim, 1989, S. 181.

▼17　Marx, Karl; Ökonomisch-philosophische Manuskripte, in: Karl Marx/Friedrich Engels Werke, Ergänzungsband (Schriften bis 1844. Erster Teil), Berlin (Ost), 1968, S. 510-522, bes. S. 517.

▼18　Adorno, Theodor W./Sohn-Rethel, Alfred; Briefwechsel 1936-1969, hrsg. v. Christoph Gödde, München, 1991, S. 10.

▼19　Ebd., S. 26f.

▼20　Ebd., S. 32.

▼21　Vgl. Adorno, Theodor W.; Gesammelte Schriften Bd.1, Frankfurt a.M., 1973, S. 336. u. S. 357. なおこの当時のアドルノに対するベンヤミンの影響については以下の拙論を参照。「〈死〉の歴史と弁証法――ベンヤミン゠アドルノ共同哲学をめぐって」(『理想』六五九号、一九九七年六月、一〇八―一二〇頁(=本書第7章))。

▼22 Adorno, Theodor W.; *Negative Dialektik*, S. 179.

▼23 Habermas, Jürgen; Theorie des kommunikativen Handelns Bd.1, 3. Aufl., Frankfurt a.M., 1985, S. 518. 〔河上倫逸・平井俊彦・藤澤賢一郎・岩倉正博・丸山高司 厚東洋輔他訳『コミュニケイション的行為の理論（上）（中）（下）』未來社、一九八五―一九八七年〕。

▼24 Ebd., S. 524.

▼25 ハーバマスは『コミュニケーション的行為の理論』の中で、アドルノは〈同一化する思考〉の根源は〈交換関係の形式的合理性〉よりも歴史的に深い所にあると見ていたと断定し、ゾーン＝レーテルとの関係を過少評価している。Vgl. Ebd., S. 506.

▼26 Briefwechsel, S. 73.

第7章 〈死〉の歴史と弁証法
──ベンヤミン＝アドルノ共同哲学をめぐって

アドルノの否定弁証法は、ポストモダンの思想状況におけるマルクス主義哲学の新たな方向性を指し示すものとして最近注目を集めている。彼の思考の特徴は、近代哲学の基礎である〈主体＝主観〉に内包されるパラドクスを内側から露呈させる戦略においてデリダの脱構築をある意味で先取りする一方、主体による主体批判という〝自己矛盾〟を敢えて回避しない姿勢においてマルクス主義的弁証法の枠組みに留まっている点にあると言えよう。[1]

否定弁証法は、マルクス主義の言説とポストモダニズムの言説の境界線上に位置する。主体性の問題に対するアドルノの微妙なスタンスは、〝よりポストモダン的なマルクス主義思想家〟ベンヤミンとの弁証法的な緊張感に満ちた交流、特に亡命時代の往復書簡を通して形成されたものである。アドルノの否定弁証法がベンヤミンから学び取ったもの、そして両者を最終的に隔てたものを明らかにしていこう。

アドルノが超越論的観念論から唯物弁証法へと立場を変化させる際の道標になったとされる『ドイツ悲劇の根源』の中でベンヤミンは、バロック芸術の中心概念である〈寓意 Allegorie〉と、古代ギリシアの神話的世界を支配していた〈象徴 Symbol〉を対比しながら次のように述べている。

象徴においては、没落の美化とともに、変貌した自然の顔が、救済の光の中でちらりと顕現するのに対し、寓意の中には、歴史の死相が硬直化した原風景として観察者の眼前に横たわる。(…)それが寓意的観察、つまり歴史を世界の受苦の歴史と見なすバロック的、世俗的な歴史解釈の核である。歴史に意味があるのは、その衰退過程の節目においてのみである。意味が増せば増すほど、その分だけ死の手中に陥ることになる。それは最も深い所で、死がフュシス(自然)と意味の間にぎざぎざの境界線を刻み付けているからだ。自然が古より死の手中に陥っていたとすれば、自然は古より寓意的であったことになろう。意味と死は、被造物の恩寵なき罪の状態において萌芽として密接に絡み合っていればいるほど、歴史的展開の中で成熟するのである。▼2

フランス現代思想のタームを用いて簡単に説明すれば、象徴においては〈シニフィエ＝意味されるもの／シニフィアン＝意味するもの〉の〝自然な〟一致が前提されているのに対し、寓意においては、（主体による）意味作用（signification＝Bedeuten）を通して両者が恣意的に結合させられていることが自己露呈されているということである。象徴的芸術では、根源的なシニフィエとしての神的自然の片鱗が姿を現す（ように見える）のに対し、寓意的芸術の観察者の前に現前化するのは、本来のシニフィエとは何の繫がりもない単なる記号、言わば自然の死骸にすぎない。意味（Bedeutung）の介入によって自然が死の手中に陥っていく地点で、歴史が始動する。受苦の歴史の中にある主体にとって、生きた自然との再会（＝救済）はあり得ないのである。バロックとは、古代・中世においてシンボリカルに〝一致〟していたシニフィエとシニフィアンの間の溝が次第に意識化され、近代的表象空間へと入っていく移行期なのである。

その意味でベンヤミンにとって、バロック芸術の研究は、単に一時代の芸術史の研究という次元のものではなく、善悪を知ることによって神的自然との根源的絆を失い、罪の歴史の中に生きるよう運命付けられた主体の運動を解明する歴史哲学的プロジェクトと不可分に結び付いているのである。『ドイツ悲劇の根源』の結末の部分でベンヤミンは、エデンの園（無垢の自然）の中での主体＝主観の生成の問題をアレゴリーという視点から記述している。

寓意的形態を通して、絶対的悪は主観的現象としての自己の正体を顕にする。バロックにおける不気味な、反芸術的な主観性が、ここで主観的なものの神学的本質と軌を一にする。聖書は知という概念のもとに悪を導入している。(…)主体性の勝利と物に対する恣意的支配の始まりとして、この知は全ての寓意的観察の根源なのである。堕落自体において、罪と意味作用の統一体が、〈知識〉の木の前で抽象として生じて来るのだ。抽象的なものの中で寓意的なものは、抽象として、言語精神の能力それ自体として生きており、堕落を住家としているのである。[3]

意味作用(言語)によって世界を恣意的に分節化し、物を対象として支配するメカニズムとして、我々の主体性が生まれてきたのである。自然を徹底的にねじ曲げ、抽象化する寓意芸術は、主体による意味作用をもたらす死を表示する。寓意においては、〈形象的存在 bildliches Sein = 自然〉と〈意味作用〉の間で弁証法的運動が生じる。観察者としての我々は寓意に秘められた弁証法的性格の分析によって、〈意味作用もしくは志向性の原史 die Urgeschichte des Bedeutens oder der Intention〉に迫ることができるのである。[4] ベンヤミンは記号の解読(Deutung)を通して、自然の廃墟としての(主体性の意味作用によって産出される)歴史にアプローチする方法を見出したわけである。

アドルノは一九三二年に行った講義「自然史の理念」で、既に引用した象徴と寓意をめぐる箇所を引きながら、寓意の解読を通して自然と歴史の弁証法連関を明らかにしたベンヤミンの方法を高く評価し、自らの弁証法的歴史哲学のモデルにしようとする。個々の歴史的事実を包括する全体を最初から前提し、それを存在論的に実体化してしまうディルタイ（一八三三―一九一一）の解釈学に反発して、[5] 散乱する様々の事象の間の布置連関を解読していく唯物論的方法の確立を目指していたアドルノにとって、ベンヤミンの記号論的な手法は極めて刺激的であった。ただしアドルノはベンヤミンの言説をそのままの形で受容したわけではなく、多少の変形を加えている。ベンヤミンの場合、［堕落―原罪―死］という聖書的モチーフが前面に出され、〈意味作用〉の破壊的な側面のみが強調される傾向があるのに対し、アドルノは〈意味作用〉を没落という負のイメージに密着させないで、よりニュートラルな形で理解しようとしている。彼は〈意味作用の原史〉を説明するに際して、「根源的にそこにあったが、過ぎ去ってしまい、そして寓意的なものの中で指示＝意味（bedeuten）され、寓意的なものの中に回帰してくる、原史的基礎現象がある」[6] という言い方をしている。つまり、過ぎ去ってしまって今はないものが、〈かつてそこに有ったもの〉として寓意的記号の中に（再）現前化してくる現象が、〈意味作用の原史〉なのである。〈自然〉の移ろい行きの中で過去と現在の間に〝必然的〟に生じる差異を〈意味〉によって埋めようとする（主体の）志向性から、歴史の根源としての〈原史〉が立ち現れてくる。アドルノがイメージする〈歴史〉は、没落した〈自然〉の死の相というよりも、むしろ〈自然〉との弁証法的関係を通して絶えず変化し続けるダイナミックな運動である。

アドルノはここから更に議論を進めて、意味作用に含まれる時間的差異が歴史の弁証法的展開の原動力になっていると主張する。我々の意識の中には、〈太古的・神話的なもの das Archaisch-Mythische〉の諸形象が沈殿している。これらの形象は、我々に自らが自然との繋がりを失った〈罪 Schuld〉の状態にあることを自覚させると同時に、その喪失したものを歴史の中で回復すべく努力するように仕向ける。主体が作り出す歴史は、〈太古的・神話的なもの〉を再現するための歴史である。従って歴史の中に現れてくる〈その都度新しいもの〉は、何らかの形で太古的な要素を帯びている。〈太古的・神話的なもの〉が繰り返し〈仮象〉として再来することによって、歴史が弁証法的に展開していくわけである。▼7 このようにアドルノにとって、自然と歴史の弁証法は、単に観察者（主観）のまなざしの中での認識論的運動に留まらず、活動主体をその中に巻き込みながら自己展開し続ける能動的な運動なのである。「現実を解釈することではなく、変革することが問題だ」というマルクス主義の基本テーゼにより忠実であろうとしたアドルノは歴史の弁証法の中に、主体による変革の余地を見出そうとしたのである。講演の翌年に刊行された『キルケゴール』でアドルノは、〝ベンヤミンから学び取った〟［自然＝原史］論を応用して、一九世紀のブルジョワジーの私的領域に形成される〈室内装備＝内面 Intérieur〉のメカニズムを批判的に解明することを試みる。

自己は自らの領域において、商品、およびその歴史的本質によって奇襲を受けることになる。商品の仮象的性格は、物と使用価値の疎外を通して歴史的・経済的に産出される。しかし内面においては、物は異質なものであり続けるわけではない。内面は物から意味を引き出す。(…)歴史的に仮象的な対象は、その中で不変の自然の仮象として備え付けられる。太古的形象が内面の中に吸収される。[8]

資本主義経済では、物は生産の過程において自然から引き離されて、個性のない商品へと加工(疎外)されるが、生産の主体であるブルジョワジーはそうした自らの営みによって、自己自身と自然との間の距離が一層広がっているという疎外感に襲われる。そこから太古的なものを回復したいという欲求が生じてくるわけであるが、その欲求が社会における生産関係の変革を目指す方に向かえば、歴史をプラスの方向に転換する原動力になり得るが、私的領域である〈内面〉にこもってしまえば、外の世界の現状を固定化させる負の作用を及ぼすようになる。アドルノは、キルケゴール的な内面性を〈自然／歴史〉の弁証法的展開を遮断するものとして批判しながら、内にこもってしまった〝自然〟を外へ転回させる契機を見出そうとする。

この時期までのアドルノは、〈自然／歴史〉の弁証法を変革の理論として戦略的に用いようとする自らと、弁証法を主に記号論的歴史認識の方法として利用するベンヤミンとの間に大きな違いがあるとは思っていなかったようである。しかしナチスの政権掌握によって両者が共に亡命生活に入ることになり、主に書簡を通じて思想交流するようになると、その違いが次第に明らかになっていく。その発端になったのはベンヤミンの論文「フランツ・カフカ」である。一九三四年一二月一七日付のベンヤミン宛の書簡でアドルノは、この論文を読んだ印象として、かつてないほどに二人の哲学が核心部分で一致していることが分かったとしながらも、その一方でベンヤミンのカフカ読解では、原史と現代（モデルネ）の関係がまだ概念にまで高められておらず、その点でまだ未完成であると指摘する（『往復書簡』九一頁）[9]。アドルノの言い分を整理すると以下のようになる。現代に生きる我々が平凡な日常と感じているものの中にも、意味作用の原史が潜んでいる。原史は通常では忘却の中に押し込められているが、それが突如として意識の水面下から表へと浮上してくることがある。カフカ（一八八三―一九二四）の作品からはそうしたアナムネシス（想起）を読み取ることができる。しかしベンヤミンのカフカ論では、想起された原史が単に〝太古的なもの〟の表れとしてしか解読されておらず、想起によって引き起こされる弁証法的運動のダイナミズムが欠落している。その点で（ベンヤミンの）カフカは、（アドルノの）キルケゴール同様に、神話的形象に囚われたままであると言える（九二頁）。アドルノは〝カフカ〟の退行的性格を批判したうえで、短編集『村の医者』に含まれる「家長の心配」をより弁証法的に解読する仕方を提示する。

「家長の心配」は、人々の言い伝えの中に生き続けるオドラデクという正体不明の存在をめぐる〈私〉の省察という形を取る。オドラデクは、平べったく、星型の糸巻きのような形をしている。星の真ん中に横棒が一本突き出ており、それと直角にもう一本の棒がくっついている。その後者の棒と星から出ている放射線の一本が足の役割を果たしている。これがもともとはもっと合目的な形をしており、今ではそれが破壊されてしまったのではないかと推測することもできるが、その具体的な痕跡はどこにも見出せない。屋根裏、階段の踊り場、玄関など家の中のいろいろな所に現れる。それと簡単な会話をすることもできる。これは果たして死ぬことがあるのだろうか。目標を持ち、活動するものは全ていつか摩耗し、消えていく。しかしそれはオドラデクには当てはまらない。彼がこのまま私の死後も生き続け、私の子孫の足元を擦り抜けていくかと思うと私の心は痛む。[10] ベンヤミンは、このオドラデクを先史世界（Vorwelt）が罪と共に生み出した落とし胤（Bastard）と解釈する。

オドラデクは、忘却の中に置かれた物が取る形である。それらの物は歪められている。その正体が分からない「家長の心配」のたねは歪んでいるし、それがグレゴール・ザムザであることがよく分かっている害虫も歪んでおり、またそれにとっては恐らく「肉屋のナイフが救い」であるかもしれない半羊半猫もやはり歪んでいる。[11]

ベンヤミンにとって、カフカの作品に登場する一連の歪んだ形象は、我々が自然から切り離されて死の歴史に入った時に生み出された自然と歴史の間の雑種（Bastard）である。彼らは抑圧された自然が、我々の作り上げた現代社会の中に歪んだ形を取って現れてきたものなのだ。このように歴史の主流から取り残された醜いものを拾い出そうとするベンヤミンに対して、アドルノは、そうした醜い落とし胤＝雑種が家長の側に生き続け、彼の心配の種になっているということは、抑圧のシステムとしての〈家〉が将来において止揚されるという希望の予兆ではないのかと主張する。

確かに物世界（Dingwelt）の裏面としてのオドラデクは歪みの記しでしょう――しかしまさにそのようなものだからこそ、彼は超越化（Transzendieren）、つまり有機的なものと非有機的なものの間の境界線の消去と宥和、あるいは死の止揚というモチーフになっているのです。彼は「生き続ける überleben」のですから。別の言い方をすれば、物的に転倒した生に対してのみ、自然連関からの脱出が約束されているのです。（九三頁）

オドラデクが「私の死後も生き続ける＝私を耐えて生き残る mich überleben」というのは、彼が物世界の生産主体である家長（＝私）による抑圧的支配を生き延びて、未来に希望を繋ぐということだ。〈自然／歴史〉の雑種である彼は、歴史の中にありながら、自然との繋がりを失っていないという特権的地位を与えられており、動的な弁証法的発展の契機になり得る。アドルノは、カフカ的な太古性からそうしたポジティヴなものを引き出すことがマルクス主義的作品読解の使命だと考える。

両者のスタンスの違いは主に、〈自然／歴史〉の弁証法から生み出される〝歪み〟をテクストの中でどのように扱うかという点にあると言えよう。今村仁司も指摘しているように、ベンヤミンは歴史の中で抑圧されているものに最終的勝利を収めさせようとするのではなく、歴史の廃墟の中に打ち捨てられた個物を拾い集め、あくまでも〝敗者〟として生き残らせることに関心を向けている。彼の歴史哲学は、歴史の敗者たちを発見し、彼らを想起し続けるための方法論である。屑屋としての歴史家が必要とされる。歴史の屑屋は、動き続ける大きな歴史から零れ落ちて、死んだものを静止の状態において捉えようとする。〈歴史の〉死の瞬間にこそユートピアが現れる。[12]

これに対してアドルノは、そうした死の相貌を帯びた〝敗者〟を解放へと導く希望に繋がる弁証法的契機を見出さねば納得しない。〈太古的なもの〉を想起し、守り続けるだけなら、現実の抑圧構造(=家)を肯定し、そのまま存続させることになりかねない。無論アドルノは、「正統」的なマルクス=レーニン主義者のように暴力革命による市民社会の打倒を標榜するわけではない。市民社会に内在する自己変革に向けての弁証法的な力学を探り出すことが唯物論哲学者としての彼の課題であった。〝アプリオリ〟に構成した歴史発展の法則に無理やり当てはめて現実の歴史を規定するのではなく、個別の物の間の布置関係から弁証法のダイナミズムを自ずから浮かび上がらせようとする姿勢では二人は一致している。大きな歴史から取り残された〈物〉から構成したミクロな歴史を、変革の契機として大きな歴史の中に再導入すべきか否かが両者の戦略の分かれ目となる。

ただしカフカ論をめぐるやり取りの段階では、二人は相違よりもむしろ共通性の方を強く意識していたようである。一九三五年五月二〇日付の書簡でアドルノは、当時ベンヤミンが集中的に取り組んでいた『パサージュ論』が、一九世紀の原史、最も新しいものが最も旧いものの様相を帯びて現れてくる弁証法のメカニズムを解明してくれるものになるだろうと期待を表明している。彼は、モンタージュした素材＝物質的なもの（das montierte Material）に自ずから語らせようとするベンヤミンの手法に、抽象的な理論で演繹的に歴史を分析する従来のマルクス主義にない斬新なものを感じ、この仕事によって、マルクス主義者たちが軽視してきた〈美的＝感性的なもの das Ästhetische〉が歴史の中で果たしている役割が、見直されることになるだろうと予想する（一一二頁以下）。これに対する返信（五月三一日）の中でベンヤミンは、一九二九年九月のフランクフルトでのアドルノとの「歴史的会話」を振り返りながら、この会話によって、太古的に、自然に捕縛されていたそれまでの自分の哲学の仕方にピリオドが打たれ、それ以降それに代わる新しい理論的枠組みを求めて葛藤し続けてきたが、その一応の成果が『パサージュ論』になるだろうと述べ、アドルノとの共同性を確認する。そのうえで、この仕事を正統マルクス主義の側からの批判に耐え得るものへと鍛え上げていきたいとの意向を表明している（一一八頁以下）。

しかし実際にベンヤミンから「パリ――一九世紀の首都」と題した『パサージュ論』の計画書を受け取ったアドルノは、それが自分の予想とはやや異なったものであると感じることになる。計画書の中でベンヤミンは先ず、一八二二年以降のパリのパサージュ（アーケード）の成立の条件として、①繊維取引の好況、②鉄骨構造建築の開始――を挙げ、種々の例に依拠しながら一九世紀のブルジョワジーの獲得した富と技術がそこに集積し、ユートピア的なものが現れることを示唆する。「あらゆる時代は後続する時代を夢見る」という歴史家ミシュレ（一七九八―一八七四）からの引用の後、以下の文章が続く。

最初はまだ古い生産手段の形式に支配されている新しい生産手段の形式（マルクス）に対応するのは、集合的無意識においては、新しいものと古いものが相互浸透し合っている様々なイメージ（Bild）である。それらは願望像（Wunschbild）であり、集合的なものはそれらの中で、社会的生産物の未完成さと社会的生産秩序の欠陥を、止揚すると同時に美化しようとする。更に、それらの願望像の中に、古くなったもの――ということは、即ち最近過ぎ去ったばかりのもの――に対して自らを際立たせようとする強い欲求が起こってくる。これらの傾向は、新しいものから刺激を受けたイメージ・ファンタジーを原過去（das Urvergangene）へと突き戻す。あらゆる時代の眼前にそれに後続する時代のイメージが現れて来る夢の中では、その後続する時代が原史の、つまり無階級社会の要素と結合しているように見える。集合的なものの無意識の中に保管されているそれらの要素の経験は、新しいものとの相互浸透を通して、持続的な建造物から束の間の流行に至るまでの様々の生の形態の内にその痕跡を残すユートピアを生み出すのである。[13]

ベンヤミンは、（一九世紀のブルジョワジーが築き上げた）パサージュを構成する種々の建造物やモードの中に、原過去としての無階級社会＝ユートピアの痕跡を見出しているのである。パサージュは、歴史社会（階級社会）の彼岸のユートピアを夢見るブルジョワジーの集合的意識が、自らが獲得した資本と技術を駆使して作り出したものである。パサージュを浮遊している様々のイメージを拾い集めてくる作業は、失った自然を再現しようとして、新たなものを作り出し続ける我々の願望像の根源を探求することに繫がるわけである。

この議論は一見するとアドルノの『キルケゴール』論に極めて近いものになっているように思えるが、彼は八月五日付書簡で、ベンヤミンの方法がまだ弁証法的になり切っていないという批判を加える。特に引っ掛かったのは〈夢〉の問題である。アドルノに言わせれば、〈夢〉などというものを持ち込めば、パサージュから立ち上がってくる弁証法的イメージが〈意識内容〉に還元されることになり、そのため叙述全体が唯物論的な論証力を失ってしまうことになりかねない。

商品の物神的性格は意識の事実ではなく、それが意識を産出するという極めて重要な意味において、弁証法的なのです。それはつまり、意識にせよ無意識にせよ、物神的性格を簡単に夢として模写することはできず、むしろ同時に願望と不安をもって応じる、ということです。（一三九頁）

意識に内在するものから弁証法的イメージを獲得することはできず、むしろ「内面＝室内装備」としての意識に内在するもの自体が、疎外としての十九世紀の弁証法的イメージになっているのです。（…）弁証法的イメージを意識の中に移し入れるべきではなく、むしろ弁証法的構築を通して夢を外化し、意識に内在するものを現実的なものの布置関係＝星座（Konstellation）として解釈すべきものなのです。いわば、その下で地獄が人類の間を通り抜けていく天文学的位相として。そうした遍歴の星図によって初めて、原史としての歴史へのまなざしを解き放つことができる、私にはそう思えるのです。（一四〇頁）

アドルノの批判の要点は、パサージュを成り立たしめている商品の物神的性格は、主体の意識あるいは無意識に内在するものとして分析し切れるようなものではなく、逆に意識の在り方を規定しているのではないか、ということである。従って、意識の内側にある夢の表れとしてパサージュを分析するのではなく、むしろパサージュを飛び交う物質的イメージの布置関係として、意識の中身を解明していくべきである。自然から切り離され、物神化した商品が支配している外部の現実は、意識主体にとって地獄の様相を呈している。そうした資本主義の地獄から〈美的なもの〉を守るために、〈太古的なもの〉をその内に蓄えたキルケゴール的な〈内面〉が形成されてきたのである。外部の商品世界（＝地獄）の拡張に対峙する形で〈内面〉が形成され、その〈内面〉に形成された〈太古的なもの〉のイメージを実体化しようとする努力の結果として商品世界の中に新たな物質的イメージが形成されていく、という循環的な構図で、内と外との間で弁証法的な相互作用が進行していくことになる。この構図の中に、〈夢〉を持ち込むと、商品の物神的性格までも意識内の現象へと矮小化されてしまい、本当の唯物弁証法ではなくなる、というのがアドルノの言い分だ。

アドルノが〈夢〉の問題に拘るのは、全てを〈内面〉にしまい込むことが取りも直さず、一九世紀市民社会が依拠している〈内面＝私的領域／外部＝公的領域（生産関係）〉という境界線をそのまま固定化することを意味するからである。〝私〟が外部の地獄から顔を背け、内面に沈殿する太古的なものの夢にのみ目を奪われているとすれば、それは〝私〟がブルジョワジーの心理学の罠に掛かっていることに他ならない。ブルジョワ社会における〈個人〉とは、実は内面へと抑圧された〈個人〉なのであり、真に自由な人間ではない。「一体誰が夢を見る主体なのか？」（一四一頁）が先ず明らかにされねばならない。ナイーブに無階級社会のユートピアを夢見る非弁証法的な主体による時代の治療法は、より一層神話的思考の内へと退行する危険性を秘めている。その危険が最も端的に体現している例が、ベンヤミンの計画書の第四部に登場する〈収集家〉だ。収集家は、アドルノが批判する内面の中にいろいろな〈物〉をコレクションし、それらを使用価値から解放しようとする。

内面は芸術の避難場だ。収集家は内面の真の居住者だ。彼は物を美化することを自らの仕事としている。彼には、自らの物に対する所有を通して、それらの物から商品的性格を拭い落とすという役割が当てられている。しかし彼は、それらのものに使用価値の代わりに、好事家的価値のみを与えるのだ。収集家は単に、遠い、あるいは過ぎ去った世界ばかりではなく、よりよい世界を夢見るのだ。その世界では、人間の必要としているものが支給されていないという点では日常と変わりはないが、そこでは物が有用でならねばならないという苦役から解放されているのだ。[14]

アドルノに言わせれば、［商品性＝使用価値］と見なして、それから〈物〉を解放しようとするベンヤミンの〝夢〟は、〈商品〉の弁証法的性格を全く見逃している。アドルノ自身は次のように〈商品〉を把握している。

商品を弁証法的イメージとして理解するということは、商品を、単なる古いものへの退行ではなく、商品自体の没落と「止揚」というモチーフとして理解することです。商品は一方では、その下で使用価値が磨滅してしまう疎外されたもの（das Entfremdete）ですが、他方では異質（fremd）になることで直接性を克服して、生き残るものなのです。（一四二頁）

アドルノは〈商品〉の内に、使用価値を搾取され、疎外された物としての性質ばかりではなく、

〈太古的なもの〉の回復を求める人間の欲望を映し出すファンタスマゴリー（幻燈装置）としての機能をも読み取っている。資本主義市場の中で物としての直接性を喪失した商品は、直接性から抜け出しているからこそ抑圧された主体の内に願望像を喚起することができるのだ。そうした商品の弁証法的イメージには、（アドルノの解釈により）オドラデクの雑種性と共通するものがある（一四三頁）。

このようにアドルノの側から見ると、ベンヤミンの叙述には至る所に市民社会の心理学に取り込まれてしまいそうな危うさが潜んでいる。商品のファンタスマゴリーの両義性を弁証法的に把握しない限り、ユートピア幻想の中に囚われたままになる。アドルノがかつて『ドイツ悲劇の誕生』から学んだ（と思っている）唯物論的な歴史分析の手法が、『パサージュ論』の構想においては十分に生かされていないのだ。しかしベンヤミンにしてみれば、ブルジョワジーの夢に囚われて、商品世界の現実を是認するつもりなど毛頭ない。八月一六日付のアドルノへの返事で、ベンヤミンはアドルノの指摘が非常に的を得ていることは一応認めたうえで、自分が描こうとしている弁証法的イメージは、一方的に夢に従属しているわけではなく、夢の中に割り込んできて覚醒をもたらす箇所を含んでいると述べている。そうした覚醒の審級から全体の星座が照らし出されることになると言う（一五七頁）。無論、この時点での『パサージュ論』はまだ構想の段階にあり、その後も完成には至らなかったわけであるから、夢と覚醒の間の弁証法的橋渡しが実際うまく行っているか否か論じるのはナンセンスであるが、少なくともアドルノにとって、収集家ベンヤミンが、〈内―夢／外―覚醒〉の弁証法的緊張関係において主体としての自己をどこに位置付けようとしているのかはっきりしないと思えたのは確かだろう。商品世界が生み出すファンタスマゴリーの中から夢と覚醒が入り混じった素材を単に拾い集め、モンタージュするだけでは十分ではなく、分析する主体としての自らの立脚点を明らかにし、覚醒への弁証法的道筋をはっきり示すことが必要なのである。▼15

この数カ月後に最初の草稿が出来上がったとされる『複製技術時代の芸術作品』でのベンヤミンの議論は、ファシズムの脅威が現実味を帯びつつあった当時の状況を反映するかのように、新しい技術を基盤に生まれてきた芸術の内にプロレタリア解放への可能性を探ろうとするものになっている。結果的にアドルノ寄りの議論になったわけだが、アドルノはそうしたベンヤミンの〝転向〟に納得せず、技術化と疎外の弁証法化には成功しているが、客体化された主体性の世界は弁証法化されておらず、単純に主導権をプロレタリアートに投げ与える形になっていると批判している（一九三六年三月一八日付書簡、一七〇頁）。弁証法における主体の位置付けの問題に拘るアドルノに言わせれば、プロレタリアートという存在自体がブルジョワ社会の産物である以上、プロレタリアートの主体性の弁証法的性格を分析しないうちに、変革の主体に仕立ててしまうのは短絡的だというわけだ。ベンヤミンはこれとはほぼ独立にパサージュ関係の仕事も進めていたが、こちらの方でもアドルノとの距離は縮まらなかった。もともとパサージュ論の一環として構想されていたボードレール論の草稿『ボードレールにおける第二帝政期のパリ』（一九三八）の中で、ベンヤミンはボードレールの「屑屋の葡萄酒」を引きながら、産業化された都市の排出するゴミを集めながら、極貧状態を崇高に生き抜く屑屋のことに言及している。文士から職業的陰謀家に至るまでの、社会に対して反抗的な生き方をするボヘミヤンの人々は屑屋に共感を覚えた。屑屋とその仲間たちの生き方は既存の社会体制の枠組みを揺さぶる。[16] これに対してアドルノはやはり、屑屋をそのまま変革の主体と見立てることに反対している。アドルノは、まず「物乞いを交換価値に従属させている屑屋の資本主義的機能」（一九三八年一一月一〇日付、三六九頁）をきちんと分析すべきだと要求する。資本主義体制の中で形成されるあらゆる個は、階級のヒエラルキーのどこにいようと何らかの形で交換経済のシステムに組み込まれている。余剰な富を所有することで具体的な生産活動から解き放たれている収集家（Sammler）であれ、無産階級の屑屋（Lumpensammler）であれ、その存在基盤は資本主義的交換経済にあるのだ。彼らが体制を支えている面と、同時に揺さぶっている面との双方を視野に入れておかないと、その個の置かれている立場を弁証法的に把握することはできない。〈死〉の歴史の中から零れ落ちてくる生の残骸を受け止めようとするベンヤミンの戦略は、〈死〉そのものを弁証法化することで〈生〉へと展開させようとするアドルノの戦略とは結局相容れなくなっていたのである。

以上見てきたように、意味作用の原史を探し求める唯物論的方法の確立という共通点から出発したベンヤミンとアドルノの共同哲学は、いかにして変革の主体を探り出すかという問題をめぐって擦れ違いに終わることになった。しかしながら、批判する自らの存在自体を弁証法化しながら、分析の枠組みを作り出すというアドルノに特有の思考法は、ベンヤミンとの対話を通して次第に鮮明になってきたものであることに疑いの余地はない。更に言えば、ナチス化されたドイツが最終的破局へと突入していく様を見せつけられた後のアドルノは、自然から自己を解き放ち、文明の中に生きることを選択した主体には、もはや〈死〉を最終的に振り切る道はないのではないかと考えるようになり、その点ではベンヤミン流の〈死の歴史〉に再び接近することになる。主体の解放を目指す歴史哲学の存立が極めて困難になったポストモダン状況に生きる我々にとって、ベンヤミンとアドルノの共同哲学が歩んだ道程には多くの示唆的な内容が含まれている。『複製技術時代の芸術作品』で提起された「ニュー・メディアと主体の解放」の問題、戦後ヘルダリン解釈をめぐって展開されたハイデガーとアドルノの言語哲学論争などを考える際にも、その原点に二人の共同哲学があったことは看過できない重要なファクターである。

▼注

▼1　ハーバマスによれば、アドルノとデリダの主な違いは、前者が主体による理性批判という遂行矛盾を回避しようとはせず、むしろその〝矛盾〟を自らの哲学の出発点にしたのに対し、哲学（理性）的言説を特権的なものと見なさない後者にとって、この問題は最初から存在しない点にある。Vgl. Habermas, Jürgen; *Der philosophische Diskurs der Moderne*, 3. Aufl. 1986, Frankfurt a.M., S. 219-224.〔三島憲一・

轡田収・木前利秋・大貫敦子訳『近代の哲学的ディスクルス〔I・II〕』岩波書店、一九九九年〕。

▼2 Benjamin, Walter; Ursprung des deutschen Trauerspiels, In: *Walter Benjamin Gesammelte Schriften* (Abk. :BGS), Bd.1, 1991, Frankfurt a.M., S. 343.

▼3 Ebd., S. 406f.

▼4 Ebd., S. 342.

▼5 Adorno, Theodor W.; Die Idee der Naturgeschichte, in: *Theodor W. Adorno Gesammelte Schriften* (Abk. : AGS) , Bd. 1, 1973, Frankfurt a.M., S. 361.

▼6 Ebd., S. 359.

▼7 Ebd., S. 363f.

▼8 AGS Bd. 2, 1979, S. 65.

▼9 Adorno, Theodor W./Benjamin, Walter; *Briefwechsel 1928-1940*, hrsg. v. Henri Lonitz, 2. Aufl. 1995, Frankfurt a.M., S. 91. 以下『往復書簡』からの引用は本文中の括弧に頁数のみ記す。

▼10 Kafka, Franz; *Erzählungen, hrsg.* v. Max Brod, 1986, Frankfurt a.M., S. 129-130.

▼11 BGS Bd. 2, S. 43. 害虫に変身するグレゴール・ザムザは『変身』に、半羊半猫は遺稿集『ある戦いの手記』に収められている「交雑種」に登場する。

▼12 今村仁司『ベンヤミンの問い――「目覚め」の歴史哲学』(講談社、一九九五年)、八八―一一五頁。

▼13 BGS Bd. 5, S. 1239.

▼14 Ebd., S. 1244.

▼15 『パサージュ論』の編集を担当したティーデマンは、一九三五年時点での草稿とその後の原稿を比較し

ながら、商品の物神的性格の社会学的分析が次第に『パサージュ論』の中で中心的な位置を占めるようになったと指摘している。Tiedemann, Rolf; Einleitung des Herausgebers, in: BGS Bd. 5, S. 11-41, bes. S. 25-31.

▼16
BGS Bd. 1, S. 522. この草稿はもともと社会学研究所の紀要向けに書かれたものだが、アドルノ等に大幅な書き換えを要求されたため、結局そのままの形ではベンヤミンの生前に公刊されることはなかった。

第Ⅲ部

第8章　マルクス主義とポストモダンの「間」
――現代思想における連続／不連続

1　マルクス主義とポストモダン

戦後日本の「思想」は、二つの大きな潮流に分けて考えることができる。一つは、言うまでもなく、種々の小グループに分かれながら、「革命」を最終目的としてきたマルクス主義を軸とする政治・社会思想である。〝軸とする〟というのは、新左翼／旧左翼が標榜していた狭義のマルクス＝レーニン主義だけではなく、それと理論的・戦略的に距離を取りながら、日本における「市民社会 civil society」の確立を目指した丸山眞男（一九一四―九五）、大塚久雄（一九〇七―九六）、久野収（一九一〇―九九）、鶴見俊輔（一九二二―二〇一五）といった、いわゆる「市民派」の人々も含むということである。「市民派」というのは、マルクス主義にとって打倒の対象である「ブルジョワ（市民）社会」を――少なくとも表面的には――守ろうとしている点では、逆の方向を向いているようにも見える。しかし、彼らの多くはマルクス主義を経由して社会科学を学んでいるので、「市民社会」の成り立ちについての基本的分析装置は、マルクス主義者とかなり共有している。特に、「社会思想史」と言われる分野のドンになっている水田洋（一九一九―　）のように、戦前のマルクス主義に対する弾圧を避けるため、ホッブズ（一五八八―一六七九）、ロック（一六三二―一七〇四）、アダム・スミスなどの社会論研究を表看板にしていたグループや、[1]（イタリア共産党員である）グラムシのヘゲモニー論の影響を受けた「構改派」など、ヌエ的な性質を持った〝中間派〟もいる――現時点では、「いた」と言うべきかもしれない――ので、マルクス派と市民派の境目はそれほど鮮明ではない。

マルクス主義的な言語で、〝我々〟が生きている「市民社会」について批判的に語ろうとするこうした潮流は、高度経済成長が終わって、一九七〇年代に入ってから次第に知的影響力を喪失していき、現在では、ほとんど「古典」の様相を呈している――現在、二〇歳くらいの学生にとっては、小熊英二（一九六二―　）の『〈民主〉と〈愛国〉』（二〇〇二）に登場してくるような左翼知識人たちは、存命の人たちも含めて、福沢諭吉（一八三五―一九〇一）や大隈重信（一八三八―一九二二）と同じ程度のアクチュアリティしかないだろう。もはや「市民社会」なるものの本質について理念的に語ること自体が、アクチュアルでなくなっているのである。

それに代わって、八〇年代から台頭してきたのが、柄谷行人、小林康夫（一九五〇―　）、中沢新一、高橋哲哉（一九五六―　）、浅田彰といった、フランスのポストモダン系思想の影響を受けて、それをパラフレーズしようとしてきた人たちの潮流である。［ポストモダン＝ポスト構造主義」と理解されることもあるが、日本の輸入業者の間では、「構造主義」受容者と「ポスト構造主義」受容者が重なっていることが多い。フランスにおける構造主義とポスト構造主義の境界線は、我々の「世界」を支えている「構造」の普遍性を前提にするか、あるいは、その限界を見極めてそこからの〝出口〟を探すのかというところにあるとされているが、日本で「ポストモダン」と呼ばれているものは、サルトルの実存主義で頂点に達する近代「ヒューマニズム」の〝後〟を探る思想傾向全般を指すと考えるべきだろう――以下、便宜的にそうした傾向全般を「ポストモダン」と呼ぶことにする。具体的には、構造主義の三巨頭であるラカン、レヴィ＝ストロース、バルト（一九一五―八〇）あたりから始まって、フーコー、ドゥルーズ、ガタリ、リオタール、デリダ等によって大々的に展開される（マルクス主義も含めた）「近代合理主義」批判の思想を指す。

日本での一般的なイメージとしては、マルクス主義系が「思想」を政治的な「実践」に結び付けねばならないという義務感のようなものを前面に出そうとするのに対し、ポストモダン系は、「思想」と「政治」をショートさせるのを避けようとし、ある意味で〝非政治〟的である。実際、前者には、政治学・経済学・歴史学などを知的母体としている人が多いのに対し、後者は、主として、文芸批評や美学・芸術論などの理論家によって担われてきた。そのため、両者は対立するというよりは、あまり接点がなかった。ポストモダン系から見れば、マルクス主義は、既に有効性を失っている、右／左、支配者／被支配者、ブルジョワジー／プロレタリアートといった二項対立で「世界」を斬ろうとする時代遅れのパラダイムであり、マルクス主義系から見れば、ポストモダンは、やたらに複雑な言い回しを弄して、「現実」から逃れようとする空理空論である。

フランスやドイツでも、マルクス主義系知識人に比べて、ポストモダン系は、難しい言葉を使うので、なかなか「実践」に直結しないと思われているふしがあるが、少なくとも、接点がないわけではない。フーコーが批判している近代の「正常＝規範性」というのが、刑務所や精神病院、核家族といった近代市民社会を支えている諸制度と結び付いているのは明らかだし、ドゥルーズ＝ガタリの『アンチ・オイディプス』や『ミル・プラトー』（一九八〇）は「資本主義」を再生産している核家族のエディプス三角形の自己解体過程を描き出している。最も難解とされるデリダでさえ、初期の著作『グラマトロジーについて』（一九六七）以来、西欧的主体の自民族中心主義や他者排除を問題にしていることが知られている。

西欧諸国では、単純な二項対立的な図式に陥ることを回避しようとする〝ポストモダニズム〟の言語が、「敵／味方」をはっきりと名指しするマルクス主義のそれよりも難解で、なかなか「答え」が見えてこないという印象があったとしても、全く〝政治 politics〟性がないとは思われていない。ポストモダンの思想は、マルクス主義が行ってきた「近代」批判の「限界」を踏まえて、その限界の起源を、場合によっては古代ギリシアの「ポリス polis」にまで遡って探求しつつ、新しい批判の道を――限界を指摘されているマルクス主義・市民派の側から見れば、極めて不本意な仕方であれ――模索しているようである、との認知はそれなりにあった。その本質がニーチェやハイデガーに連なる美的アナーキズムの新しいヴァージョンではないか、との嫌疑を受けることはしばしばあるが、それは、むしろ〝反政治〟ということであって、日本の場合のように「政治とはそもそも関係ない文学の言葉遊び」と最初から断定され、批判の対象とさえ思われていなかったのとは、かなり事情が異なる。

日本の思想界におけるマルクス主義系（政治）とポストモダン系（非政治）の断絶状況は、著者が「ポストモダンの左旋回」[2]と呼んでいる現象が、デリダの『マルクスの亡霊たち』（一九九三）や『法の力』に誘導されるかのような形で起こってくる九〇年代半ばまで続いている。九〇年代後半に入ってから、柄谷行人や、小森陽一（一九五三―　）、高橋哲哉といったポストモダン系と思われてきた人々が、マルクスのテクストの政治的含意について、比較的分かりやすく、直接的な――場合によっては、かつてのマルクス主義よりも更に素朴な――仕方で語るようになったので、その区別はかなり曖昧になってきた。弱体化し切ったマルクス主義系も、左派の〝大同団結〟的な立場から、ポストモダンに対して少なくとも表面的には、それなりに理解を示すようになった――「アソシエ21」の創設（一九九九年）自体、あるいは筆者がここ（雑誌『アソシエ』）でこの文章を書いていること自体、そうした傾向の帰結であると見ることができる。こうしたボーダレス化の傾向は、九〇年代になって主にアメリカから、カルチュラル・スタディーズやポストモダニズム、あるいは、それらの影響を受けて変容した（ポスト）リベラリズム的な「正義」論が流入してきたことによって、かなり加速された――米国産の思想が触媒の役割を果たしているというのは、マルクス主義系とポストモダン系の双方にとって、なかなか認めたくない〝現実〟であるようだが。

こうした混沌の中で、マルクス主義の言説と、ポストモダンの言説は全く不連続であったわけではない、という欧米ではそれなりに当たり前であった認識が、ようやく日本にも定着しかけている。これによって、批判的知の再編成が進行すると即断することは避けたいが、以前よりも、政治／非政治の境界線が緩くなっているのは確かだろう。

このような「境界線」が何となく〝自然と〟できてしまって、ごく最近まで、だらだらと維持されてきたのは、いかにも日本的な状況であるように思われる。その理由を極めて単純に説明すれば、マルクス主義系の言説を輸入してきた人たちがドイツ系の社会科学を基礎教養として学んだ人であり、ポストモダン系の言説を輸入した人たちが〝おフランス〟の文芸批評を学んだ人であるので、お互いに「全体像」が見えておらず、話が噛み合わなかった、ということになるだろう。実際、そのように説明されることが多い。筆者も、思想界の裏事情としては、それで間違いないと思うが、「受容する側」もそうした輸入段階での断層をそのまま受け入れて、分裂していたことには、それなりの〝社会・歴史的背景〟はあったと思う。

その背景が何であるかをきちんと語ろうとすれば、恐らく小熊英二の著作以上に分厚い本を書かねばならないことになるだろうが、かなり無理に簡略化して言えば、マルクス主義から、ポストモダンへの移行において、「主体」の「内／外」（の関係）をめぐる問題系が抜け落ちてしまって、

「内」と「外」が〝分離〟してしまったことにあるのではないか、と思う。

2 〝内部〟の構成をめぐって

日本のマルクス主義の中にも、「主体／客体」をめぐる論争はあった。というよりも、京都学派からマルクス主義に転じた梅本克己（一九一一―七四）や、革共同の理論的支柱になった黒田寛一（一九二七―二〇〇六）の「主体性」論のように、革命的「主体性」についての議論は多いし、それなりの蓄積はある。しかし、そうしたマルクス主義系の「主体性」論は当然のことながら、「客体＝土台」によって〝自然と〟革命に向けて押し出されるのではない、〝主体〟としての能動性をめぐる議論に終始した。そもそも〝主体〟というものが、土台＝下部構造の運動法則によるのであれ何らかの超越的原理によるのであれ、どのように「生成」してくるのか、あるいは、どのようなメカニズムによって「主体は（たとえ幻想の産物であるにせよ）〝主体〟たりえているのか」といった形で、〝主体〟の「根源」を突き詰めるような形の議論はほとんどなかったと言ってよい。正統派マルクス主義では、〝主体性〟はイデオロギー的な虚偽意識の問題として片付けられるし、主体性を重視する非正統派や市民派の議論でも、サルトルやカミュ（一九一三―六〇）のような実存主義的ヒューマニズムを援用する形で、（「革命」や「改革」に向けての）「内面」の補充を図るだけに終わってしまうことが多かった。

サルトル型の実存主義的な議論では、〝主体〟の孤立性・企投性が強調されるが、どうやって〝主体〟が形成されているのかという問いには答えていないので、「主体」の「内」と「外」の「関係」が見えにくくなる。最終的には、見えないからこそ、「身を投げ出せ」という行動主義に繋がっていきがちである。実存主義的な議論の土俵にのってしまえば、その〝分離〟傾向をそのまま受け継いでしまうことになる。その場合、唯物論を、部分的に観念論で補ったような、ちぐはぐな折衷になってしまいがちである。

サルトルのヒューマニズムを根底から批判する形で登場してきた、「主体の死」をめぐるフーコーの議論は、「主体＝上部構造／客体＝下部構造」という従来的な二分法にはまらない形で、「主体」の社会的「限界＝目的 finitude」性を問題にする。分かりやすく言えば、西洋的な「知の主体」の生成の歴史を系譜学的に辿りながら、（主体の）〝内面〟というものが、様々な社会的な知の言説（ディシプリン）や、監獄、警察、裁判所などの物質的制度によって形成されたものであることを明らかにする営みである。[3]「主体の自立性」という神話を頭から否定してしまうのではなく、その「社会的機能」を記述することによって、「内／外」の〝（自然な）境界線〟の恣意性を暴き出し、新たな変容への可能性を開こうとする戦略だ。

フランスでは、「六八年革命」の前後に、マルクス主義と共謀して西欧近代的な「主体性」幻想にしがみついているサルトル的な人間中心主義の限界が指摘される中で、ドゥルーズ＝ガタリ、フーコーなどが、「主体」の〝内部〟と〝外部〟の複雑かつ流動的な絡み合いを問題にするようになった。「主体」というのは、常に〝同一〟的な存在ではない。その内部には、様々な言説を経由して、「社会」が入り込んでいるのである。ただし、それは「社会」が「個」を一方的に規定しているということではなく、「社会」的現実も、様々の〝主体〟によって表出される「言説」の配置状況によって構成されているのである。こうした発想の転換は、「主体／客体」の単純二項対立的な思考図式からの、大幅な知の組み替えであるが、そこには日本の場合のような、〝無関係〟という意味での〝断絶〟はない。浮上してきた「限界」に即しての、ある意味で〝必然的な〟変化である。しかも、「六八年」前後に共産党の内外で圧倒的な影響力を発揮していたアルチュセールの「構造主義的マルクス主義」が、「実存主義＋マルクス主義」と、「構造主義→ポスト構造主義」の間を繫ぐ役割を果したため、移行はそれほど不自然ではなかった。

ドイツの場合、「内部／外部」の境界線の不安定性を暴露して、流動化させていこうとするポストモダン系の言説は、ヘーゲル―マルクスの正統的な伝統のそれと〝ズレ〟ているので、少なからず抵抗感があったとされる。ドイツの思想界の主流派を形成するフランクフルト学派第二世代の筆頭であるハーバマス（一九二九―　）は、フランスのポストモダン思想を、ニーチェのニヒリズムに連なる危険な思想として敵視している。しかしドイツの「六八年革命」に影響を与えたベンヤミンやアドルノなどの初期フランクフルト学派（第一世代）には、マルクス主義的な前提に立ちながらも、下部構造決定論とは完全に一線を画し、「主体」の〝内面性〟の社会的な構成（＝間主観性）をめぐる問題系について考えてきた蓄積がある。▼4 アドルノとホルクハイマーの共著であり、ドイツの新左翼のバイブルの一つにもなった『啓蒙の弁証法』（一九四四）では、「等価交換」行為の拡大と、〝合理的主体〟の生成との相関関係が、人類学的な知見も交えながら論じられている――「労働」が〝全て〟の始まりだというわけではない。

七〇年代後半から八〇年代にかけて、ドイツにポストモダンの手法を導入する先駆けとなったマンフレート・フランク（一九四五― ）、ヨッヘン・ヘーリッシュ（一九五一― ）、ヴィンフリート・メニングハウス（一九五二― ）、ノルベルト・ボルツ（一九五三― ）等は、初期フランクフルト学派を媒介項にして、フーコーやデリダを、ドイツ的な社会批判の文脈にのせることを試みている。フランクフルト学派第三世代に属するアレックス・デミロヴィッチ（一九五二― ）もアドルノ／ホルクハイマーの「読み直し」という形を取りながら、ポストモダン系の言説分析・権力論との接続を図り、ハーバマス的な「市民社会」論の〝行き過ぎたコミュニケーション理性中心主義〟を是正しようとしている。

日本の場合、そうした媒介項に当たるものが不在の状態で、〝普通の文芸批評家〟たちによって、「ポストモダン」の言説が〝唐突に〟導入されてしまったため、「ポストモダン＝政治回避」というイメージが定着することになった。これは、日本の「ポストモダン」にとっての悲劇である、と言ってよい。ドイツのフランクフルト学派に比較的近い役割を果たしかけたと思われる思想家を強いて挙げるとすれば、ネオ・マルクス主義哲学者廣松渉（一九三三―九四）しかいないだろう。

七〇年代にマルクス主義思想のスターとして登場した廣松の四肢構造論は、フッサール現象学における間主観性〈共同主観性〉論を、マルクス主義の物象化論と接合したものと解することができる。マルクス主義の「物象化論」としては、グラムシと共にユーロ・コミュニズムの理論的な源流になったルカーチのそれが有名であるが、ルカーチの場合、「物象化」というのは、資本主義体制下で「疎外」された「労働主体の意識」が拘束され、彼の振る舞いがモノ〈客体〉のように硬直化することを指す。言い換えれば、「物象化」を主体の内面に即して捉え直したのが、「疎外」であるということになる。従って、疎外された主体の意識の自己覚醒によって、「物象化」の問題も解決されることになる。言わば、「主体」の「客体」からの〝自立〟という伝統的な「観念論―主体／唯物論―客体」の二項対立図式に収まってしまうわけである。それに対して、廣松の議論は、主体と客体の間でのみ物象化が生じているだけではなく、主体と主体を社会的に結び付け、相互の振る舞いを規制している「共同主観性」のレベルで、「物象化」が生じている、というものである。客体として〝私〟の目の前にある「物」は、単なる物質ではなく、私を拘束している社会的「関係性」を反映しているのである。▼5

こうした廣松の問題設定自体は、アドルノのそれに極めて近いものであり、「物象化された社会的連関」としての「共同主観性」についての議論を、言語論的・制度論的に進めていけば、主体／客体の二項対立図式からズレて、ポストモダンにかなり近いところまでいったのではないかとも思える。しかし現実には、廣松はフランクフルト学派にも、ラカン、フーコー、デリダにもほとんど関心を寄せなかったし、「共同主観性」を成り立たしめているものを、言説や制度の内に求めようとはしなかった。マルクス主義者であった廣松は、あくまでも「物象化された共同主観性」の背後にあるもの、つまり、生きた労働の解放を目指した。そのため彼の議論は、「疎外論から物象化論へ」という彼のマルクス解釈のキーワードにもかかわらず、絓秀実（一九四九―　）も指摘しているように、実質的に「疎外革命」論へと逆戻りする形になった。[6]「疎外革命」論というのは、結局のところ、疎外される〝以前〟の本来的な「主体性」の覚醒に期待を寄せざるを得ないわけであるから、どうしても、ハイデガー―サルトル的な枠組みに収束していくことになる。無論、これはルカーチや廣松だけの問題ではなく、唯物論を存在論的な前提としながらも、主体的な革命実践を説こうとする正統マルクス主義が常に抱えているアポリアである。結局、〝観念〟にすぎないはずの「主体性」によって、圧倒的に強い「客体」に闘いを挑むという実存主義的なヒロイズムになってしまう。マルクス主義は、イデオロギーに囚われているブルジョワ的な「内面性」を批判しながら、その一方で〝内面〟という閉ざされた空間が「私」の内で〝成立〟していることは認めている。そのうえで、それを「客観＝物質」を直接的に反映するプロレタリアート的な「内面性」へと置き換えようとするわけである。そうした論理構制のため、どうしても自己矛盾に陥ってしまうのである。このことを理解しない限り、マルクス主義系の人にとって、二項対立を「脱構築」するというポストモダンの議論は、言葉遣いにやたらと拘る観念論でしかない。

廣松の四肢構造論は、マルクス主義を、当時の哲学の先端であった「現象学」と繋げることはできたが、「現代思想」と繋げることはできなかった。「現象学」が（広い意味での）主観性の哲学の枠を超えられなかったように、廣松も事実上、〝主体性〟の限界内に留まることになってしまった――共同主観性は主観性にすぎない、という一部の新左翼の理解は明らかに誤解であるが。マルクス主義における「主体性」の限界という問題の存在が認知されないまま、ポストモダンの言説が輸入されたことによって、日本の「現代思想」に、どうしようもないスレ違いが生まれてしまったのである。

3　六八年の「切断」

「主体」の「内面性」をめぐる問題を、どのようにして「政治」の言語に翻訳するのかというのは、ある意味で、全共闘を軸とする日本の「六八年革命」にとっても大きな課題であった。スターリン主義的な下部構造決定論に代わって、実存主義的な疎外革命論が、新左翼の間で台頭してきたのは、そうした問題意識の反映であると見ることができる。ただし、理論的な新しい枠組みが示されないまま、もっぱら革命的な「実践」によって、ブルジョワ的内面性を突破するという路線が追求されたため、極度にラディカルになった「実践」が〝観念論的〟になるという皮肉な事態が生じてきた。つまり、「必死になれば、弁証法的に止揚できるはずだ」式の発想、場合によっては、〝神風〟にも通じるような、奇妙な精神主義的・疑似宗教的な傾向が出てきたわけである。

そのような傾向を最も強く体現したのは、革命と関係あるとは思えない内ゲバ（内部に対する暴力）によって、日本におけるマルクス主義の凋落を決定的にした「連合赤軍」であろう。無論、ブント系新左翼の中でも、かなり特殊なセクトであった連合赤軍に、日本のマルクス主義全般の抱える問題を見ることには、無理があるとの見解はあるだろう。何よりも、一連の事態が起こった環境が極めて特殊であったように思える。しかしアメリカの社会学者で、赤軍の研究者として知られるパトリシア・スタインホーフ（一九四一—　）は、連合赤軍の内部粛清が起こった状況の内に、極めて日本的な「内面性」理解を示す兆候があったことを指摘している。

彼女は、森恒夫が「革命戦士の共産主義化」という目的のために行った「総括会議」における「批判」と「自己批判」を、アメリカの社会運動、自己開発グループで用いられた「意識高揚法 consciousness raising」と対比して分析している。アメリカの「意識高揚法」では、通常、ある程度経験を積んだリーダー的な存在が、極度の個人攻撃や追及に繋がらないよう調整する役割を果たすし、そうした存在がいなくても、アメリカ人の平等主義的メンタリティのために、特定の人を貶めるようなことにはなりにくいと言う。スタインホーフは、そうした熟練性を欠いたところで、〝意識高揚法〟的なものが行われたため、「批判」が極めて抑圧的なものになってしまったと分析している。

赤軍派の、闘争用語でいっぱいの難解なイデオロギーは、それが不可解に近いがゆえに受け入れられていることが多い。人びとが心情的にやりたいと思っている行動を、学問的に知的に裏づけてくれるような気がするからである。実際のところ、共産主義化という概念はじつに曖昧で、連合赤軍の生存者たちは一様に、まったく理解できなかったと述べている。しかし、彼らは、いわゆる自己変革を獲得しようという心情的呼びかけはよく理解できた。問題は、変革を獲得した状態とはどういうものなのか、獲得すべき変革とはいったいなんなのか、何も描き出されていないことだった。日本のプチブル学生が革命戦士への変革を獲得するということは、個人の過去から現在に至るあらゆる思考や行動をすべて否定することにつながりかねない。(…)あくまでも「自己」意識が重要なのだから、各自が自分で、自分の問題点を自覚し正していかなければならないのだ。このようなやり方は、西欧の心理療法にも、また森田療法や内観療法といった日本で発達した療法にも見られる。もっと一般的には、禅の悟りに至る過程と共通している。[7]

スタインホーフの見る限り、連赤の「総括会議」は、「共産主義化」という〝いかにも唯物論的〟な目標を掲げているようでありながら、実際には、具体的な政治的方針を与えるわけでもなく、禅の「悟り」のように、各自に自らの「内面」へと沈潜して、心の曇りを自覚するよう仕向けているのである。これは、「主体性」の回復を標榜する疎外革命の論理が、極度に純化されて、宗教的な論理にかぎりなく近付いたものと見ることができよう。ただし、禅の悟りにおいては、「悟り」に至るまで、各自は自らの「内面」の奥底に放っておかれるが、「共産主義化」に向けての

「総括会議」では、〝早く悟る〟ように周りから外圧がかかってくる。

悟りの追求のためには、真摯に自分の心、その記憶と向き合って解決策を探り、また自己確認のために定期的に進捗状況を報告しなければならない。共産主義化においては、メンバーは正すべきブルジョア思想を検証することとなった。したがってその報告は、自分の思想や行動の誤謬を告白するものだった。これはカトリックで行われる告解に似てなくもない。自分の罪がいったいなんなのか、はっきりと自覚しているわけではないから、心のすみずみまで探って、りっぱな革命家になるために乗り越えなくてはならないと思われるありとあらゆる問題を、洗いざらい告白したのである。[8]

フーコーが『監獄の誕生』（一九七五）等で展開した議論によれば、カトリックにおける「告白」の儀礼は、近代的な「主体＝従属者 subject」の「内面性」を構築するうえでの重要なモデルになった。超越的な他者（神）の「代理」（＝神父）に見つめられている〝前〟で、自らの「内面」を探っていた構図が、他者としての「社会」を「代理」する様々な制度的装置――例えば、監獄や病院、軍隊、学校など――の監視の下で、自らの「内面」を探るという構図に置き換えられた。つまり、常に「〝誰か〟に見られており、その〝誰か〟の目を逃れることはできない」という意識を中心として、自己反省する〝場〟としての「内面性」の空間を構築することで、「主体」を「内」から――自発的に――コントロールするメカニズムが形成されたわけである。とにかく「常に見られている」ので、「主体」の行為は、「規範＝正常性」の枠におさまることになる。無論、別にフーコーの〝洗礼〟を受けなくても、自己の内なるキリスト教との闘いという課題をマルクス主義から受け継いだヨーロッパのポストモダン思想にとって、「内面性」への〝後退〟は、警戒すべき〝近代的主体性〟の病理である。ベンヤミンやアドルノは、ナチスが台頭した三〇年代に、特に知識人に見られる［「内面」への引きこもり→「内面」の物象化］現象が、「外部」世界における全体主義的「同一化」の進行とパラレルな関係にあると論じている。

当然のことながら、そうした「告白―内面」制度による〝主体〟の「取り込み」問題に対する免疫は、キリスト教との対決を経験していない日本のマルクス主義にはない。マルクス主義の「疎外」論的な用語をちりばめておけば、キリスト教的な視点から見たら「告白」を通しての強制教化＝主体化のまがいものにすぎないものが、「革命」的に見えてしまうわけである。一定の場における力関係の中で、「内面性」の支配装置が作動するということが、［「内面性」＝イデオロギー］という単純な図式からは、なかなか見えてこないのである。

「共産主義化」という外観の下での「告白」という儀式は、連赤の特殊性と思われがちだが、日本の新左翼全般に見られる「自己否定」と呼ばれる〝実践〟は、これにかなり近いところにある。〝プチブル根性〟を払拭して、プロレタリアートとしての自覚を確立するために、意図的に汚い服を着たり、肉体労働したり、デモで警官隊にぶつかるというのは、表面的には左翼的であるが、

〝内実〟はむしろ宗教的な修行である。そもそも、「自己否定」の結果として、自分と周りの世界がどうなるのか不明確なまま、「弁証法による止揚」という曖昧な〝説明〟によって、〝とにかく実践する〟というのは、紛れもなく宗教的行為である。

過激化したセクトが、かえって、〝疎外〟される〝以前〟の「主体性＝内面」に引きこもってしまう、この逆説的な現象を、日本のマルクス主義も市民派も今に至るまできちんと「総括」し得ていない。レーニン流に極左冒険主義の失敗と言って切り捨ててしまうか、あるいは、吉本隆明を表面的に引用して、「日本の大衆に根差していなかった」と通りいっぺんの説明をするのが、〝標準的〟な反応である。「大衆の心情」というところからもう一歩踏み込んで、市民社会において〝心情〟というものがどのように「構築」されているか、という――より吉本主義的な――問いを立てれば、マルクス主義と、（日本版）ポストモダンを結ぶ〝第三の道〟が開けたかもしれないが、そうはならなかった。

更に皮肉なことには、マルクス主義が「内面性の罠」の問題ときちんと向き合うことなく、素通りしてしまったため、ある程度社会的な問題意識を持った学生・青年層が、マルクス主義学生運動ではなく、ストレートに「内面性」を重視する新興宗教に行く、という流れを生み出してしまった。筆者自身、七〇年代後半以降、各大学で勢力を伸ばし、新旧の左翼セクトと衝突するようになった原理研究会（統一教会）に一九八一年に入会して、一一年半にわたって「入教生活」していたので、少なくともこの団体と〝左翼との思想的繋がり〟は承知している。原理研究会に七〇年代に入会した学生のかなりの数が、民青、中核、社青同、ブント……など、様々な左翼セクトの出身であった。彼らは、マルクス主義の「革命」実践では、「心の問題」は解決できないと自らの経験を基にして語り、統一教会の説く「原理」こそ、キリスト教とマルクス主義の双方に欠けていた「心／体の統一」を通しての「本然の状態への復帰」が完成すると言っていた。その延長線上で、「自己否定」のための半宗教／半世俗的な様々な実践が行われた。[9]

今から振り返ってみれば、極めてシンプルな［自己否定→主体性回復］論であるが、全共闘以降の新左翼思想が、唯物論の言語を屈折して用いながら、次第に「内面」へと入り込んでいったのを、〝あっさり〟と表現し直せば、統一教会の教義に類したものにならざるを得ないだろう。八〇年代以降次々と登場してきた新興宗教は、「内―心／外―体」の統一による「身体性」の回復という、マルクス主義思想がいつのまにか放棄してしまった「疎外」論的モチーフに関連付けて、自己主張するようになった。

4　「闘争」から「逃走」する「ポストモダン」

ハンナ・アーレント（一九〇六―七五）は、一九五九年に行った講演「暗い時代の人間性」で、公的領域での言論活動の余地を奪われた、ユダヤ系の知識人たちが「内面性＝私的空間」に避難所を求めた問題に関連して、「内面性」の内にこそ本来の人間性があると考えるのは、危険な錯覚であると警告した。「内」にこそ真の人間性があると思い込めば、他者と対話しようと努力しなくなるからである。浅田彰の『構造と力』と共に表舞台に登場し、日本の思想界をリードするようになった（日本版）ポストモダンの言説は、そうした意味での〝内面〟への後退を正当化する論理として機能するようになった。無論、彼らの依拠したフランスのポスト構造主義は、既に述べたように、内／外の二項対立図式の解体を目指したわけであるが、ポスト全共闘の日本の思想状況においては、そのことの意味はさほど深刻には受けとめられなかった。

結局のところ、連赤の自己崩壊と新興宗教の台頭にもかかわらず、「内」に退くことの危険が理論的に認知されていなかったのである。日本的「主体」の「内面」は、依然として安全地帯であった。というより、近代知の解体を標榜する新左翼の実践が挫折した後では、個人の「内面」を拠り所にするのが、当然であるという風潮が生まれてきたのである。ニューアカデミズムの旗手として注目された中沢新一が、「内／外」の境界線に依拠する近代知の硬直化を超えるべく、身体性を重視するチベット仏教などに活路を求めたのも、そうした「内面」回帰の動きの表れと見ることができる。「心」と「体」の結節点である身体レベルでの実践を通じて、豊かな「内面性」を回復しようとする試みである。

そうした方向にストレートに進んでいくことが、連赤と同じ意味で〝危ない〟ということは、一九九五年のオウム真理教事件まで、ほとんど認知されていなかった。無論、オウム問題が表面化した後も、反社会性の強い新興宗教が危ない、という話になっただけで、その危なさが、新左翼の「疎外革命」論以来、未解決のままに残された「内面性」の問題と繋がっていることは、今でもそれほど理解されているとは言い難い。

そうした状況下では、「内／外」の境界線の流動化を試みるドゥルーズ＝ガタリのラディカルで、「人間」の解体に繋がりかねない危ない議論も、「内」と「外」を〝自由に〟渡り歩けるかのような、日本的なオプティミズムに変質してしまった。オプティミストになれる〝現状〟ではなかったはずだが、〝実践〟レベルでオプティミズムになってしまったのである。そうした発想法の代表格が、「ノリ」と「シラケ」をめぐる浅田彰の八〇年代前半の議論である。

ジャーナリズムが「シラケ」と「アソビ」の世代というレッテルをふり回すようになってすでに久しいが、このレッテルは現在も大勢において通用すると言えるだろう。そのことは決して憂うべき筋合いのものではない。「明るい豊かな未来」を築くためにひたすら「真理探求の道」に励んでみたり、企業社会のモラルに自己を同一化させて「奮励努力」してみたり、あるいはまた「革命の大義」とやらに目覚めて「盲目なる大衆」を領導せんとしてみたりするよりは、シラケることによってそうした既成の文脈一切から身を引き離し、一度すべてを相対化してみる方がずっといい。繰り返すが、ぼくはこうした時代の感性を信じている。／その上であえて言うのだが、ここで「評論家」になってしまうというのはいただけない。〈道《みち》〉を歩むのをやめたからといって〈通《つう》〉にならねばならぬという法はあるまい。自らは安全な

「大所高所」に身を置いて、酒の肴に下界の事どもをあげつらうという態度には、知のダイナミズムなど求めるべくもない。要は、自ら「濁れる世」の只中をうろつき、危険に身をさらしつつ、しかも、批判的な姿勢を崩さぬことである。対象と深くかかわり全面的に没入すると同時に、対象を容赦なく突き放し切って捨てること。同化と異化のこの鋭い緊張こそ、真に知と呼ぶに値するすぐれてクリティカルな体験の境位《エレメント》であることは、いまさら言うまでもない。簡単に言ってしまえば、シラケつつノリ、ノリつつシラケること、これである。▼10

浅田の戦略というのは、一応は、外部の実践的な文脈に身を関与していながら（ノリ＝同化）、いつでもそこからさっと身を引き離して、「内部」に立てこもり、冷める（シラケ＝異化）身構えをしておくことである。言い換えれば、自分の〝居場所〟を確定しないまま、「内部＝私的領域／外部＝公的領域」の境界線上を自由に往来できるような構えを取ることである。「外部」での実践で危なくなったら、いつでも「内部」に立てこもって、ほとぼりを冷ましてから、また出ていこうというわけだ。これは、左翼陣営に留まって体制変革のための「実践」を叫び続けている人たちにとっては、究極のご都合主義であろう。こうした態度を、浅田は「スキゾ・キッズの冒険」と呼んでいる。

ノリつつシラケ、シラケつつノリながら、「内部／外部」の境界線を解体していくことを〝売り〟にするポスト構造主義的な〝知の実践〟によって、浅田の言説は公的に知られるところとなり、流通するようになったが、彼のファンの哲学少年たちにとって、そうした〝内部／外部〟の境界線は、〝実は〟、あまり現実的な意味をなしてはいなかった。「克服した」ということではない。「内面性」への引きこもりが、歪んだ形での「主体＝従属性」の再生産に繋がるかもしれない、という問題意識が最初から希薄だったので、「内部／外部」という言葉自体が極めて抽象的になり、その「境界線を解体する」という営みが、自分の〝主体としての生〟を根本から変えることになるかもしれない、と感じられなかったのである。

たとえ「変えることになる」と理論的に認識していたとしても、それはポストモダン思想のエクリチュール（書かれたもの）を、自分の「内」に〝引きこもって〟読んでいるうちに、〝自然と変わってくる〟ような変わり方でしかなかったろう。いわゆる、オタク化現象である。ポストモダンの哲学少年たちは、「知のオタク」と呼ばれることをあまりいやがらない。逆説的なことに、浅田の言説は、「内部」を守る境界線を強化することに、パフォーマティヴに寄与してしまったのである。

浅田彰自身は、フットワークの鈍そうな「オタク」よりも、あらゆる「取り込み」から巧みに「逃走」する「スキゾ・キッズ」というイメージを好んだが、彼より一四歳年少で一時期、浅田の後継者と目された東浩紀（一九七一―　）はむしろ、「オタク」の理論家になることを好んでいる――「オタク」を研究すると同時に、自らも「オタク」ということである。社会全体のポストモダン化（脱コード化）が進んで、公共的言説空間が分断され、自らの発したメッセージがどこに行くのか分からない不安な状況を、「郵便的不安」と形容した東は、コミュニケーション不全の中で、自分のためのヴァーチャルの世界を作り出そうとするオタク的な生き方を積極的に肯定するようになった。もはや誰にもわずらわされることなく、自分の趣味に生きるオタク的な生き方が浸透している現象を、東は「ポストモダンの動物化」と呼んでいる。「動物化」というのは、東がコジェーブ（一九〇二―六八）のヘーゲル解釈から〝借用〟した概念で、間主観的なコミュニケーション形態を欠いて、〝自分だけで〟生きるようになることを指す。

ポストモダンの時代には人々は動物化する。そして実際に、この一〇年間のオタクたちは急速に動物化している。その根拠としては、彼らの文化的消費が、大きな物語による意味づけではなく、データベースから抽出された要素の組み合わせを中心として動いていることが挙げられる。彼らはもはや、他者の欲望を欲望する、というような厄介な人間関係に煩わされず、自分の好む萌え要素を、自分の好む物語で演出してくれる作品を単純にもとめているのだ。▼11

東は、データベースをうまく利用して、自分のプレイできる世界を作り出せるオタクの能力を評価しようとしている。オタクも「大きな物語」に関わることがあるが、いやになれば、すぐに降りて、自分だけの「小さな物語」に撤退することができる。これは非常に便利な生き方であるようだが、別の見方をすれば、「外部」から規定されている〝閉ざされた〟（かのように見える）〝内面性〟の中で、与えられた素材の組み替えを〝やらせてもらっている〟だけのことかもしれない。それだと、ベンヤミンやアドルノ、アーレントが警戒していた批判知識人の「内面性」が、更に拡散・深化しただけのことである。無論、〝真正なオタク〟になってしまえば、そもそも「お宅＝内」へと引きこもった自分が、「マトリックス」のような不可視のシステムに操られているのかもしれない、などという二〇世紀的な疑問は、どうでもよくなっているのだろうが。

5 「動物化」と「抵抗主体」の「間」で

現在の日本の思想界では、東が「動物化」と呼ぶ、「外」の物語から「内」への撤退傾向の拡大と、九・一一やイラク戦争に刺激を受けての、ポストモダンの「更なる左旋回」とが同時進行している。この矛盾した二つの傾向をやや強引にまとめて表現すれば、「オタクたちが自分の物語に引きこもっているうちに、外の世界では予想していなかったような〝とんでもない大きな物語〟が形成されつつありそうな情勢なので、何かしなければいけない」、という焦燥感の蔓延ということになるだろう。

オタク文化を積極的に肯定しているように見えた大澤真幸や東が、最近「情報セキュリティ」の話に凝っているのは、そうした〝総体的状況〟の一つの兆候かもしれない。オタクといえども、

「情報」を通じて外界のネットワークと繋がっているので、当人が自覚しているとにかかわらず、「外」の「大きな物語」から影響を受けているのである――ただし、オタクの側から「外」に対してさほど大きな働きかけはできそうにないが。左旋回し始めたポストモダン系思想は、酒井隆史（一九六五―　）の『自由論』（二〇〇一）に見られる――彼自身が自分をどこに位置付けているかは別にして――ように、管理社会の中での「主体の自由」の構築された性格を問題にするようになった。[「インターネット」―「セキュリティ」―「監視」―「〈帝国〉」]という道具立てのストーリーが、その解釈の仕方には何通りもあるものの、日本の現代思想の緩い〝中心〟になりつつある。

ただし、「外の世界で形成されつつある大きな物語」から守られるべき、個人の「内面」とは何か、という肝心の議論はさほど進んでいない。「心の問題」にするのはまずい、「心」の管理に繋がる、ということは高橋哲哉らによって主張されているが、では、〝こころ〟ではなくて、何を守るべきなのかがはっきりしない。アドルノが『キルケゴール』論（一九三三）で提起した「内面」の幻影的性格をめぐる問題が、依然としてクリアされていないのだ。守るべき防衛ラインがはっきりしないので、「抵抗主体」を立ち上げようとする議論自体が、輪郭がぼやけてしまって、単なるボヤキになっているのが現状だ。

少し年輩の旧ポストモダン系の人なら、そうした「内面性」の創出については、蓮實重彦や柄谷行人が二〇年以上前から論じていたではないか、と感じることだろう。確かにその通りだが、彼らの議論はあくまでも、文学的なレベル、知識人レベルでの、言わば特権化された「近代的内面性」の創出をめぐるものである。アドルノやベンヤミンの「内面性」批判も、プチブル的な知識人の「内面性」の脆弱性を指摘するに留まっている。逃げ場としての、「小さな物語空間」が、インターネットを介してあちこちに偏在している現状に、彼らの議論をそのまま適用するのは無理がある。

自分では、「外」の力関係から身を守るために引きこもったはずの〝私の内面〟が、実は、私が気づかないうちに、共同主観性に根差した幻影によって取り込まれており、私を再・主体化する根拠地になっているかもしれない、という「内面性の弁証法」こそ、日本の現代思想の取り組むべき最大の課題ではないか、と筆者は考えている。ドゥルーズ＝ガタリ、デリダのエクリチュールがあれほど何重にもひねくれて難解なのは、「内部／外部」の問題が、そう単純には解決できないからである。

注

▼1 こうした「社会思想史」研究の流れについては、以下の拙論で、かなり批判的に論評した。仲正昌樹『歴史と正義』御茶の水書房、二〇〇四年、第四章。

▼2 これについて、以下の拙論で詳しく論じた。仲正昌樹『増補新版 ポスト・モダンの左旋回』作品社、

二〇一七年、第七章。

▼3　フーコーの「主体」批判の戦略については、以下の拙論及び松井賢太郎との対談を参照。仲正昌樹『増補新版 ポスト・モダンの左旋回』作品社、二〇一七年、第一〇章、及び、仲正昌樹＋松井賢太郎「『言葉と物』をどう読むのか」『情況』二〇〇三年八・九月号、一五二―一七五頁、一七六―一八五頁。

▼4　フランクフルト学派が果たした歴史的役割については、以下の拙論で包括的に論じた。仲正昌樹「『フランクフルト学派』とは本当は何か？」『情況』二〇〇三年一〇月号、一三四―一四五頁。

▼5　廣松哲学における共同主観性論と物象化論の関係については、以下の拙論で論じた。仲正昌樹「廣松に取り憑く『亡霊』」『新・廣松渉を読む』情況出版、二〇〇〇年、一四五―一六三頁。

▼6　絓秀実『増補 革命的な、あまりに革命的な』ちくま学芸文庫、二〇一八年。

▼7　パトリシア・スタインホーフ／木村由美子訳『死へのイデオロギー――日本赤軍派』岩波書店、二〇〇三年、一五三―一五四頁。

▼8　同右、一五四頁。

▼9　仲正昌樹『Nの肖像』双風舎、二〇〇九年。小阪修平＋仲正昌樹「全共闘と新興宗教」『宗教を読む』情況出版、二〇〇〇年、二七八―三〇一頁。

▼10　浅田彰『構造と力――記号論を超えて』勁草書房、一九八三年、五―六頁。

▼11　東浩紀『動物化するポストモダン』講談社、二〇〇一年、一三五頁。

第9章 「労働」という視点からの「理論／現実」

1 「理論」と「現実」

マルクスは、『フォイエルバッハに関するテーゼ』（一八四四―四七）の中で、「これまで哲学者たちは世界を解釈してきた。しかし問題なのは、世界を変革することだ」と述べている。この有名なフレーズは極めて素朴に理解すれば、書斎にこもって沈思黙考するばかりで、なかなか外に出て活動しようとしない哲学者・知識人の基本姿勢を非難し、革命的な〝実践〟のために街に出ることを呼びかけるスローガンである。実際、（旧）マルクス主義系の運動団体では、このフレーズはそういう意味合いで唱和されてきたし、現在でも、左派系の知識人のグループが自分たちの行動を知的に権威付けようとする際に参照することがある。

しかし、この一見シンプルなフレーズから、「理論」と「現実」の関係をめぐるメタ理論的な問題に対するマルクスのユニークな見解を読み取ることもできる。それまでの哲学や社会理論は、社会的な「現実」(＝世界)を所与のものと見なし、それを可能な限り〝客観〟的に分析することを目指してきた。そのため、分析の対象である「現実」に、〝主体(主観)〟的にコミットしてのめり込むことは極力避け、「現実」から距離を取ろうとする。「理論 Theorie」の語源であるギリシア語の〈theoria〉は、「観照すること」あるいは「眺める」ことを意味する。

しかし、「現実」を再構成するための「理論」を構築している〝我々〟自身の「立ち位置」が「現実」の中に組み込まれている以上、〝我々〟の「理論」の中の〝現実〟が「現実」それ自体をニュートラルに構成しているという保証はない。〝我々〟には「現実」を超越した地点から、「現実」を全体的かつ客観的に俯瞰することはできない。言い換えれば、〝我々〟が社会的な「現実」のただ中で、意識的・無意識的に様々な利害関心を持ちながら生きている以上、自分にとって都合のよいように〝現実〟を偏って認識し、それに基づいて「理論」を構築している可能性がある。「現実」の中での利害関係が、不可避的に〝我々〟のパースペクティヴを制約しているのである。その制約がある限り、〝我々〟は決して「現実」それ自体に到達することはできない。〝この私〟にとっての〝現実〟は〝私〟の制約されたパースペクティヴの中で再現されたものにすぎず、異なった利害関係、文脈の中で生きる〝他の私〟にとっての〝現実〟とは一致しないかもしれない。マルクスは、そうした利害関係に起因するパースペクティヴの制約を「イデオロギー」と呼ぶ。

従来の哲学、社会理論が、静観の構え(＝観照)を取ることで、〝現実〟をできるだけ〝中立〟的に再構成しようとしてきたのに対し、マルクスはむしろ能動的に「実践 Praxis」することを通して、〝現実〟から「イデオロギー」的な要素を削ぎ落としていこうとしたわけである。『フォイエルバッハに関するテーゼ』全体を通して、マルクスは真理を獲得するうえでの「実践」の役割を強調している。マルクスが標榜する「世界の変革」とは、既存の政治・経済体制の変革と同時に、イデオロギー的な制約を突破し、〝我々〟の生を最も根底において規定している「現実」それ自体──カントの用語では「物それ自体」、アルチュセールの用語では「最終審級」──に到達することによって、〝我々〟自身のあり方、〝我々〟と〝現実〟の関係を根底から変えることを企図した営みでもあると言える。

無論、そうした根源的なレベルでの「現実」把握の試みには、大きなリスクが伴う。自分では、ラディカルな〝実践〟を通して、〝我々〟を拘束する「イデオロギー」を解体して、「現実」に肉薄しているつもりでも、実は、より深く「イデオロギー」に絡め取られ、「私は現実それ自体を把握した」という幻想にはまっている恐れは常にある。マルクス自身も含めて、「イデオロギー」の外部に出て、「現実」それ自体を見た人間はいないはずだし、仮にそういう人間がいたとしても、その人間が見たことを、イデオロギーに囲まれて生きている普通の人々に伝達するための理想的な理論言語があるわけではない。

〝「現実」それ自体を見た人〟の視点をあまりにも特権化してしまうと、プラトン（前四二八／四二七─三四八／三四七）が『国家』の「洞窟の比喩」で描写した、洞窟に縛られたままのかつての同胞たちに真理を教えるべき立場にある「イデアの光を見た者＝哲学者」と同じような話になってしまう。それを見たことがない者にとっては、信じるか信じないかの話でしかない。

マルクス主義は、プラトンに始まる「観念＝イデア論」を打破して、「イデオロギー Ideologie」――語の作り方から考えると、「イデア Idea」の「論理 Logik」ということである――によって汚染されていない純粋な「現実」を摑まえようとしたわけだが、「理論」を超えた「現実」それ自体、あるいは絶対的な準拠点としての「物質」を目指したことによって、かえって究極の観念論とも言うべきプラトン主義に似てしまった面があることは否定できない。物質の絶対的な「客観性」をマルクス主義的唯物論の絶対的な準拠点にしようとしたレーニン（一八七〇―一九二四）の『唯物論と経験論批判』（一九〇九）の議論はその典型であると言えよう。

このように、いつのまにか「観念論」に引き寄せられていく危険を秘めてはいるものの、究極の「現実」を視野に入れて、従来的な意味での「理論」を超えた、実践的な「理論」を構築しようとするマルクスの試みは、〝この現実〟の「外部」に出ることに憧れる多くの思想家たちを魅了し続けている――憧れゆえの弊害も大きいが。

2　「労働」の存在論的な位相

「理論」と「現実」、「観念的世界」と「物質的世界」の間を架橋しようとするマルクスの試みのカギになったのが、彼独特の「労働 Arbeit」概念である。マルクスが一貫してテーマにした「労働」は、具体的には工場での商品製造に関わる労働者の肉体労働のことを指しているわけだが、同時に存在論的な意味も帯びている。存在論的であるというのは、各主体の「現実」に対する関わり方を根底において規定しているということである。人間は、「労働」を通して、自らの周囲に見出される自然の事物を社会的に意味のある〝もの〟へと加工（bearbeiten）することを通して、自分たちの居住する「世界」を産出しているのである。「労働」が、人間の生活を形づくる「現実」を作り出していると言ってもよい。

こうしたマルクスの「労働＝存在」観と、資本主義社会における工場労働との関係がはっきり表れているのが、初期の著作『経済学・哲学草稿』である。ここでマルクスは、人間を人間たらしめている、「労働」の存在論的、あるいは人類学的な性格を論じている。

他の動物であれば、個体としての自分が生きていくのに必要なものを自然から取ってくるだけであるのに対し、人間は「自然」に対して能動的に働きかけ、新たな〝もの〟を産出する。それらは、それらを直接的に作り出した個体にとってのみ（使用）価値を有する〝もの〟ではなく、人間という「類」に属するあらゆる個体にとっての（交換）価値を有する〝もの〟として産出される。そうした社会的価値を有する〝もの〟を産出する営みが「労働」である。マルクスは、自分の個体的生命を維持するだけでなく、社会的な連帯を作り出す「労働」こそが、人間の「類的本質 Gattungswesen」だと指摘する。

資本主義経済が支配的になる〝以前〟の状態では、各人は自らの自由意志に従って「自然」に働きかけ、新たな〝もの〟を産出していた。つまり、労働する「主体」の意識と、彼の身体が属する物質的な世界（＝客体）の間にはギャップがなく、各人は自らの思いのままに身体を動かし、生き生きと「労働」していた。自然界にある「物」に手を加えて社会にとって価値がある〝もの〟を産出する「労働」という営みは、各人にとって喜びであり、心身にとっての苦痛ではなかったのである。

しかし資本主義的な生産体制が始まったことによって、「労働」は苦痛になった。何故なら資本主義体制に組み込まれた各労働者は、〝かつて〟のように自分の主体性を発揮して働くことができないからである。自分の意志とは無関係に、資本家によって決められた通りに、資本家が求めるものを産出することを強いられる。無論、見方を変えれば、資本家は市場で売るために、売れるものを生産させているわけだから、労働者たちは間接的には、社会的に価値ある〝もの〟を産出していることになるが、生きるための最低賃金を得るために必死で働いている各労働者には、その実感はない。

このように、類的本質である「労働」が各労働者にとって、疎遠（fremd）なものになっていく現象をマルクスは「疎外 Entfremdung」と呼ぶ。まず、労働者にとって、自分の手で作り出した生産物が自分のものではないという意味で、労働者は労働生産物から「疎外」されている。そしてその生産物を作り出す生産過程は、労働者自身ではなく、他人によって管理されている。その意味で、労働者は生産過程から「疎外」されている。そうした「疎外された労働」を続けているうちに、労働者の心身は、労働者自身の意志とは別のものによって支配されている。そのため、労働者は自らの心身から「疎外」されている。それらの「疎外」の複合的な効果として、労働者たちは「類的本質」としての「労働」それ自体から「疎外」されることになる。

当然これは、狭義の労働者だけの問題ではない。労働者を働かせる資本家自身も、「労働」という営みから遠ざかり、「疎外」されている。彼らもまた、「類的本質」としての「労働」に喜びを見出せなくなっている。資本主義的な生産体制の下で「労働」が管理され続けることによって、資本主義社会に生きる全ての人々は、「類的本質」、つまり〝人間らしさ〟の尺度であるはずの「労働」を苦痛に感じるようになり、「疎外」された状態にある。

マルクスは、こうした意味での「労働」における「疎外」は、人間の本性に反しているがゆえに、それを打倒しようとする社会運動が不可避的に起こってくると指摘する。それが「共産主義」を目指す運動である。「共産主義社会」というのは、私有財産がなく、〝かつて〟のように各人が自らの意志に基づいて、共同体にとって価値のある〝もの〟を産出すべく、生き生きと「労働」に勤しむ社会状態である。共産主義の到来によって、万人の感性や創造性が「解放＝自由化 befreien」される。人間の心と体、社会と自然の間の分裂が克服され、万人が生き生きと「労働」できるようになるというのである。

二〇世紀になって「疎外論」を復活させたハンガリーのマルクス主義哲学者ルカーチは、『歴史と階級意識』で「疎外」を「イデオロギー」の問題と結び付ける。自分の思い通りに生き生きと「労働」することができない状態に長い間置かれてきた労働者たちは、次第に主体性を失ってい き、機械の歯車のように動き続けるだけになってしまう。自分が「主体」であるという実感を失った人は、自分が資本によって搾取されているという「現実」を把握することもできない。ルカーチの言う「疎外」は、資本主義社会に生きている間に、人々が人間としての主体性に基づく認識能力も失って、矛盾を矛盾として知覚できなくなる現象である。

ルカーチは、「疎外」を克服するには、当事者たちが自らの置かれている「現実」を直視して、階級意識に目覚め、失われた主体性を回復することが必要であるという論（＝疎外革命論）を展開した。彼の議論の立て方には、現実を捉えようとする主体の「意識」のあり方〝だけ〟を強調するきらいがあったので、ソ連共産党などの主流派によって批判されたが、第二次大戦後、経済を中心とした闘争よりも、身体性や言語能力などと結び付いた「主体性」の疎外からの回復を重視する西欧諸国の新左翼の運動に直接的・間接的に受容され、それなりに影響力を持った。疎外される〝以前〟の純粋な主体性を追求する議論の立て方は、現代のポストモダン系左派にも部分的に継承されている。

3　労働とアイデンティティ

初期マルクス＝ルカーチの「疎外論」は、「疎外」の向こうにある〝真の現実〟を強調する傾向があるため、物質の絶対的客観性を強調するレーニン主義とは別の意味で、プラトン主義的な「観念論」に引き付けられる危険がある。そもそも〝疎外された現実〟と〝生の現実〟を明確に区別するための客観的指標などない。しかし、「人間」の「類的本質」としての「労働」を前面に出したことによって、「人間にとって労働とはそもそも何なのか？」という哲学的な問題を提起したと言うことはできるだろう。

「労働価値説」を最初に定式化した古典派経済学の元祖アダム・スミスにおいては、「労働」は社会的な価値の源泉であったが、必ずしも「人間」の人間たる根拠ではなかった。古典派経済学では、「労働」は他の商品と同様に、貨幣と交換可能な〝商品〟である。「商品」である以上、それを所有している各主体が、自分の都合に合わせて、売り買いするのは当然だということになろう。売り買いのルールが確定していれば、それは正当な取引であって、「搾取」という問題は出てこない。

初期マルクスは、そうした経済学的な「労働価値説」の論理を批判して、「労働」は人間の「類的本質」を構成するものなので、本来、売り買いの対象にできるものではなく、売り買いがなされていること自体が矛盾であるというところから出発して、資本主義的な〝現実〟を批判する。そこで、労働者の「解放」のための実践理論としてのマルクス主義を体系的に展開することになるわけだが、マルクス主義の「労働」に対する評価は、極めて両義的である。

マルクス主義者にとって、私有財産制がない共産主義社会における「労働」は、先に述べたように、自分の身体を、自然及び社会と調和させながら、自由に生き生きと動かして、価値あるものを産出する行為であり、純粋な喜びである。それに対して、私有財産制のある階級社会における「労働」は、そうした純粋な性質を失っているので、「労働」の担い手にとって苦痛以外の何ものでもない――「労働」を意味する英語の〈labor〉やフランス語の〈travail〉には、「苦役」というニュアンスがもともと含まれている。実際、マルクス主義の影響を強く受けたものも含めて、労働組合運動は基本的に「資本」に対して、「より少ない労働でより多くの賃金」を要求する。なるべく「労働」しないですむことを目標にしたわけである。言わば、「労働からの解放」を目指してきたのである。

しかし、マルクス主義の歴史観からすれば、共産主義社会が到来すれば、労働が再び、芸術やスポーツのような純粋な喜びとして本来の意味を回復するはずである。だとすると、「労働への解放」である。つまり、マルクス主義的な労働運動は、「（資本主義的な）労働からの解放」を極限まで推し進めることによって、それを「（共産主義的な）労働への解放」へと質的に転換することを目指した運動だということになる。この転換においてカギになるのが、「労働」の脱商品化、脱貨幣化である。

ただし、「貨幣」による「労働」の取引を廃止するとなると、何をもって、社会的に価値のある「労働」と言えるのかがかなり曖昧になってくる。ソ連などの旧社会主義諸国は、ある意味旧来の資本主義社会と同様に、重工業の工場での〝労働〟を典型的な価値ある「労働」と見なそうとして、かえって、労働者を酷使することになったうえ、「消費者」のニーズに応じた経済成長戦略を取ることができなくなって、行き詰まってしまった。社会主義諸国の挫折を通して、少なくとも、「労働」のイメージ自体を変化させないまま、「労働への解放」を政策的に実現するのが難しいことは明らかになった。

第三次産業に属するサービス労働や、ネットを使った情報の加工のようなものを、どう評価するのかというのは、現代の左派にとっても大きな問題である。どれが〝より疎外された労働〟で、どれが〝より本来に近い労働〟なのか判定するのはなかなか難しい。支払われている賃金の高低によって区別するのが分かりやすそうだが、それだと古典派経済学の前提を受け入れることになる。『〈帝国〉』で有名になったネグリとハートは、ネット空間を介して多様化する様々な〝労働形態〟を積極的に評価することによって、マルチチュード（群衆＝多数性）の連帯の可能性を広げていくことを提案しているが、必ずしも左派の統一見解にはなっていない。

ポストモダン系の社会理論には、ドゥルーズやガタリの（資本の）脱属領化論に依拠しながら、現代社会のライフスタイルの多様化に対応した「労働」の多様化という見方をラディカルに徹底し、〈社会にとって普遍的な価値を生み出す規範的な営みとしての〉「労働」と〈当事者にとってのみ限定的な価値しか持たない逸脱的な営みとしての〉「遊び」の境界線を相対化していく方向性の議論もある。

一九八〇年代に浅田彰が流行らせた「スキゾ・キッズ」論は、まさにその方向性での議論である。「スキゾ・キッズ」は、一つの「労働現場」でのアイデンティティに拘らず、「戯れ」と「真面目」の間を行き来するポストモダン的な〝主体〟の可能性として、一時期かなり称揚された。ただし九〇年代後半以降の、バブル崩壊後の不況の長期化と、「フリーター・ニート」をめぐるネガティヴ言説の流布によって、そのポジティヴなイメージはかなり相殺されてしまった。

これとは逆の方向での「労働」批判として、重度の障害者など、社会的な弱者とされる人々に対する「平等」を重視する福祉系左派の議論もある。社会全体にとって普遍的な価値のある〝もの〟を生み出す「労働」を「人間」の本質と見なそうとすると、どのように定義しても〝人間〟からはみ出してしまう「他者」が出てくるので、「労働」への固執をやめるべきだという考え方である。そうした福祉系左派の議論では、「労働」それ自体ではなく、「労働」を介して形成される「人・間」としての同胞意識、連帯感のようなものに訴えかけることが多い。「労働」は人々が「人間」としての共通性を見出すための契機ではあっても、〝本質〟ではないわけである。

こうした考え方は、自然物に対して〝最初に手を加えた者〟（＝労働者）を、その「物」の所有者と見なす、ロック以来の「労働＝所有」観に対する批判とも密接に絡まっている――これについては、立岩真也『私的所有論 第二版』（生活書院、二〇一三）など参照。この方向での「労働価値説」批判は、「労働」と「物に対する支配」を切り離して考えることで、「労働」をめぐる左派の闘争が、「人間性」の狭隘化、〝非労働者〟の排除に繋がることを回避する戦略を含意していると考えられる。

また、ハンナ・アーレントやハーバマスの公共性論の影響を受けたリベラル左派系の人々の間には、身体を具体的に動かす「労働」よりも、自律した「人格」相互のコミュニケーションを、人間の本質と見なす見解もある。「労働」の〝本質〟が、単に自分の身体を動かして、自然に手を加えることではなく、社会的に価値ある――必ずしも物質に限定されない――〝もの〟を生み出すことであると考えれば、肉体労働よりもコミュニケーションが重要であるという見方を、マルクス自身から引き出すことができるかもしれない。「共産主義社会」というのは、万人が階級的利害関係から解き放たれて、自由にコミュニケーションできる社会であるとも見ることができる。

「現実」と「理論」を媒介する第三項として、我々が生きる「世界」を能動的に産出する性格を有する「労働」に注目したマルクスの議論は、良い意味でも悪い意味でも非常に多義的である。マルクスの「労働」観を再検討することを通して、「理論」と「現実」をめぐる現代的な問題について様々な視点を得ることができるように思われる。

第10章　左翼と進歩史観

1　「左／右」の二項対立の揺らぎ

ソ連・東欧の社会主義諸国のブロックが崩壊し、「歴史の終焉」が言われるようになった一九九〇年代以降、従来のような「左／右」の二項対立図式が揺らぎ始め、「右」と「左」のそれぞれの定義が曖昧になっていると言われている。というよりは、それまでマルクス主義を軸としていた「左」の側の思想の解体が急速に進んで、典型的に「左」の思想というのがイメージしにくくなったのと、それに伴って、概して「反左（反マルクス）」という意味で理解されていた「右」あるいは「保守」の側も、そもそもどういう思想的な括りであったのかが曖昧になっているというのが実状であろう。特に日本の場合、極左としての「共産主義」を基準にして、それとどこまで激しく対立するか、容認するかで、保守（右）／革新（左）の度合いが認知されてきたので、共産党でさえ明確に「共産主義」を理想として掲げなくなると、「反共としての保守」の政治的アイデンティティも揺らいでくる。

ただ焦点がぼやけてきたといっても、「左」あるいは「右」を相対的に区分するための基準が全くないわけではない。大きく分けて三つくらいの基準があるように思われる。一番分かりやすく、かつポピュラーなのは、「反権力側＝左／権力側＝右」という理解だろう。日本では、保守政党である自民党が長年にわたって政権政党であり、旧社会党（左派）や共産党などのマルクス主義の影響を受けた左派政党が野党であったし、今でもこの図式が部分的に残っているので、このイメージはしっくりきやすい。ただし、この図式における「左」の側が自らを「反権力」であるとはっきり自認しているのに対し、彼らから「敵＝右」と見なされている人たちが、自らを「権力」側と見なしているわけではない。フェミニズムや戦後歴史教育に反対しているグループ、右翼団体のメンバーやシンパなどは、むしろ「左」の方が体制派であると考えていることが多い。ラディカルな主張を掲げる人間は自分たちの方がマイノリティであると考えがちなので、こうした認識の食い違いは、当然のこととも言える。

第二は、「権力／反権力」とは関係なく、「右」が伝統的な価値観や政治体制を守ろうとする保守派であるのに対して、「左」が伝統的な価値観や体制を解体し、文化的・社会的革命を目指す反伝統・革新派であるとする見方である。戦前の社会や教育を美化したり、皇室や靖国神社の英霊などに対する畏敬の念を重視する人たちが「右」、マルクス主義者やフェミニスト、あるいは、カルチュラル・スタディーズなどの形で文化における階級闘争に従事している人たちが「左」ということになる。こうした「伝統」に対する態度で「右／左」を区分するやり方は、それ自体としては分かりやすそうだが、これだと説明しにくい〝右／左〟の対立が、特に政治・経済の領域には多い。例えば、自民党などの保守勢力はごく最近まで、（戦後日本の西欧化・伝統破壊を強力に推進した）アメリカの国際戦略に賛同し、アメリカ的な経済システムにかなり好意的な態度を取ってきた。それに対して、左翼の方が安保問題や在日米軍基地などで反米の態度を鮮明にしてきた。この逆転図式は最近の「反米保守」の台頭で崩れてきたが、左翼は左翼で反米姿勢を強めているので、余計に分かりにくくなっている。

第三の基準は、最近、クローズアップされてきた経済・社会福祉政策面での区分である。富の再配分を重視し、福祉国家を志向する、いわゆる「大きな政府」派を「左」と見なすのに対して、軍事と治安以外の国家の機能を縮小することを目指す、いわゆる「小さな政府」派を「右」と見なすわけである。冷戦構造崩壊後、世界観や価値観をめぐるイデオロギー対立がなくなったという前提で考えると、国家が再配分を通しての市民の間の経済的平等を推進すべきだと考える平等主義と、個人の自由な活動に国家はできる限り干渉しないようにすべきであるとする狭義の自由主義との間の自由主義陣営内部での対立が際立ってくるので、こうした基準での「左／右」の区別もそれなりに説得力がある。西欧先進諸国では、アメリカの民主党と共和党、イギリスの労働党と保守党のように、これが二大政党の対立軸になっている。しかし現在の日本では、自民党も民主党も、新自由主義的な「小さな政府」志向と、公共事業や各種補助金行政などの面での「大きな政府」志向を両方併せ持っているので、すっきりと割り切りにくい。西欧諸国の二大政党も、個別の政策ではそれほど違わないことが少なくない。

このように、三つの有力（？）な対立軸がそれぞれずれているので、典型的な「左」あるいは典型的な「右」がイメージしにくくなっている。問題ごとに、〝右〟と〝左〟の面子が微妙に入れ替わっているということがしばしばある。例えば、靖国問題では、文化的に保守的という意味で極めて右寄りの路線を取っていた論客が、格差問題では、反「小さい政府」という意味で左寄りの路線を取るというような形で。こうした現状から振り返ってみると、「右」と「左」の本質は何だったのか、そもそも、そういう本質があったのか、分からなくなってくるような気がする。

私は、一八世紀のフランスの啓蒙思想以来、西欧近代思想の特徴になってきた「進歩（史観）」に対する距離の取り方で、従来の意味での「右／左」の位置はかなりの部分説明できるのではないかと考えている。そして、現在では、肝心の「進歩」の観念が根底から揺らいでいるせいで、「右」と「左」が曖昧になっているのではないかと思っている。

2　超進歩主義としての「左翼」

西欧近代における「右」と「左」の起源は、フランス革命時の国民議会で、議長席から見て右側に穏健・保守派が座り、左側に急進派が座ったことにあるとされている。大雑把な言い方をすると、歴史の「進歩」としての「革命」をラディカルな手法によって一挙に推進しようとしたのが「左」で、「革命」を漸進的に進めようとする穏健派、あるいは伝統を重視して変化を拒むのが保守派としての「右」ということになる。「右」の中に、「進歩」それ自体は認めている人たちと、「進歩」に反対する人たちがいることになるわけだが、いずれも、ラディカルな革命的変化を求める「左」を基準にした「右」であることに変わりはない。

急激な変化を拒む「右」は、「左」の〝後〟に出現する。西欧近代思想史における最初の保守思想家とされるバークは、フランス革命による秩序破壊に危機感を覚え、伝統を重視する「保守主義」の思想を表明するに至った。「伝統」は革命などによってラディカルな変更を被らない限り、放っておけばそのまま継続していくはずなので、「左」による革命が差し迫ってこない限り、「保守主義」を名乗る必要はないわけである。フランス革命以降も基本的に、保守主義あるいは穏健派としての「右」は、「左」のラディカルな革命路線に対する〝反動〟として生じている。

世界史を動かす普遍的な歴史発展の法則を哲学的に体系化したのは、ヘーゲルであるが、ヘーゲルの死後、ヘーゲル主義は、現実の国家――具体的にはプロイセン王国――を、自己展開する理性が最終的に具現したものと見なしてその枠組みを保持していくべきだとするヘーゲル右派と、保守化する国家を打倒して更なる進歩を遂げようとするヘーゲル左派に分かれることになった。この場合の「右派」と「左派」の命名は、ヘーゲルの影響を受けたフランスの歴史家ミシュレによるもので、フランス革命時の「右／左」に準じている。

周知のように、もともとヘーゲル左派であったマルクスとエンゲルスが、「絶対精神」の運動を軸として構成されていたヘーゲルの歴史哲学＝史的弁証法を、「物質」の運動（＝生産様式）を軸とした唯物弁証法に組み替えたことによって、近代における最も典型的な「左」の思想としてのマルクス主義が生まれてきた。

マルクス主義は、フランス革命などの「市民革命」と共に誕生した「市民（ブルジョワ）社会」を、「ブルジョワジー（資本家階級）」による「プロレタリアート（労働者階級）」の構造的搾取によって成り立つ社会と見なし、この社会、そしてこの社会と結び付いた「国家」を打倒する更なる革命を標榜した。「もう一つの革命」を経ることによって、労働者の生産力のポテンシャルが全面的に開花し、更なる「進歩」が可能になると考えたわけである。マルクス主義は、単に平等を重視するのではなく、「更なる進歩のための平等」を推進しようとする思想である。

そうした「ヘーゲル左派→マルクス主義」の展開に対して、「ヘーゲル右派」の方は目立った思想的成果もないまま、いつのまにか雲散霧消してしまったが、市民社会、資本主義と結び付きながら発展してきた近代国家の枠組みを守ることが、更なる進歩・発展に繋がる、あるいは、諸個人の自由な活動の空間を確保することに繋がると見なす、広い意味でのヘーゲル右派的な考え方は、西欧先進諸国の政治・法思想に浸透するようになった。体制にとって都合のいい考え方なので、政治・経済的エスタブリッシュメントの思想になりやすい。既成の「市民社会―国家」の枠内で諸個人に自由に経済活動させることが、着実な「進歩」に繋がると考える思想傾向が、(「左」に対して相対的に)「右」と見なされる。

このようにして、「市民社会—国家」の解体を通してのラディカルで革命的な進歩を目指す「左」と、「市民社会—国家」の保持を通しての漸進的で着実な進歩を目指す「右」という〝対立軸〟が、一九世紀後半から二〇世紀前半にかけて、徐々に形成されてくる。社会主義革命を経由して共産主義社会に回帰することを目指す、典型的な左翼思想としての「マルクス主義」がロシア革命(一九一七年)を機に一挙に力を増していった「左」に対し、バーク的な意味での保守主義者、ヘーゲル右派的な意味での国家主義者、個人の自由を最重視する自由主義者などがまとまりなく混在している「右」は、思想的に見れば、「左=超進歩派」以外のものの寄せ集めにすぎないという感は否めない。戦後日本における、自民党などの「保守勢力」はまさにそうした寄せ集め的な「右」である。

しかし、たとえ寄せ集めであっても、「左」の脅威から「国家」を守るという立場を取る〝右〟の方が、体制に食い込んで影響力を発揮しやすい。そのため先鋭的に飛躍的な「進歩」を目指して反体制運動を起こす「左」の思想が、着実な進歩のための体制維持を目指す「右」(の思想)に〝挑戦する〟という構図になることが多い。

こうした「市民社会—国家」に対する「左/右」それぞれのスタンスは、「インターナショナリズムあるいはコスモポリタニズム」と「ナショナリズムあるいは国益中心主義」という対立軸ともしばしば結び付いている。『共産党宣言』の末尾の「万国のプロレタリアートよ、団結せよ！」というフレーズに代表されるように、マルクス主義的な「左派」は、既成の国民国家の枠を崩して、世界全体でプロレタリアート主導の「進歩」を成し遂げることを理想として掲げる。その意味で、よりコスモポリタン的あるいは普遍主義的である。それに対して、既成の国民国家の枠を壊さないことを前提に考える「右」の方が、まずはナショナルな利益に固執する一国主義的な傾向が強くなる。

無論、これはあくまでも理念的な傾向である。第二次大戦後に次々と登場した「左」の社会主義諸国は、「右」の国家群に対抗するために、外に対して閉じられた政治体制を築くようになった。経済政策的に見ても、「左」の国家の方が閉鎖的であった――「左」の側は、そうした自らの閉鎖性を、更なる進歩に備えるための過渡的な措置として正当化してきたわけであるが。

3　高度経済成長の終焉と左右の〝進歩史観〟の衰退

こうしたラディカルで革命的な進歩史観派としての「左」と、漸進的で体制維持的な進歩史観派としての「右」という対立図式は、当然のことながら、極めて特殊知識人的な観念であって、一般大衆にはピンと来にくい。特に、西欧的な進歩史観を思想的にきちんと受容しないまま、何となく近代化してきた日本の大衆には分かりにくい。論壇に関心を持っているごく一部のインテリを除いて、ほとんどの日本人は、「あなたは歴史の進歩を信じていますか？」と聞かれても、「はぁ～？」としか反応しないだろう。

しかし、「進歩」を「経済成長」、「右」を「保守」、「左」を「革新」と置き換えてみると、九〇年代に入るまでの戦後日本の政治情勢がうまく説明できる。ブルジョワ革命の次の段階の革命によって、更に飛躍的な成長を遂げられると主張していたのが社会党（左派）や共産党などの「革新勢力」で、現在の資本主義（自由主義）的な国家体制を維持した方が着実に成長を遂げられると主張するのが、自民党を中心とする「保守勢力」であった。自民党の中には、戦前の文化を賛美する文化的保守派、アメリカ的な文化を歓迎する親米派、自由主義経済を徹底することを重視する自由主義派、公共事業などの形で所得の再分配を行うことを重視する平等主義派などの雑多な思想傾向が入り混じっていたが、既存の［国家―市民社会］の枠を維持しながら進歩していくべきだという考えだけは共有していた。

高度成長が続いている間は、着実な成長の〝実績〟を背景に自己の正当性を主張できる自民党が圧倒的優位だったが、六〇年代後半から低成長期に入ってくると、ラディカルな体制変革によって、更なる〝成長〟を約束してくれる革新勢力に対する支持が徐々に増え、都市部を中心に次々と革新自治体が誕生する。

六〇年代後半から七〇年代にかけての革新勢力の台頭については、公害問題や原発問題などを機に、ＧＮＰ（国民総生産）のような数字に還元されない〝もう一つの豊かさ〟を求める気運が国民の間に強まったためだという評価がなされることが多い。また、一九六八年から七〇年代初頭にかけて全共闘などの学生を盛り上げた新左翼の諸党派は、社共などの議会内左翼と違って、生産力の向上は求めず、ソ連型の計画経済も含めてあらゆる管理・秩序に反発していたと言われている。そうした〝もう一つの豊かさ〟とか〝秩序への反発〟といった新しい傾向の左派思想の台頭というのは当たっていると私も思う。しかし、こうした新しい左派思想もよく考えてみると、「進歩」としての経済成長を前提にしていると言うことができる。

公害や福祉などの新しいタイプの社会問題に力を入れるようになった社共や市民運動は、自民党など保守勢力の経済成長至上主義を批判するようになったが、経済がマイナス成長に転じ、国民生活の水準が全体的に引き下げられてもいいとまで主張することはほとんどなかった。物質的な豊かさを放棄して、「清貧な生活」をすべきであると真っ正面から説いたりしたら、国民の大きな支持を得ることはできないので、当然であろう。新左翼系のラディカルな運動の中には、「物質的な豊かさを否定する」ことを志向するものもあったが、そういう発想自体が、経済成長への信仰との表裏一体の関係にあったと見ることもできる。経済成長が完全に終わって、GNPが下がる一方であったら、わざわざ「豊かさを否定する」必要などないからである――現在（二〇〇八年）のように日本経済全体が危機的な様相を呈するようになると、わざわざ清貧の生活を説くラディカルな左派はほとんど影を潜めてしまう。

このように第二次大戦後、左右両派が競って追求してきた「進歩としての経済成長」は、主として第二次産業を中心とする成長であった。第二次産業の成長と共に、人口が農村から都市へと移動して、都市化が進んだ。都市で生活する工業労働者の収入が上がっていくことが、国民の生活水準全体の上昇に繋がった。第二次産業では、分野ごとの労働形態が似ているので、賃金が均一的に上昇しやすいし、労働運動も産業別に組織しやすい。春闘のように、企業側と労働組合側の全日本的な賃上げ交渉の仕組みができたこともあって、労働者の賃金がかなり均一化された形で上昇し続け、それが「一億総中流化」と呼ばれる現象を生み出した。

そうした第二次産業中心の「一億総中流化」によって、「経済成長としての進歩」という感覚が大衆の間にそれなりに浸透した。そのおかげで、〝更なる進歩〟あるいは〝もう一つの進歩〟を説く、「革新勢力」のラディカルな主張にも、説得力が生まれてきたわけである。つまり、自民党政権の下で比較的着実な経済成長が続いたおかげで、労働者の賃金上昇、国民の福祉向上においての一定の役割を果たしている「労働組合」、そして「労働組合」と結び付いた「革新勢力」の主張が机上の空論ではなく、それなりの根拠があるように見えたわけである。「企業」や「保守勢力」の側から見ても、（本当はそれほどラディカルでもない）「革新勢力」や「労働組合」の存在によって、労働者の欲求が暴走しないよう、ガス抜きしながらコントロールできる状態になっていた方が都合がよい。〝成長としての進歩〟が「保守」と「革新」双方の基盤になっており、そのことをお互いに暗黙の了解にしていたのが、「五五年体制」と見ることもできよう。

当然、工業を中心とした高度成長の限界が見えてくると、このバランスが崩れてくる。既に述べたように、七〇年代前半に「革新勢力」が伸張したのは、〝更なる成長〟を求める人たちが「革新勢力」に期待したからだと考えられるが、低成長が長期化すると、「経済成長としての進歩」それ自体に対して人々は懐疑的になってくる。本当に懐疑的になってくると、現実から乖離したユートピアに拘り続ける「左」よりも、現在の国家と市場経済の枠内で着実な経済成長を目指す「保守」の方が、〝まし〟に見えてくる。八〇年代から目立ってきた再保守化傾向は、「進歩」に対する幻滅の表れと解することができる。八〇年代半ばの自民党政権の下での民営化路線と連動した景気拡大(バブル経済)や、八〇年代末から九〇年代初頭にかけてのソ連・東欧ブロックの崩壊によって、「左」派的な進歩に対する幻滅は更に強まった。

無論、「進歩」に対する信仰自体が揺らいでいるので、「右」の基盤が強化されたわけではない。特に九〇年代初めのバブル経済崩壊後、「右」の側にも〝着実な進歩〟と〝生活の向上〟をもたらす確たる方法がないことは次第に明らかになった。超進歩史観的な「左」のユートピア思想に対する幻滅の方が急速に進んだため、相対的に「右傾化」が進んでいるようにも——特に明白に「左」の側にいる人たちからは——見えるが、「右」の論理が、過去の日本をモデルにした〝新たな進歩〟への希望のようなものを積極的に与えているわけでもない。

4 進歩史観の限界とポストモダン

八〇年代におけるポストモダン思想のブームも、こうした二次産業中心の高度経済成長の終焉、及びそれと連動した「進歩史観」の凋落という文脈で理解することができる。浅田彰が、一つの場所、一つのアイデンティティに安住することなく、生活の場を次々と移しながら、自らのアイデンティティも変化させる「スキゾ・キッズ」というイメージで表現したポストモダン的な人間像は、情報関連分野やファッション、ゲームなどの文化産業を中心に高度に発展した消費社会に対応していると言われている。

第二次産業中心に高度経済成長していた時代には、みんなで同じような職場で同じような労働を続け、みんなで同じような商品を買って同じような生活を送る、単一的なアイデンティティが形成されやすいが、経済の中心が文化、情報、サービスなどの第三次産業にシフトすると、その人々の労働形態は多様化してくる。かなり大雑把な言い方をすると、第三次産業は、機能的な面から見ると〝ほとんど同じ商品〟を記号的に差異化し、人々の購買意欲を煽ることによって、成長していく。物質的な大量生産よりも、記号の自己増殖に重きを置く経済である。「スキゾ・キッズ」というのは、自己増殖する記号と戯れ、記号を消費することを喜びとする〝主体〟である。マルクス主義あるいは古典派経済学が想定してきた、社会的に有用な〝物〟を作り出すことに生き甲斐を見出す「労働主体」とは対照的な人間像である。

哲学・世界観的に見た場合、「スキゾ・キッズ」的な記号消費主体たちから構成されると考えられる「ポストモダン的社会」は、「近代」を支えてきた「進歩」の観念が失効する世界である。

「進歩」あるいは「啓蒙」が意味を持つには、何が人間にとっての幸福か、何が理性的な秩序か、何が社会的正義かといったことに関して、一定の社会的合意が成立している必要がある。ポストモダン思想は、そういう社会的な合意の虚構性、暫定性を強調することを特徴とする。

「普遍的な理性」の存在を認めないポストモダン思想は、当然、ヘーゲルあるいはマルクスの「理性」を基準にした「歴史の進歩」も認めない。フランスのポストモダン思想家の代表格の一人であるリオタールは、西欧近代に生まれてきた「歴史 histoire」という観念は基本的に、普遍性を主張する「大きな物語」にすぎないのであって、「物語」としての虚構性、神話性、共同体的性格（西欧志向）を免れることはできないことを指摘した。

リオタールの視点から見たポストモダン状況というのは、これまで普遍的な発展法則に従って進歩していると見なされてきた「歴史」が「大きな物語」にすぎないことが露呈し、各人がそれぞれ自分の好きな「物語」をてんでばらばらに追求するようになる状況ということである。こうしたリオタール的な見方は、ヘーゲル＝マルクス的な進歩史観に対する信頼が急速に失われていった七〇年代から八〇年代にかけての西欧諸国の思想状況をよく反映していた。

「進歩」という観念が失効し、「歴史」が諸々の小さな「物語」へと分散化し、社会全体の共通の価値観が次第に失われていく——ポストモダン思想が描く——〝ポストモダン状況〟というのは、各人にとって非常に不安で混沌とした状況のはずである。決まったアイデンティティの中に収まろうとしない「スキゾ・キッズ」的な生き方は、非常に不安定であり、小市民的な小心者には耐え難いようにも思われるが、浅田等によってポストモダン思想がブームになった八〇年代半ばには、新たに開拓された情報・文化産業で、〇〇クリエーターとか△△コーディネーター、□□ライターといった、「スキゾ・キッズ」向きと思われる様々なカタカナ職業が次々と登場した。八〇年代後半のバブル経済の中で、そうしたカタカナ職業の活躍の余地が広がっているかのように見えたこともあって、「スキゾ・キッズ」的な生き方には希望があるような雰囲気があった。就職情報産業であるリクルートが、スキゾ・キッズ的な職業生活を称揚するポジティヴな意味合いで「フリーター」という言葉を作り出したのは、一九八七年のことである。〝市場〟があったので、「スキゾ・キッズ≒フリーター」に可能性があるように見えたのである。

しかし、バブルが崩壊し、不況が長期化していくなかで、もともと不安定な生き方をしていた「スキゾ・キッズ」の〝自由さ〟よりも〝不安定さ〟の方が目立つようになった。好きでフリーターになる若者よりも、フリーターにしかなれない若者が増えてきた。ネットの発達によって、「スキゾ・キッズ」的な若者たちが、ヴァーチャルな空間に各種の趣味の共同体を作ることは技術的に可能になったが、ネットにアクセスする主体としての人間は物質的な生活を営まねばならない。収入がなかったら、ネットにアクセスすることができないし、本当に困窮したら、餓え死にしてしまう。

経済情勢の変化によって、「ポストモダン」が希望ではなくなったのである。九〇年代後半に第二の浅田彰として注目されるようになった東浩紀が、ポストモダン的な生き方をする若者たちが潜在的に抱える不安を「郵便的不安」と呼んだが、この不安は、長期不況の中で露呈したポストモダンの負の側面に対応していると考えられる。

こうした不安の中で、ポストモダン思想自体も流行らなくなった。ポストモダンに対してもともと好意的でなかった旧来的な思考の左派の間で、「ポストモダンは結局、八〇年代のバブルによって可能になったあだ花にすぎなかった」という冷淡な評価が出てきた。かつての〝ポストモダン思想〟の論客たちの中にもそうした評価に同調して、（再）左転回した人たちは少なくない。

恐らく、そうした評価自体は間違っていないだろうが、ポストモダン思想が流行らなくなった大本の理由は、「経済成長としての進歩」が限界に達し、超進歩としての左派のユートピア思想に魅力がなくなったことにある。「ポストモダン」は、従来とは違った形での進歩、社会の新たな豊かさを求める運動であった、と見ることができる。文化・情報産業におけるスキゾ・キッズの活躍は、社会の活力を生み出し、人々が活躍する余地を拡大するかのように考えて、「ポストモダン」に期待を寄せる人たちがいた。そうした人たちが「ポストモダン・ブーム」を支えていたが、経済的現実に直面した時、彼らは「ポストモダン」思想から離れていった。

〝ポストモダン〟のバブルの崩壊は、ポストモダン思想そのものよりも、従来的な「左派」の方により強い打撃を与えているように私には思われる。〝ポストモダン的〟な脱アイデンティティ（＝差異）のポリティクスも、「左派」にとっての新たな希望、〝オルターナティヴな進歩の方向性〟になりえないことがはっきりしたからである。新自由主義的な経済政策や格差社会に対する人々の不満が高まっても、それによってマルクス主義のような「大きな物語」が魅力を回復することはなく、左翼的なユートピア言説は信用失墜したままである。

5　「進歩」の凋落と負のユートピア

左翼的なユートピアの失墜を非常に象徴的に表しているのが、フリーターの赤木智弘（一九七五―　）が、リベラル左派系の雑誌『論座』に二〇〇七年に発表した論考「丸山眞男をひっぱたきたい――31歳、フリーター。希望は戦争。」が巻き起こした一連の〝論争〟である。彼の挑発的な議論のエッセンスを私なりにまとめると、以下のようになる。

左派系の知識人の多くが口先では弱者の味方のような態度を見せながら、実際には、（正社員から成る）労働組合などの既に社会的に認知された〝弱者〟の既得権益を守る政治を行っており、正規に雇用されていないフリーターやワーキングプアなど、見捨てられた世代の若者たちのことを本気で考えていない。弱者の味方であるはずの左派も頼りにならないとすると、戦争でも起こって社会が本格的に流動化し、既得権益が解体することに期待するしかない。第二次大戦時に、東京帝大の助教授であった丸山眞男は一兵卒として召集されたため、中学にも進んでいない上官や古参兵にいじめ抜かれたことを述懐しているが、そうした意味で、戦争は既成の階層秩序を崩壊させる可能性がある。それがワーキングプアの若者たちにとっての最後の希望かもしれない、というのである。

これまで〝社会的弱者の味方〟を任じてきた左派知識人たちにとっては、生活に困窮するフリーターの若者から、左翼的な理想論よりも戦争の方がましだ、と言われたことは大きな衝撃だったようだ。その後『論座』誌上などで展開された左派知識人からの反応の多くは、「新自由主義を推進した政府や右派に対して向けるべき批判の矛先を間違えている」とか、「戦争になれば真っ先に犠牲になるのはワーキングプアの若者たちだ」、というような予想された通りのものだった。そうした批判に対して赤木は、自分のように絶望的な状況にある者は、このまま餓え死にするのを待つよりは、お国のために戦争に積極的に参加することで英雄、英霊として讃えられる方がまだましだと考えることさえある、と自らの心情を吐露する形で応えている。口先だけで結局何もしてくれない左派よりは、「愛国者」でありさえすれば少なくとも「仲間」として承認してくれる右派の論理の方が魅力的に見えるというわけだ――こうした一連の論争については、赤木智弘『若者を見殺しにする国』（朝日新聞出版、二〇一一）を参照。

私としては、「戦争」という刺激的なレトリックに訴えかける赤木の挑発的な議論には全面的には賛同できないが、彼の言説は、「超進歩史観派としての左派」の言説が失効している現状を的確に捉えているとは思う。

「世界史」が自分たちの理想としているユートピア状態に向かって進歩していると信じている左派、特に二項対立的な階級闘争史観を取るマルクス主義的左派は、世界平和のため、世界中の虐げられてきた人々のために闘うことが、歴史の次のステージへの進歩に繫がり、それが日本国内の失業者などのためにもなるという普遍主義的な前提で議論する傾向が強い。イラクやアフガニスタン、パレスチナなどで苦しんでいる人たちのために闘争することが、グローバル資本主義の支配の一画を崩すことになり、それが日本国内における階級闘争の勝利とも連動している……という風に、〝インターナショナル〟に考えるわけである。左翼的な進歩史観が信じられていた時代には、そうした普遍主義的な語りが一定の説得力を持っていた。

しかし、『若者を見殺しにする国』で赤木が赤裸々に語っているように、そうした左派の反戦平和の運動が広がったからといって、日本国内のワーキングプアやフリーターの状況が改善されるという保証はない。冷静に考えれば当然のことだが、「左派主導の世界革命の勝利によってこれまで虐げられた人々の潜在的な能力が開花し、停滞していたＧＤＰが飛躍的に上昇する」、というような普遍主義的な革命幻想を抱いていない限り、「世界平和」と国内のワーキングプアの生活改善が繫がっていると信ずべき積極的な根拠はない。仮に左翼の目指す戦争のない世界共和国のようなものが実現し、世界の中で最も貧しい国の人たちを優先した富の再配分が行われるようになったとしたら、日本のワーキングプアの状態は更に悪化する可能性さえあるだろう。

赤木のような立場から見れば、左派の掲げる、あまりにも高邁な理想は、自分たちの利益には直結しない。革命的な理想が最終的に実現し、回り回って、風が吹けば桶屋が儲かる式に、自分たちのところに恩恵が回ってくるのを待っていたのでは遅いのである。それどころか、下手に運動に関われば、〝世界のどこかにいるもっとかわいそうな人たち〟のための闘争に利用されることになりかねない。回りくどい左翼の理想に付き合うよりは、国民国家としての利益を追求し、他国民よりも自国民を優先する「右」の論理の方が分かりやすいし、現実的に思えるわけである。

結局のところ、「進歩」に対する信仰が消滅してしまうと、左派の思想は、「世界のあちこちに飢えで苦しみ、戦争で命を失っている人たちがいる時に、自分の生活やプライドのことだけ気にしていてもいいのか！　それが人間らしい生き方か！」という調子の清貧の勧めにしか聞こえないのである。赤木や、彼をある程度支持しているもともと左派的な傾向のある論者たちは、そういう左翼的説教を聞き飽きているのではないかと考えられる。にもかかわらず、メインストリームの左派知識人の多くは、進歩史観の凋落と共に、左派的なユートピアへの幻滅が広がっていることを認識していないため、赤木的な人々に更に〝説教〟しようとして、余計にすべってしまうのである。

無論、これは左派だけの問題ではない。右派の側も、左派ほどはユートピア主義的ではないおかげで、相対的に優位に立っているにすぎない。既に述べたように、アメリカのグローバリズムに何とかついて行こうとする新自由主義であれ、靖国の精神を復活させようとする文化的保守主義であれ、人々に〝新たな進歩への希望〟を提供しているわけではない。というより、〝バラ色の未来〟を約束するような調子のいい思想は、信用されなくなっている。

現代日本においては、右派であれ左派であれ、自分たちの政治的な理想に支持を集めようとしたら、「進歩」に対する信仰が崩壊しているという現実を踏まえて、取りあえず誰にとってのどのような正義を目指しているのか、明確に自己限定するところから始めるしかないだろう。〝あまりにも大きすぎるがゆえに重たい正義の物語〟は、かえって失望感を拡大させることになる。

第Ⅳ部

第11章　ハーバマスとデリダ
――「言語行為」と「エクリチュール」をめぐるモダン／ポストモダンの鬩ぎ合い

1　ハーバマスと「ポストモダン」

精神分析や文化人類学の成果を取り入れながら、理性では制御できない無意識の領域を視野に入れ、西欧文明に内在する合理性という名の野蛮を告発したホルクハイマー（一八九五―一九七三）やアドルノ（一九〇三―六九）を中心とするフランクフルト学派第一世代と異なって、第二世代の代表格であるハーバマス（一九二九―　）は理性的な主体の間の対話や討議のポテンシャルを前提として、市民社会や民主主義の発展に寄与する、ポジティヴな実践的社会哲学を展開しているると見られることが多い。[1]「近代」を最も強力に擁護する哲学者だと言っても過言ではない。当然、近代的な主体概念を解体し、〝主体〟を構成していた言語や記号、文化的表象の際限のない生成と増殖、変容、消滅の無限のプロセスを露わにしようとする、ポスト構造主義（ポストモダン）系の思想とは相性が悪い、というより接点がないと考えられがちだ。実際、ハーバマスが「ポストモダン」系と目される思想家を——皮肉るだけだったり、別のテーマに付随して言及するのではなく——本格的に論評しているテクストはさほど多くない。

ただ、全く接点がないわけではない。主要な接点として以下の四つを挙げることができる：①ハーバマスの『近代の哲学的ディスクルス』（一九八五）におけるフーコー（一九二六—八四）やデリダ（一九三〇—二〇〇四）などのポストモダン系の論客に関する批判的論評と、それに対するデリダの間接的な〝応答〟、②英米の研究者等によって構成された「フーコー vs. ハーバマス」論争[2]、③マンフレート・フランク（一九四五—　）によって構成された「リオタール vs. ハーバマス」の仮想の対話[3]、④二〇〇一年の「九・一一」事件前後のデリダとハーバマスの政治的な共同行動。

このうち、④は政治的に緊迫した状況で危機感を覚えた左派知識人の大同団結という性格が強く、理論的にはさほど重要ではない。この時の共同行動に際して両者に対して行われたインタビュー等を通して二人の基本的立場の異同や「テロリズム」や「ナショナリズム」に対する基本的な見方が改めて明らかになったが[4]、「モダン／ポストモダン」の理論的な対立点が先鋭化された形で呈示されたわけではない。本章で主として論じるのは、①の、特に「言語」と「主体」の関係をめぐるハーバマスと、ポスト構造主義系のそれとの違いが浮き彫りになった、デリダとの〝論争〟だ。ただ、フーコーやリオタール（一九二四—九八）との〝論争〟も、デリダとの論争の背景となった、ハーバマスとポスト構造主義の基本的対立図式を理解する手引きになるので、ごく簡単に見ておきたい。

いずれの場合も焦点になったのは、「言語」と「(権)力」の絡み合いをどう見るか、それに対して哲学者としてどう対峙すべきかをめぐる問題である。フーコーは、近代的な「知」が社会的諸制度の構築にいかに関与し、人々の生をいかに――軍隊や警察に象徴される外的な暴力装置によって脅迫するだけでなく――内側から管理しているかを、「言説」分析の手法で描き出した。心理学や医学、統計学などの人間学的な「知」は、各人が生活において従うべき「普通さ(正常性)normalité」の基準を作り出し、それが各「主体 sujet」を拘束する道徳的・内面的な「規範 norme」へと転化していった。フランス語の〈sujet〉あるいは英語の〈subject〉の語源は、「下に投げ出されたもの=根底にあるもの」という意味のラテン語〈subjectum〉であり、ここから「臣下」という意味も派生した。そのことに象徴されるように、「主体」になることは、自己を律する何らかの「規範」を獲得し、それに自発的に従うことを意味する。近代の「知」はそうした主体=臣民化(assujettissement)のプロセスに積極的に関与した。そのことをフーコーは、知の「言説 discours」の系譜学的な分析を通して明らかにしたのである。

ハーバマスは『近代の哲学的ディスクルス』で、権力と知が相互に支え合いながら発展してきた歴史的過程を描き出し、現在の「私たち」の常識を支えている知の地層を露わにしたことを評価する一方で、フーコーの試みには三つのアポリアがあることを指摘する。▼5 ①意図せざる現在中心主義、②不可避の相対主義、③恣意的な党派性の三つである。①は、「知」の歴史の記述者が、自分に属する現在の視点からしか批判的記述を展開できないこと、②は、そうした現在中心の見方は不可避的に文脈に依存していることを認めざるを得ないため、相対主義に陥ること、③は、記述している自分自身の視点も権力の布置関係の中に囚われ、党派性を帯びているのを否定できないことである。ごく簡単にまとめると、「あなたは、知と権力と主体の間の不穏な結び付きを指摘しているが、そうしたあなたの視点自体が、現在あなたの生きている社会で支配的な言説や、あなたの教養や社会的地位によって規定されているのではないか？　だとすると、あなたの批判は正当化できないのではないか？」、という疑念がつきまとうということである。フーコーはそうならないようにいろいろと自分の立ち位置を変化させているが、最終的な正当化には成功していない、とハーバマスは見る。

ハーバマスによると、フーコーの権力批判の抱えるこうした欠陥は、従来の近代哲学や他のポストモダン系論客と同様に、「主体中心的理性 subjektzentrierte Vernunft」観に囚われていることに起因する。「主体中心的理性」というのは、自らの達成すべき目的を予め設定していて、物質的な対象も他人も、それを達成するための手段と見なし、いかに効果的に手段を利用するかしか考えない、エゴイスティックな理性ということである。当然、他者との対話も、相手をいかに利用するかという戦略的な意図からなされるものにすぎず、主体の思考は基本的なモノローグ的である。ニーチェ（一八四四—一九〇〇）からハイデガー（一八八九—一九七六）を経てフーコーやデリダに至るポストモダンの思想は、自らの視野に囚われる「主体」のモノローグ的な独善性を打破しようと試みてきたが、ことごとく挫折してきた。「批判」する自分自身も、モノローグ的な主体であることを認めざるを得ないからである。

ハーバマスに言わせれば、「主体中心的理性」観を取っている限り、このアポリアを脱け出すことができない。そうではなくて、生活世界での共通経験に根ざしたコミュニケーションによって真理や正義を探究する人々の間主観的な理性、「コミュニケーション的理性 kommunikative Vernunft」をモデルに考えるべきだと言う。「理性」観を転換すれば、近代啓蒙主義の成果を全て疑うことなく、市民の自由と権利を拡大することに寄与したものは、ポジティヴに受容できるはずだと言う。

この批判に対してフーコーは直接的に応答していないが、フーコーに近い研究者等は、近代の啓蒙的理性の歴史的系譜をたどって、そこに権力と知の絡み合いを読み取っていくフーコーのアプローチと、啓蒙的理性の建設的働きを評価するハーバマスの立場は相容れないものではなく、相互補完的な関係にあると指摘しフォローしている。実際、ハーバマスも歴史的・言説分析的な視点からの権力批判を展開しているし、フーコーも啓蒙的理性の成果をいったんゼロに戻すべき、というようなアナーキズム的な論を展開しているわけではない。二人は、近代的な知の「言説」の裏と表を見ているとも考えられる。

構造主義／ポスト構造主義系の諸理論を一九八〇年代にドイツ哲学・文学史の研究に導入する先駆けとなったフランクが『了解の限界』（一九八八）で再構成した、［リオタール vs. ハーバマス］

論争では、「主体」から、「言説」それ自体へと重点が半分シフトする。ただし両者の対立点は、フーコーの場合よりもはっきりとしている。

ハーバマスは、先述したように、「言説」を駆使する主体たちのコミュニケーションは生活世界での共通経験に根ざしており、倫理的・政治的な「討議」に何らかの形で参加している人たちは、理性的な「合意」を志向していることを前提に、自らの社会理論を展開する。無論、現実の社会では、各人のエゴイズムに基づく戦略的振る舞いによってコミュニケーションが機能不全を起こし、真の「合意」ではなく、利害関係や暴力などによって問題に決着が付くことの方が圧倒的に多い。しかし、人々が何らかの形で「討議」しようとする以上、十分な根拠に基づく「合意」を潜在的に志向しているはずである。力ずくで物事を決定しようとする力への意志しか働いていないとすれば、〝討議のプロセスを経ての決定〟という体裁が発達し、洗練され、権力者さえもそれに拘る理由はない。人々は漠然とした形であるにせよ、他者も納得してくれる根拠を示したいという欲求を抱いているのである。

ハーバマスのコミュニケーション的行為の理論のキー概念である、「理想的発話状況 ideale Sprechsituation」というのは、字面だけからすると、観念論的なオプティミズムか、あまりにも高潔な理想主義に聞こえる。しかし、それは現実に基盤を持たない純理論的な構築物ではない。他者と了解し合おうとする時、私たちは実際、誤魔化しではない、本当の「合意」が成されるとすれば、それはどのような状況であろうかと想像し、その状況を意識しながら言葉を交わしている。自分の演技力や弁舌力、交渉力、統率力、学者や芸術家、職人としての能力、外見などを、社会から正統に評価されたいと願って努力する人とのアナロジーで考えると、分かりやすい。そういう人は、インチキでもいいから高く評価されたいと思うこともあるかもしれないが、心の底では、本当の評価を得たいと願う。基準がはっきり確定していない場合、どういう客観的な基準でテストされたら、自他共に本当に納得いくかシミュレーションする。誰かがクレームを付けそうな要素は、極力排除して考える。その意味で、仮想の会話をする。そうでないと、各種の「競技」や「コンテスト」は成立しないだろう。「合意」を目指しての会話でも、私たちは、そうした基準を求めているはずだ。この場合、現実の会話と、仮想の会話がオーバーラップしている部分があるので、かえって、後者が見えにくくなっているが、真の合意が目指されているのは同じである。▼6

それに対しリオタールは、社会的に通用している諸「言説」の間には様々な「抗争 différend」があり、他の言説を抑えつけ通用するようになった言説が正統性を得て、やがて自らの普遍的妥当性を主張するようになると考える。敗れた言説と同化していた主体たちは、自らのアイデンティティの一部を否定される。例えば、同性婚の権利や安楽死の権利、動物の権利などを自明視する人は、それを支持する言説が社会的に通用しなくなったら、自己否定されると感じるだろう。ハーバマスは、ローカルな共同体の中で慣習的に通用しているにすぎないルールでも、社会の発展に伴って共同体内の、及び外部とのコミュニケーションの機会が広がっていくに従って、次第により普遍的な合意を得られるものへと漸進的に進化していくという見方をするが、リオタールは、それは真の合意によるものではなく、勝利した言説が他を失墜させ、自らが正統であるかのような、「大きな物語 grands récits」を作り出すだけだと考える。

リオタールにとって、「現実 réalité」はもっぱらそれぞれの主体が従っている「言説」の規則に従って与えられるものであり、言語実践から独立の何らかのアプリオリな法則に従って確定される事実などない。これはある意味、「真理＝（言語行為としての）合意」説[7]を取るハーバマスと共通の見方である。両者が異なるのは、異なったタイプの言説の規則に従っている人たちが遭遇して議論する際に、討議の規則に関して合意することが可能か、という点だ。リオタールは、異なったタイプの言説に従っている人たちがメタレベルで合意に達し、何らかの共通ルールを見出す可能性を否定する。

私たちは、近代民主制は討議を活性化し、合意の可能性を広げると考えがちだが、リオタールに言わせると、それは勘違いだ。近代民主制の政治では、むしろ「抗争」が白日の下に晒されるのである。民主社会に生きる人々が、「抗争」を終わらせる、全員にとっての「単一の目的」――理想的な社会の実現――があると信じているとすれば、それは前近代に由来する「超越論的な仮象」だ。そういう「仮象」には、人々に日々の「抗争」を忘れさせ、耐えうるものにする効果があるが、それを信じ込んでしまうのはむしろマイナスだ。

伝統的な「物語 narration」が支配的だった時代には、人が考えるべき基本的な問いと、それに対する答えがあたかも、教会の教理問答のように、あるいは学校の倫理の教科書のQ＆Aのように定式化されていて、どういう観点や立場からの問いと答えが可能か争う余地はなかった。そうした〝問い〟は予め解決済みのものであるかのごとく、問いと答えが固定化していたのである。

そうした単一的な「物語」の構造が崩壊し、その下で隠されていた「抗争」の可能性が、近代の民主的討議を通して浮上してきた。「討議政治 politique délibérative」を通して普遍的合意に到達する可能性に賭けるハーバマスとは対照的に、リオタールはむしろ、討議による「抗争」が顕在・活性化し、人々のよって立つ価値観や利害の対立が可視化されることに期待をかける。リオタールに言わせると、「討議」の構造は脆弱であり、「討議」が進むにつれて様々な言説のジャンル、様々な文の体制が相互に分離し、「社会の絆」を脅かす深淵が垣間見えてくる。「討議」は、物語られる世界の解体を前提としており、その過程を記録する。[8] リオタールからしてみれば、ハーバマスの理論は、〝普遍的合意〟という仮象によってせっかく明らかになりつつある深淵を再び隠蔽し、「抗争」を封じ込める理論の暴力に他ならない。

2　「音声中心主義」をめぐる問題

ハーバマスは、『近代の哲学的ディスクルス』の第七章をデリダ批判に当てている。この章でハーバマスは、デリダの「音声中心主義批判」をハイデガーの根源性の哲学の亜種と見なしている。

ハーバマスによる批判を理解する前提として、「音声中心主義 phonocentrisme」とは何か、それに対してデリダがどういう態度を取ったか確認しておこう。「音声中心主義」というのは、記号によって媒介されることなく、各人の意識に対して直接的に現前するものを、本来の生き生きとした現実として特権化し、記号的なものをそれのコピーもしくは派生物として軽視する（かのような）態度を示す西欧的思考の根底を流れる考え方である。

デリダは初期の著作『声と現象』（一九六七）と『グラマトロジーについて』（一九六七）で、各自の「私」意識の直接的な表れとしての「声 voix」と、それを再現するための媒体としての「エクリチュール（書き記されたもの＋書き記す行為＋自らを書き記し続ける作用）écriture」との間の複雑な関係を描き出している。[9]「私」たちは、自分の「声」を直接聴くこと、あるいは、それを内面において再現する内的対話（モノローグ）を通して、自分自身のことを知っているつもりになっている。デカルト（一五九六―一六五〇）からフッサール（一八五九―一九三八）までの近代哲学は、内的対話に基づいて「自我」が自己（主体）と対象（客体）を構成することを自明の理とし、その構成を再現しようとしてきた。哲学だけではなく、文芸批評、心理学、社会学なども、「内的対話」とそれに基づく本人の証言に依拠してきた。

これはごく当たり前の話のように思えるが、デリダは、そうした「内なる声」が本当に私たちの意識に直接的に現前としていると言えるのか、そもそも、「声」は本当に内面を映し出す透明な媒体なのか、という疑問を投げかける。そもそも、「内なる声」とは何なのか？　私たちは、自分の〝内面の声〟を聴く時、例えば、「私は強烈に〇〇したい」「君（私）は今の自分に満足しているのか」というような文を思い浮かべる。それらの文は、「私」の中から自然発生的に生まれてきたものではない。ある文化圏の中で生活しているうちに、他者たちの言語使用の自覚的・無自覚的な再現を通して取得したものである。私は、他者から習った文法や語彙、発音、用語法に従って、他者に話しかける自分自身の言葉（parole）を聞いているうちに、自分がどういう人間かというイメージを形成し、それから逆算して、自己内対話の「声」を想像し、それに基づいて「内面」を構成するようになる。外部から取り込んだ「音声記号」と意味の体系が「内面」を支配しているのである。他者から習得した言語がなければ、「内的対話」の元になる自分の〝声〟もただの音にすぎないかもしれない。そう考えると、「自分の声を聴く s'entendre parler」ことによって成立する「自我」をモデルとする近代知の基礎が揺らぐように思えてくる。

無論、こうした見方に対しては、次のような一連の疑問が浮かんでくる。それは文明に毒され切った人間の「内面」の話であって、原初の素朴な人間や幼子の心に浮かんでくる〝自然な声〟は、感性的な知覚、自然な感情を直接的に反映しているのではないか？　自分や他者の――記号的な意味を持たない――〝自然な声〟を聴いているうちに次第に情操の輪郭が育まれ、それが心の輪郭になるのではないか？　人為的な記号が入り込んでくるのは、そうやってある程度自己意識が形成された後になってからではないか？

もっともな疑問である。近代初期には、こうした視点から、論理化・記号化されていない原初的な言語をめぐる議論があった[10]。しかし、仮にこうした原初的な言語があったとしても、そのことをどうやって確認するのか？　言葉を覚える前の幼児は、自分の〝内面〟を私たちに理解できる言葉で伝達することはできない。言葉を覚えてから、言葉を知らなかった自分の〝内面〟の状態を「再現」しようとしても、記録がどこかに残っているわけではないので、〝記憶〟――〝記憶〟自体が、後で、言語を介して習得した社会常識や知見によって創作された可能性がある――はあやふやで断片的だし、そのあやふやで断片的なイメージも、他者から与えられた言語体系（langue）によって意味付けされている。そうでないと、〝私たち〟には理解できない。言語を知らないとされる未開人の場合も、同じことである。言語を習得した後で、〝記憶〟はどうにでも創作できてしまう。

デリダはルソー（一七一二―七八）が『人間不平等起源論』（一七五五）や『言語起源論』（一七八一）で展開した議論における、こうした意味での「音声中心主義」を指摘したうえで、それが構造主義の旗手となった文化人類学者レヴィ＝ストロース（一九〇八―二〇〇九）の「エクリチュール」にも感染していることを示唆する。

レヴィ＝ストロースは、ブラジルでのフィールドワークをした時の回想録『悲しき熱帯』（一九五五）で、文字を持たない現地のナンビクワラ族の社会に自分たちが「エクリチュール」を持ち込み、彼らを精神的に汚染してしまったことを、いかにも罪意識を感じている風に回顧している。

彼らが文字を教えた集落の酋長は、文字に呪術的な力があるかのようなふりをして、他の住民に対する自らの権威を高め、支配の手段にしようとした（ように見えた）。レヴィ＝ストロースはそれを原罪が生じた瞬間のように書いているが、デリダに言わせると、ナンビクワラ族は西欧的な意味での文字は持っていなかったものの、様々な象徴的記号を持ち、それらを身体や様々な事物に「書き込む」ことを実践していた。それらは自然の模倣や反映ではない意味を帯びていた。そうした「書き込み」について自ら詳細に記述しているにもかかわらず、「文字」を伝える場面になると、レヴィ＝ストロースは妙にナイーヴになってしまう。

デリダはそうした、「エクリチュールの始原」をめぐるレヴィ＝ストロースの「エクリチュール」の「音声中心主義」的な偏りの源泉に、ルソーの「エクリチュール」があることを示唆する。つまり、「言語の起源」をめぐるルソーの、あるいはその影響を受けた他の作者たちの「エクリチュール」の影響を受けたレヴィ＝ストロースが、文字を知らない人々の純粋な声と堕落した文明人の文字というイメージを抱き、それをナンビクワラ族と自分たちの関係に投影し、その二重化されたイメージを自らの「エクリチュール」で「再現」しているわけである。そう考えると、支配的な影響力を発揮しているのは、「音声」ではなくて、「音声」の派生物であり、あまり固執すべきではない無味乾燥で、抽象的なものとされてきた「エクリチュール」の方ではないか、と思えてくる。

こうした転倒はルソーに影響を受けたロマン主義的な思想家の夢想を支配しているだけではな

く、実は、西欧文明全体をその始まりから支配し続けているのかもしれない。キリスト教は、死んだ文字（ユダヤ教の律法）ではなく、受肉した神であるイエスの生きた言葉こそが、人の魂を生かすと説いてきた。しかし、イエスによって語られた〝生きた言葉〟をキリスト教信徒は、「聖書」という特権化された「エクリチュール」を通してしか知らない――〈Bible〉の語源に当たるギリシア語の〈biblos〉は「書物」という意味である。西欧の哲学の原点とされるソクラテス（前四六九頃―三九九）が街で人々と語り合った生き生きした対話は、プラトン（前四二七―三四七）の「エクリチュール」を通して「再現」されたものである。［ソクラテス（パロール）―プラトン（エクリチュール）］の関係がその後の西欧の哲学の方向性を規定することになる。西欧を特徴付ける宗教と哲学の生きた言葉（パロール）による〝基礎付け〟は、「エクリチュール」によって維持・管理されているのである。[11]

こうした「パロール」と、「エクリチュール」の間の逆転関係、派生物であるはずの後者が前者を事実上支配しているという事態は、「主体」と言語の関係に起因するものと見ることができよう。「主体」が、自らの意識に対して直接的に、生き生きと「現前している présent」ものを漠然と感じるだけでなく、はっきりと把握し、記憶すべく表象＝再現（représenter）する――「表象する」という意味の英語の動詞〈represent〉やフランス語の動詞〈représenter〉は、「再（re-）・present（現前）・化する」という語の作りになっている――時、「主体」は体系化された言語の助けを借りることになる。そこで援用される言語体系は、たとえ文字として表記されていないとしても、少なくとも慣習的な反復を通して規則が構成され、各「主体」の〝心〟の中に予め書き込まれている（pro-grammé）――〈program〉は語の作りからして、「予め（pro-）＋刻まれたもの＝文字（gram）」ということである。その書き込まれた規則、あるいは慣用的な言い回しに従って「声」を発し、他者に伝える以上、どのように生き生きしている「声」であっても、そうした広い意味での「エクリチュール＝書き込まれたもの」によって予め型が決められている。

「主体」が、自らが「エクリチュール」に支配されていることを自覚し、「エクリチュール」による支配を逃れ、「生き生きとした現前 lebendige Gegenwart」（フッサール）に直接触れ、それを生き生きした「声」で表出しようとしても、それは「主体」にとっても原理的に不可能である。そうした直接性、生き生きしたものへの欲望自体が――レヴィ＝ストロースの「エクリチュール」がルソーの「エクリチュール」をモデルに構成され、ルソーのエクリチュールが、自らの（神の）言葉との出会いを回顧するアウグスティヌス（三五四―四三〇）の「エクリチュール」をモデルに構成され、アウグスティヌスの「エクリチュール」がプラトンの対話篇と『聖書』という二大エクリチュールをモデルに構成されたように――「エクリチュール」によって生み出されたものだからである。「生き生きした現前」に直接接することができるとすれば、それは〝主体〟が言語による再現＝表象能力を失って、もはや「主体」ではなくなる瞬間であろう。

こうした「エクリチュール」による多重化された支配が、「音声中心主義」の外観によって隠蔽され、後者によって強化される傾向があることをデリダは問題にしているのである。これまでの西欧の歴史において、〝生き生きした自然〟を求める「声」(をめぐるエクリチュール)は、ナチズムやスターリン主義のドクトリンのような、露骨に暴力的な「エクリチュール」をも生み出してきた。「主体」にとって「エクリチュール」は単なる派生物ではないのである。

3　ハーバマスから見た「音声中心主義批判」

『近代の哲学的ディスクルス』でハーバマスは、こうしたデリダの議論を、「言語表現の記号としての特質とその代表機能」の解明のため、「エクリチュール」に注目すべきという主張として受けとめる。それだけだと、ハーバマスとの対立点は際立たない。ハーバマスの議論と通じているように見える面さえある。

ハーバマスは、公共性とコミュニケーションをめぐる議論に関して、アーレント(一九〇六―七五)の継承者と見られることが多いが、公共の場での「活動」あるいは「討議」のための言語のイメージはかなり異なる。アーレントは古代のポリスをモデルとして、各市民が直接公衆の前に現れて、身振りも交えた言語的な「活動＝演技 action」によって説得し合うというイメージで、理想の「公共性」を描いている。それに対してハーバマスは、近代市民社会において、活字媒体を介して形成される「世論」を、公共性の中核と見ている。生き生きした話し言葉を中心とするアーレント的な公共性に対し、ハーバマス的な公共性はエクリチュールに支えられていると言える。[12]

ただし、ハーバマスは、デリダを公共的な開かれた言語実践を志向・推奨する哲学者とは見ていない。むしろ、公共圏での人々のおしゃべりを非本質的なものとして否定し、「存在」それ自体という神秘主義的な〝実体〟を探究した――そして、ナチス賛美に至った――ハイデガーの思想[13]を継承する思想家としてデリダを位置付けている。一九三〇年代半ば以降のハイデガーは、言語こそ、「存在の家 Haus des Seins」であるとして、「存在」からの呼び声を直接的に受けとめ、新たな秩序を作り出す原初的な言語、詩的言語を探究した。[14]ハーバマスに言わせれば、政治や法、技術を含めたあらゆる人間的な営みを基礎付け、創造性を付与する神秘的な言語を求めるのは、ドイツ・ロマン派以来の、反近代主義的な思想の典型的な発想である。『近代の哲学的ディスクルス』は、「ポストモダン」に結実するそうした反近代的・耽美主義的な言説の攻勢から、近代を守ることを目指した著作である。

ハーバマスは、デリダがハイデガーの言語論を無批判に継承したわけではなく、批判的に距離を取っていることは認めている。「隣人」とか「住まい」「声」といった日常的な言葉に、存在神学的な意味を付与し、それらをメタファーとして濫用するハイデガーの言語に対するスタンスに批判的なデリダは、構造主義的な手法を取り入れ、形而上学批判の視点からの言語論を展開する。それが、デリダの「グラマトロジー grammatologie」だ、という。[15]

こうした理解の仕方は、初歩的な誤解であるように筆者（仲正）には思われる。デリダが構造主義に関心を持っているのは間違いないが、それは構造主義の研究方法を取り入れて、言語の本質を科学的に探究するためではない。近代の［主体―理性］中心主義的な思考を掘り崩すことを目指した「構造主義」にさえ残存する、西欧的な思考を明らかにするためだ。「グラマトロジー」に関心を持つのも、そうした批判の戦略としてであって、言語学的あるいは文化人類学的に「文字」を研究することで、言語が人間の精神や身体に及ぼす作用が明らかになると思っているわけではない。デリダをドイツ・ロマン派やハイデガーなどの、神秘主義的な根源探究の系譜に属する論者と見なしているところからこうした誤解が生じたのだろう。

ハーバマスは、デリダは「エクリチュール」を話し手や聞き手である「主体」の意図を超えた「本源的な記号 das originäre Zeichen」として捉えていると断定する。そうした「本源的な記号」を〝再発見〟することで、近代の主体中心的な哲学を超えようとしている、というわけである。

あとから固定化される音声に先立ってあるエクリチュール、すなわち「原―エクリチュール」はいわば超越論的主体の扶助なしに、また主体のさまざまな作用に先駆けて、意味の叡智的な側面とその地平の内で現象として現われる経験的なもののあいだに、つまり世界と世界内的なものとのあいだに世界開示を行なう形で差異化を行なうことを可能とする。(…)というのは、彼は超越論的な根源の力を生産的な主体性の次元から、だれのものとも知れぬエクリチュールに与えられた歴史を生みだす生産力の次元へと移し替えているのである。いまここに顕在する直観において己れみずからを表わすものの現前性は、記号の代表機能の力に依拠するものだとされる。[16]

「原―エクリチュール l'archi-écriture」というのは、文字通り、あらゆるエクリチュールの元（モデル）になるもの、あるいは、エクリチュール（書き込み）作用を起動させる契機となる最初のエクリチュールである。『グラマトロジーについて』でデリダが「原―エクリチュール」に言及しているのは確かである。しかし、それを「歴史を生みだす生産力 geschichtsstiftende Produktivität」として肯定的・実体的に捉えようとしているかといえば、かなり怪しい。デリダにとっての「原―エクリチュール」とは、「パロール」的なもの、つまり、いかなる論理的媒介も経ていない〝生き生きした自然の声〟を突き止めようとする試みが不可避的にぶつかる論理的障害物である。[17]

この点について少し詳しく説明しておこう。先に述べたように、ルソー、フッサール、レヴィ＝ストロースなどの音声中心主義者は、意味作用を帯びていなかった〝自然の声〟が、（エクリチュール的に固定化する傾向を持つ）意味作用によって分節化されるようになる〝瞬間〟を捉えようとしてきた。しかし、それは原理的に不可能だ。その〝瞬間〟を捉えようとする〝観察主体〟自身が、「エクリチュール」の中で生まれ、形成されてきた存在者だからである。意味作用によって浸食されていない無垢な状態／侵蝕されている状態の境界線を判定する主体に内在する基準自体が、「エクリチュール」から生まれてくるものである。〝エクリチュールに汚染されていない無垢な子供〝とか〝未開人〟が、初めて〝文字〟を見てその魔力に取り憑かれ、罪意識を覚える〝瞬間〟が自然現象として生じることはない。そういう〝瞬間〟は、「音声中心主義」の「エクリチュール」に取り憑かれた人間の幻想の産物でしかない。端的に言えば、「エクリチュール」に囚われない〝自由な状態〟を求める「主体」は常に、「エクリチュール」の側にいるのである。人間的な偏見に囚われることなく、動物自身の視点から動物の幸福や権利について考えようとする人の態度が、極めて人間的なものであるように。

〝生き生きした声〟から〝エクリチュール〟が生まれた瞬間を捉えたと確信する人がいるとしよう。その人に、どうしてそう確信したのかと尋ねれば、「それは、〇〇という兆候（記号）が見て取れたからだ」、という答え方をするだろう。では、その「兆候＝記号 signe」にどうしてそのような意味があると言えるのか、と問い返すと、その人は「それは、△△の理論から証明できる」、と答えることになるだろう。その理論は、当然、「エクリチュール」として固定化された記号の体系の産物である。どのように細かく精密な兆候や理論を援用しても無駄である。細かくすればするほど、それを試みる〝主体〟は何重にも「エクリチュール」に絡め取られている事態を見出さざるを得ない。そのように、常に〝主体〟による「パロール／エクリチュール」の境界線をすり抜ける形で作用し、〝主体〟を「エクリチュール」の〝領域〟に引き戻すのが、「原―エクリチュール」だ。まるで〝主体〟自身の内に、「原―エクリチュール」が刻み込まれているかのように。

こうした「原―エクリチュール」が、自らの源泉を求める〝主体〟を翻弄するのは確かだが、だからといって、それがデリダ自身のテクストにおいて、主体の意志を超えた根源的作用、「超越論的な根源の力 die transzendentale Ursprungskraft」あるいは「歴史を生み出す生産力」として位置付けられていると主張するのはミスリードだろう。ハーバマスは、「原―エクリチュール」を、同定可能な全ての書き込み（Einschreibung）に「先行する vorausgehen」ものだとしているが、[18]その場合の「先行」というのが、論理的な必然性として先行するということなのか、歴史的・実在的に先行するかが肝心である。「原―エクリチュール」はむしろ、〝生き生きした現前〟に到達しようとする〝主体〟の試みを挫く否定的な形象であり、それ自体に〝主体〟たちを無意識レベルで動かすポジティヴな力が付与されているようには見えない。

ハーバマスは、「存在」それ自体に由来する「言語」、詩人や哲学者をして新たな創造（「存在の樹立」）へと向かわせる根源的言語を志向する後期ハイデガーの思想と、デリダによる「音声中心主義の脱構築→エクリチュール批判」の路線が連続していると見なし、その証拠として、「原―エクリチュール」を引き合いに出しているのである。ハーバマスにとって、「デリダの脱構築は、ハイデガーの思考の動きをそっくりそのままにたどっている」[19]のである。デリダは形而上学的・神学的な性格が強い、ハイデガー的に把握された「（詩的）言語」の〝生き生きした現前性〟を脱構築することを狙っているのだが、ハーバマスには、それが隠れハイデガー派としての拘りに見えているようである。

ハーバマスは、「言語」をめぐるハイデガーのレトリックが、「存在の運命に聴従する手立て」

になっているのに対して、デリダの場合、むしろ「反抗的な態度の支え」[20]になっていることは認める。ただし、ハーバマスはそれをデリダの脱形而上学の試みというより、ユダヤ教神秘主義への志向の表れと見ている。

このようにハイデガーと相反する態度をとっているのは、デリダがいかに自分で否定しようともユダヤ神秘思想に近いところにいるからであろう。彼は〔ハイデガーの〕新異教主義のように唯一神信仰の開始以前に戻ろうとしているわけではない。彼は失われた神の書の痕跡を追い続け、異端の釈義をとおして生み続けられる伝承という概念を捨て去ろうとはしない。[21]

ハーバマスは、トーラ（律法＝モーセ五書）をめぐるカバラ学者たちの神秘主義的な議論を引き合いに出している。カバラ学者たちは、書かれた「聖書」よりも、人間による口承のトーラを重視してきた。真理は固定されたものではなく、その世代ごとが啓示を得るための助けとして生み出す新たな釈義を尊重すべき、と考えるからである。これは一見すると、音声中心主義である。しかし、カバラ思想が先鋭化していく中で、全ての認識の源となる「根源の書＝原―エクリチュール Urschrift」（＝トーラそれ自体）は常に隠蔽されているが、その衣は世代ごとに替わっている、その衣が口頭の伝承である、という思想が生まれてくる。初期フランクフルト学派やアーレントと近い関係にあったゲルショム・ショーレム（一八九七―一九八二）はこの考え方を哲学的に理論化しており、デリダも「原―エクリチュール」論も同じ発想ではないのか、とハーバマスは示唆する。その一方で、デリダの試みは挫折へと運命付けられているので、ハイデガーほどひどい過ちには陥っていないのではないか、と――上から目線で――指摘する。

デリダはハイデガーを超えんとしている。しかし幸いなことに彼はハイデガーほどの誤りに陥っていない。神秘的な体験は、ユダヤ教とキリスト教の伝承のなかでその起爆力を、つまり制度と教義を危うくするような起爆力を培うことができたのは、こうした経験がその伝承の脈絡のなかで、ただひとりの隠れた神、しかも世界を超越する神を拠り所としてきたからである。この凝縮した光源から遮断されてしまった啓示は、独特な形で焦点をぼかされて散乱してしまう。そうした啓示が徹底的に世俗化されていったさきが、あのラディカルな経験の領域、アヴァンギャルド芸術が切り拓いたあの経験の領域である。▼22

つまり、「原―エクリチュール」に対する探究を支えるような神秘主義的体験のインパクトがほとんど消滅してしまい、前衛芸術にわずかにその残光が認められるにすぎなくなった現状では、隠れた「原―エクリチュール」の痕跡を追跡するデリダの探求は、あまり発展しようがないというわけである。コミュニケーション的理性を共有する主体同士の討議によって発展する公共的言語と哲学の繋がりを重視するハーバマスからしてみれば、主体の理性的コントロールを超える、あるいは逸脱する作用を、〝言語〟に付与しようとする発想は、疑似宗教的な神秘主義的言語観であって、肯定的な形を取ろうと否定的な形を取ろうと五十歩百歩なのかもしれない。

このデリダ批判の章への付論「哲学と文学のジャンル差の解消」では、哲学と文学の関係をめぐるデリダの基本的スタンスと、アメリカの文学研究へのデリダの「脱構築」の影響が批判的に論じられている。ハーバマスは、デリダの「脱構築」の手法は、哲学的なテクストの読み方と文学作品の読み方の違いを、前者を後者に吸収する形で解消し、「論理」に対して「レトリック」を優先しているとして、デリダ（派）の非哲学＝文学性を非難している。更に、デリダ派の「哲学」に対するスタンスを示す例として、「デリダ vs. サール」論争にも言及し、デリダ等の文学的な手法による〝哲学〟が抱える根本的な問題も指摘している――いずれの点も、以下で詳しく取り上げる。ハーバマスからしてみれば、デリダ派は「原―エクリチュール」の神秘に魅せられ、哲学的な討議を可能とする公共的な言語を放棄し、秘教的な詩的言語に浸っている、ということになるのだろう。

4　デリダと言語行為論

ハーバマスの「原―エクリチュール」批判にデリダが直接応答したと言えるか微妙である。というのは、ハーバマスに直接応えるのではなく、ジョン・サール（一九三二―　）に対する反論のついでに、注でハーバマスに言及するという、極めて間接的な形を取っているからである。その注が見られるのは、一九七〇年代のサールとの論争を記録した論集『有限責任会社』[23]（一九九〇）である。

サールは分析哲学における「言語行為論 speech act theory」の代表格である。言語行為論とは、言語を、何らかの命題内容、事実や信念を伝える手段としてのみ捉えるのではなく、何かを成し遂げようとする行為と見て分析する立場である。例えば、「火事だ！」と叫ぶことは、事実や自分の信念等を端的に述べる（＝発話行為（locutionary act））だけでなく、聞き手に注意を促したり、逃げるよう指示することを意図している。相手に働きかけ、現在はまだ成立していない状態を実現するために、言葉を発しているわけである（＝発話媒介行為（perlocutionary act））。「△△については○○さんに従います」とか「□□することを誓います」「Xさんの◇◇と私の□□を交換することに同意します」、といった文の場合、その言葉を発する行為自体によって、約束とかコミットメント、契約といった事態が成立することになる（＝発話内行為（illocutionary act））。

文によって直接的に表示される命題内容の真偽やその検証条件、意味などを分析することに自己限定する通常の分析哲学に比べると、言語行為論は、発話主体の置かれている状況、文脈に強く依存する、客観的に処理しにくい要素を扱うことになる。例えば、Aさんが、他人に聞こえるところで、「この部屋は暑いですね」、と発言した場合、単に事実認識しているだけなのか、聞いている人に言外に何か要求しているのか、あるいは、自分自身が暑いのでこれから何かの行動を取ろうとしているのか、はっきりしないことがある。本人にもはっきりした自覚がないことがしばしばある。AさんのBさんに対する、「そういう約束でしたかね？」、というような発言は、単なる事実の確認か、約束を反故にしようとする反コミットメントか、あるいは、言外にBさんに対しては約束と直結していないが何らかの形で関連する行動を取る、あるいは態度を変えるよう促しているのかもしれない。誰が、どういう関係の相手に対して、いつ、どこで、どういう状況で、どういう話の流れで発話したかつかめないと、どういう意味を持った言語行為なのか確定できない。

どれだけ多くの要素が絡んでくるのか分からないので、命題や文の分析ほどすっきりした答えは出ないが、人間の言語を中心にした行動や関係性、言語の社会的機能を哲学的に把握しようとするのであれば、こうした行為論的な視点を取ることは不可欠である。言語行為論の刺激を受ける形で、一九六〇年代以降、言語学の中で、言語表現の文脈に応じた用いられ方を研究する「語用論 pragmatics」と呼ばれる部門が発達した。ハーバマスも「語用論」の知見に基づいて、コミュニケーション的行為一般を可能にし、規範を生み出す条件を探究する「普遍的語用論 Universalpragmatik」を構想している。

言語使用に際して本人も明確に意識していない意味の層にまで分析の範囲を広げる「言語行為論」は、無意識の領域を射程に入れるデリダを含むポストモダン系の思想の立場に近いようにも思える。しかし、対象とする領域が近接しているからこそ、対立点が際立つとも言える。分析しにくい言語行為の諸相をあくまでも、論理学や自然科学にできるだけ準じた手法で分析しようとする分析哲学系の言語行為論と、そこに〝主体〟自身の思惑とは関係なく自己差異化――「差延différance」[24]――を続ける「エクリチュール」の自己差異化運動を見るデリダは、言語行為に対するアプローチが対照的だとも言える。

論文「署名　出来事　コンテクスト」（一九七一）でデリダは、言語行為論の創始者とされるジョン・L・オースティン（一九一一―六〇）が、言語の「事実確認的 constative」な側面だけでなく、「行為遂行的 performative」な側面、端的に言えば、「力 force」という面に注目したことは評価する一方で、彼が「言語行為」を「コミュニケーション」、つまり語る主体の志向＝意図（intention）を伝達するものとして性格付けているのは不徹底であることを指摘する。[25]語る主体の意図が事実として確定していて、それが「語る」という行為を通して完全に表現されるのだとすれば、「行為遂行的」な側面は、「事実確認的」な側面に還元できることになる。その場合、「意図」は、主体の信念あるいは欲望に関する事実だと見なされることになる。だとすると、「行為」としての言語に伴う「力」という側面は骨抜きになる。

具体例に即して考えてみよう――デリダ自身が出している例ではなく、デリダが言語行為論を批判する〝意図〟を明確にするために、筆者が考えた具体例である。Aさんが「この部屋は暑いですね」と発言する時、Aさんは実際にはBさんに冷房のスイッチを入れるよう促したいと思っており、そのことを当該の文を口にするという行為によって間接的に伝えたとしよう。これは、

「この部屋は暑いですね。だから、冷房のスイッチを入れて下さい」という文の後半部を省略して身振りとか声色とかの他の媒体・方法によって伝えたのと同じことである。オースティンの言う「行為遂行」というのが、単に「〇〇してほしい」「△△しましょう」という類の話者の「意図」を相手に「伝達」して働きかけることだとすれば、先の例で、後半を直接口にしようと間接的に伝えようと、伝わりさえすれば、本質的には同一ということになる。更に言えば、発話主体の「意図」というのが、「私は□□という状態になってほしい」という形を取るとすると、それは、「事実確認」の一種である。つまり、話者自身の「意図」に関する「事実確認」が、「行為遂行」ということになる。これでは両者を区別した意味がない。更に言えば、話者自身の「意図」の確認を、「力」と呼ぶ必要があるのだろうか？　そこに何かの「力」が働いている、と言えるのか？

この点をもう少し掘り下げて考えてみよう。Aさんが「冷房のスイッチを入れて下さい」と直接言わないで、「この部屋は暑いですね」とだけ言う場合、私たちは、直接命令文を使えない理由があるのではないか、と推測する。AさんとBさんの間の社会的立場・地位とか親密さ／よそよそしさなどを中心とした情動的な関係、AさんBさん以外の第三者を含んだその場の雰囲気とか、「命令文」を直接発することによって、暴力的なものが喚起されることに対する懸念とかが働いているのではないかなど、と考える。単に表現の仕方に関する趣味の問題かもしれないが、その場合でもAさんがどちらかの表現を好むに至った、彼のこれまでの人生経験とか、その場（学校、職場等）の慣習などの影響で、その選好が形成されたはずである。そうした広い意味での

「力」が、言語の「行為遂行的」な側面として備わっているはずである。

そうした「力」の働きを念頭に置くと、逆に、「事実確認的」な要素しかない言語行為＝純粋な「発話行為」は存在するのか疑問になってくる。「話者の意図」として「確認」されるものも、実は、それほどはっきりしたものではなく、その場の権力関係や情動的な相互作用によって、特定の意図や欲望を抱くよう、あるいはそういうものを自分は抱いていると思うように無自覚のまま誘導されたのかもしれない。私たちは何かの文を何の気なしに口にして、〝自分の欲望〟に気付くことがある。それがきっかけで、〝欲望〟を生み出した環境や関係性に気付くこともある。すると、それは果たして本当に〝自分の欲望〟だったのか、と感じるようになることさえある――このように、確定していたはずの「差異」が視点の変動に伴って次第に拡散していくのが、「差延」である。

こうした考察を続けていくと、「主体」自身の思惑を超えて働き、「主体」を翻弄する、ニーチェ的な意味での「力」、どこに向かっていくのか予見しがたい「力」が視野に入ってくる。デリダは、オースティンは言語行為に伴う「力」の意味を分析可能にすべく限定しようとしているが、彼のテクストは〝彼の意図〟から外れて、不可避的にニーチェ的な「力」をめぐる問題を提起していると示唆する。言語行為が、ニーチェ的・非人称的な「力」関係の中でなされるとすると、それは先に見た、フーコーの言説論やリオタール抗争論の問題圏に繋がっていく。更に言えば、〝主体〟の口から荒々しい暴力性を伴って発せられる言葉は、デリダ的に読み換えれば、〝主体〟

を呪縛する「エクリチュール」の効果として生じてくるのである。デリダからしてみれば、「力」への注目で、そうした「言語」と「主体」をめぐるパンドラの箱を少し開いただけで、すぐに閉じてしまうオースティンのテクストは、もどかしいのだろう。

ただ、デリダは、オースティンの議論を正面から否定するのではなく、彼のテクストを脱構築的に読解していく。オースティンの理論の枠組みでは、主体の「意図」はいかにして把握されることになるのか。オースティンはこの問題を無視したわけではない。主体の意図を把握するに際して、私たちは言語行為に関する「慣習＝取り決め convention」、つまり、どういう場面でどういう言葉を発すれば、どういう「意図」によるのかについての「慣習」的理解を参照する。[26]「慣習」によって、個々の「発話」の適切／不適切が判断され、行為遂行が成功したり、挫折したりする。オースティンは、そうした「慣習」に、言語行為を成立させる不可欠の要因として重要な位置を与えている。

では、「慣習」の存在はいかにしたら確認することができるのか？　どうやって、通常の言葉遣いと、それから逸脱した不適切な発語行為が区別されるのか？　デリダに言わせれば、「慣習」は「エクリチュール」によって定型化されている、あるいは、「慣習」についての記録としての「エクリチュール」を介してしかその〝実体〟を把握できないようになっている。[27]個々の主体の発する言葉は社会化された一連のエクリチュールの中で形成されており、〝主体の意図〟を「エクリチュール」と独立に確定することはできない。更に言えば、あらゆる〝(成功した) 言語行為〟は

「エクリチュール」に書き込まれた原言語行為的なものの「反復itération」あるいは

「引用citation」と見ることさえできる。[28]

ここでも、具体例に即して考えてみよう。Ａさんが居酒屋に入って、「ビールを一杯」と注文し、店員がそれに応じる場面を考えてみよう。Ａさんがこの文を発することができるのは、彼がそれとほぼ同一の文を他人が使い、それで用を達している場面を何度も耳にし、それに倣って自分自身もその文を何度も使っているからである。慣習的になっている、「ビールを一杯」という文を口にしたら、その後受け付けた店員がどう動くかは、ほぼ予想できる。というより、いちいち予想などしないまま、条件反射的に商品を待つ動作に移っているだろう。また、注文に〝先立って〟存在するはずの〝欲望〟の中身に関しても、「慣習」に基づく制約・誘導がかなり強く働いている。何かを飲みたいという生理学的な欲求は実在するとしても、それが具体的に何かというのは、生理学的・生物学的には確定されていないはずである。しかし、「居酒屋」という看板を目にした時点で、飲みたいものの範囲はかなり限定され、かつその店が普段行きつけの店、あるいはよく利用するチェーン店であれば、「〇〇を一杯」の〇〇の中身は、自分が何を飲みたいのか考える前に、かなり絞り込まれているはずである。そうした反復・引用的な性格は、店員の側の「かしこまりました」とか「喜んで」といった決まり文句により強く見られる。彼らの〝言語行為〟は、自らの意図によるというより、上司・先輩の行為の反復、あるいはマニュアルに書かれた台詞の引用であろう。店員の店内での言語行為には、自らの意図や目的による、と言えるものはあまりないだろう。お客や上司に、△△と言われたら、□□と答え、◇◇するというように、マニュアル、あるいは口伝えの取り決めで定められているだろう。

店の中での会話は典型的な例であるが、実は私たちの日常会話の大部分は、慣習という形で、エクリチュール（定型）化されている。英語では、“How are you?”と聞かれたら、実際にどういう気分かとは関係なく、“Fine, thank you”と答えるのが、コミュニケーションの決まり事になっている。ドイツ語だと、肯定で答える人の割合は英語より若干低いが、それでも過半数の人は肯定で答えるし、否定で答える場合と、まあまあという意味で答える場合も定型表現がある。私たちが家族や職場の同僚、学校の級友と交わす会話を構成する発話のほとんどは、典型文の組み合わせであって、あまりバリエーションはない。逆に言うと、そうなっていないと、スムーズに会話が成立しない。慣習によって――まるでどこかに、原型となるマニュアルとか教本があるのではないかと思えてくるくらい――定型化されているからこそ、言語行為論や語用論が学問的ディシプリンとして成立するのである。

母国語で日常会話をしていると、その都度自分の〝意図〟を言語行為を通して遂行しているような気になっていることが多い。外国語を学び、次第に上達していくと、それが幻想であったのではないかと思えてくる。教科書に書かれている典型文の引用と、先生が教えてくれるフレーズの反復を繰り返しているうちに、ぎこちないドリル練習にすぎなかったものが、次第に〝生きた言葉〟による会話へと近づいていく（ような気がしてくる）。それからの類推で、母国語での発話も、同じようなものではないか、幼い時に長い時間をかけて習得したので、気付きにくかっただけではないということが次第に分かってくる。

5　デリダ vs. サール論争

このように「慣習」のエクリチュール的な性格に注目すると、オースティンの言う「事実確認的／行為遂行的」や「発話行為／発話内行為／発話媒介行為」の区別は、あまり意味を成さないように思えてくる。私たちの日常の言語行為のほとんど全てが、「慣習」に従って進行しており、私たちの〝意図〟自体が、「エクリチュール」の中で事後的に再構成されるものだとすると、「意図」とその実現の仕方の分類は、極めて表面的なものにすぎないことになる。事実確認も行為遂行も、「エクリチュール」に従っての慣習的な振る舞いの連鎖の中で生じてくることに変わりはない。私たちは、ある場面では、事実を確認する文と哲学的・言語学的に分類される文を口にし、別の場面では、行為遂行的な文を口にしているだけかもしれない。他者と約束するための文や、他者をある行動へと促す文を口にするのも、それが「エクリチュール」によって習慣になっているだけにすぎないかもしれない。言語行為論を通して見えてくる主体の〝意図〟をめぐる問題を掘り下げて考えれば、「パロール／エクリチュール」をめぐるデリダ的な問題圏へと次第に入り込んでいくことになる。

「言語行為論」の大前提をかき乱してしまうデリダの脱構築に対して、既に亡きオースティンに代わって、後継者と目されるサールが、六年後の論文「差異ふたたび——デリダへの反論」（一九七七）で応答した[29]。サールは、論文の冒頭から、デリダのオースティン理解はいくつかの中心的ポイントで的外れであり、二つの異なった哲学的思考の対決が起こったわけではない、と断ずる。サールは先ず、デリダが従来の言語観を批判するために使っている「エクリチュール」という概念を以下のように要約する。

デリダは前半で、エクリチュールは意図した意味の伝達（コミュニケーション）であるという考え方に攻撃を展開している。その議論は次のように展開する。エクリチュールはその送り手、受け手、産出の文脈（コンテクスト）が根本的に不在であるときにも機能し得るし、また機能しなければならない。したがって、それは、送り手の意味の受け手への伝達ではあり得ない。さらにまた、私のエクリチュールは、私と私が意図した読者が全て死んだ後でも機能し続ける。エクリチュールの文脈は全く忘れられても、あるいは、全く知られてなくても構わない。伝達の地平は意識あるいは現前性の伝達ではないし、著者が意図した意味（言わんと欲すること（vouloire dire））の伝達でもない。デリダは次のように述べている。「私のコミュニケーションは、受け手の絶対的な不在、ないしは経験的に規定可能な受け手の集団の絶対的な不在において繰り返し可能（repeatable）——反復可能（iterable）——でなければならない[30]」。

サールは、デリダは「エクリチュール」と「パロール」の違いを、前者の「反復可能性」にあると見ていると解したうえで、このような理解は見当外れだと主張する[31]。狭義の言語に限らず、あらゆる表象体系は、同じ規則が繰り返し適用可能であることを前提に機能しており、これは別に「エクリチュール」の特徴ではない。「パロール」も反復可能である。また、送り手の不在や受け手の不在が、「エクリチュール」の特徴だと考えるのもおかしい。目の前で書いて伝えるということもあり得る。サールに言わせると、書かれたテクストとして存在する「エクリチュール」は、「パロール」に比べて「永続性 permanence」が強く、そのため反復されやすいのは確かだが、それは「反復可能性」とは異なる。デリダは両者を混同しているのではないか、と言う。

無論、これはデリダの「エクリチュール」概念を通常の意味での「文書」と解してしまう、ありがちな誤解に基づく批判である。サールが注目した箇所に見られるように、デリダは、通常の意味での「エクリチュール（文書）」を例にして、表象の規則までも含んだ広い意味での「エクリチュール」の特性を論じることがあるので、確かに紛らわしいのであるが、サールはその紛らわしさを、最もシンプルな理解によって解消し、デリダが混乱していると決め付ける。

サールは、上記のような常識的な「エクリチュール」理解を前提に、「エクリチュール」において送り手の「意図」が消失するかのように考えるのは、「言語行為」に関する誤解だと主張する。

サールに言わせれば、意図を伴った「言語行為」がなければ、文に意味は与えられない。「意味のある文とはまさに、それに対応する（意図的な）言語行為の恒常的な可能性なのである」[32]。つまり、たとえエクリチュール（文書）になっていても、そこに語り手あるいは書き手の意図が読み取れるからこそ、その文は有意味なものとして理解されるのである。エクリチュールとして記録されてから長い時間が経ち、異なる文脈で引用されたとしても、意図的な言語行為として読み取れる可能性が消え去るわけではないのである。サールは、このことを理解しにくくしている二つの障害を挙げ、それを解消することを試みている。

最初のものは、発話内的意図というものはそれが実際に存在するならば、あるいは、問題となる＝物質化する（matter）としたら、それは何らかの形で、発言（utterance）の背後にある何か、目に見える記号を活性化する内的な像のようなものでなければならない、という幻想である。しかし当然、真剣な字義通りの発話（literal speech）においては、文はまさに意図の実現であって、発話内的意図とその表現の間に深淵がある必然性はない。文とは、言わば、代替可能（fungible）な意図である。しばしば、特にエクリチュールにおいて、文を形成するプロセスにおいて、自らの意図（あるいは意味）を形成するということがある。つまり二つの異なったプロセスがある必然性はないのである。この幻想は第二のそれに関わる。それは、意図は全て意識的でなければならない、というものである。しかしながら事実として、人の意図の内、意図として意識にもたらされるものはごくわずかである。話すことと書くことは、実際意識的な活動である。しかし発話内行為の意図的側面は、話すことあるいは書くことから離れた所に、一連の意識の状態が別個に存在することを含意しているわけではない[33]。

第一の幻想というのは、〝意図〟というのは、パロールにおいて何らかの形で――例えば、元気な声、落ち込んだ声とか、激しい身ぶり、ひっそりした動作のような形で――生き生きと現前するものでなければならないという思い込みである。そういうものは、確かに活字の文書の中で保存するのは難しいだろう。しかし、デリダがそのような〝意図〟とはそのように生き生きと現前するもののはずだと勝手に想定し、言語行為論の「意図」概念を抹消しようとしたというのは、かなり疑問である。

第二の幻想は、〝意図〟は〝言語行為〟以前に既に明確に存在し、それが発声あるいは発話によって言語へ転化するというものであるが、これが幻想だということについては恐らく、デリダも異論がないだろう。デリダが脱構築しようとしているのは、認識や行為に先行して、そうした明確で〝生き生きとした意図〟を抱く〝主体〟を想定しようとする発想である。デリダが、「音声中心主義」を問題にするのは、そうした〝主体〟観と「音声中心主義」が根底において繋がっていると見るからである。その点ではむしろ共通しているのだが、①どの時点で成立したのかはっきりせず、必ずしも意識されるわけではない〝（主体の）意図〟なるものを言語行為の成立条件として想定すべきなのか、②受け手が、文の「意味」を理解するに際して、発話主体の〝意図〟を常に想定するという想定自体に根拠はあるのか――という二点に関しては、両者の立場は真っ向から対立するだろう。

こうした基本的〝理解〟を踏まえてサールは、デリダのオースティン誤解のカギとして、「寄生 parasite」をめぐる問題に拘っている。オースティンは、舞台上の役者の台詞とか、詩の言葉、独り言などは、言語の「正常な用法 normal use」に「寄生」しているのであり、これらは自分の考察から排除する、と述べている[34]。これらを「言語行為」として認めてしまうと、主体の「意図」はどこかに消えてしまう可能性がある。デリダは、「寄生物」「褪化したもの」「正常でないもの」を排除して、言語行為の一般的可能性を論じるオースティンの姿勢を疑問に付す。

私はそれゆえ、以下の問いを発する。すなわち、こうした一般的可能性は、言語が自らの外や前にある深淵に転落するようにして、陥ったり失われたりすることのありうるような失敗ないし罠の可能性でしかないのか、寄生介入ということの事情はどうなっているのか。言い換えれば、オースティンが容認している危険の一般性は、一種の堀であるかのように言語を取り囲んでいるのだろうか。一種の堀とはすなわち、一つの破滅の場ではあれど、発話はそこへはつねに跳び出さずにいることができ、自らの本質やテロス（目的）によって庇護されて自己の内に即自的にとどまることでそれを逃れうるような、そうした外的な場だということだ。それともむしろ反対に、この危険は、発話の内的かつ積極的な可能性の条件なのだろうか。この外部とは発話の内部のことなのか。つまり発話の出現の力そのものであり、その法であるのか。後者の場合、言語の法そのものを排除することで定義された「日常」言語とは、いったい何を意味するのだろうか。オースティンは、日常言語の諸々の事実と出来事を記述すると主張しながら、こうした構造的な寄生介入の一般理論を排除しておくことによって、一つの目的論的かつ倫理的な規定〈発言の一義性――オースティンは他のところで［P. 91］この一義性が依然として哲学的「理想」であることを認めている――、全面的文脈の自己への現前、諸々の意図＝志向の透明性、言語行為の絶対的に特異な単一性に対する〈言わんと欲すること〉の現前、等々〉を、いくばくかの日常的で通常のものとわれわれに思わせているのではないか。[35]

デリダから見ると、オースティンは、本来の用法に「寄生」する形で使われるものを排除することによって、発話主体の「意図＝志向」や、彼が念頭に置いている「文脈」が一義的に規定できるかのように装っている、言わば、〝理性的な主体〟像を守っているわけである。哲学的に「理想」化された発話の状況を想定することで、〝主体〟を守るというのはまさに「音声中心主義」の発想だ。

理想的な発話状況を「堀 fossé」によって守ろうとするオースティンに対して、デリダはその

「堀」が外部ではなく内部にあるのではないかと示唆している。それは、オースティンが堀によって隔てたつもりの危険が、発話の出現を可能にする条件になっているのではないか、発話に際して（不透明な）「力」が発せられるからこそ、発話が発話として機能するのではないか、ということだ。この「力」というのは、〝主体〟自身に属し、〝主体〟の意志によってコントロール可能なものではなく、〝主体〟が自覚的・無自覚的に関わっている様々な文脈――社会的な関係性や慣習など――に潜んでおり、「エクリチュール」化されて、これから発話しようとする〝主体〟の下に集まってくるのである。そうした自分のものならざる「力」を効果的に動員できなければ、発話は行為遂行のための力を発揮できない。精々、自分の身体的な力しか支えにできない。

オースティンが「寄生」的と呼んでいる事態は、デリダからしてみれば、そうした主体のコントロールできない「力」が、エクリチュールの形で表面化することである。「寄生介入 parasitage」というのは、「寄生」に際してそうした「力」が露呈することである。「正常な用法」に対する「寄生介入」を通して、言語行為の成立条件、理性的な主体を取り囲む「深淵 abîme」が露呈するのである。

これに対して、サールはオースティンが「寄生」的なものを排除すると宣言してるのは単に研究を進めるための便宜的措置であって、言語の本質に関わるものではないし、規範的な意味は込められていないと主張する。[36] サールは更に、オースティンの出している俳優の例を根拠に、寄生的な言説と「引用性 citationality」や「反復可能性 iterability」を関係付けるデリダの論法は混乱していると断ずる。俳優が舞台で決まった台詞を言うのは「引用」ではない。また、小説や詩を書いている作家は、（他の作家のエクリチュールの影響を受け、同じような反復可能な表現を使っていることもあるが）引用しているわけではない。オースティンの言っている「寄生」というのは、話者の意図を直接に反映していない、ありがちの表現が口に出されるということであって、引用ではない。また、既に語られた文が「反復」されるわけでもない。先に見たように、「反復」されるのは記号による表象の基本的規則だけだ。

「寄生的な言説においては、表現が使用されているのであって、言及されているのではない」[37]、と言う。この場合の「言及」というのは、「引用」や「参照」の形で既に誰かが使った文を引き合いに出すことだが、それは自分の〝意図〟を表現するためにその文を使用するのとは異なる行為である。Aさんの「○○」という台詞を、Bさんが、「Aさん曰く、『○○』」と言うのと、Bさん自身の意図として、「○○」と言うのでは、意味が異なる、ということだ。

サールは、このように「反復」「引用」「寄生」の意味を字義通りに狭く解し、デリダの脱構築的な読解が成り立たないようにする。それによって、オースティンの言説の主体としての「意図」を守ろうとするかのように。主体の〝意図〟の範囲内に限定されることなく、むしろ〝主体の意図〟にその都度「寄生」する形で、非人称的な「力」を行使しながら、「反復」によって自己を再生産・差異化する「エクリチュール」という得体のしれないものは、〝理性的〟な存在者であることを自負する〝主体〟にとっては、まさに「深淵」だ。分析哲学者であるサールには到底受け入れられない。

これに対してデリダは、論文「有限責任会社abc…」（一九七七）で〝反論〟している。ただし、それは相手の批判を整理してピンポイントで応えるという形を取る〝通常の反論〟ではなく、〝オースティンのテクストを脱構築的に読解するデリダのテクストを自らの哲学的な常識に従ってサールのテクスト〟を素材として、テクストの著者の〝意図〟の読解／誤解、コミュニケーション／ミスコミュニケーションが起こるか例解しながら、自らのテクストの〝真意〟を再提示したり、哲学的な討議の理想はどうあるべきかについてのメタルールについてどう語り得るか、〝文脈〟を把握するにはどういう手がかりがあるのか、といった問題を提起しているので、〝文脈〟が確定しているはずの〝反論〟にしてはかなり読みづらい——ただし、よく読むと、サールの〝誤読〟をうまく利用した〝反論〟にはなっている。ごく簡単に言うと、サールの〝読解〟の進め方が、恐らくはサール自身の〝意図〟を裏切って、〝主体の意図〟を裏切る形で反復するエクリチュールの作用を示唆する「署名　出来事　コンテクスト」の〝正しさ〟の例証になっている、ということである。

サールのテクストを細かいパーツに分解して、パロディ化しながら引用して、脱構築的に読んでいくデリダの〝反論〟は多岐にわたるが、筆者から見て、先の「使用 use」と「言及 mention」の違いがカギになると思われる。デリダは、サールによるデリダのテクストの〝純粋な引用〟を例として、「引用」に際しては、不可避的に「代補的接木 la greffe supplémentaire」[38]と呼ばれる現象が起こることを指摘している。

「代補」というのは、もともと、〝生き生きした生の声〈パロール〉〟は不可避的に「エクリチュール」に補われることになり、やがて補完物であるはずの「エクリチュール」が「パロール」に実質的に取って代わられることを示すため、デリダが『グラマトロジーについて』などで用いた概念である。「代補的接木」というのは、いかなる「引用」もそれが「引用」として機能するには、「引用者」がそれを元の「文脈 context」から適当な長さで切り出して、それを自分のテクストの「文脈」に合うように補完〈接木〉する必要があるということである。どういう「文脈」にどういうやり方で「接木」されるかによって、切り取られた断片の意味する所は変容する。これは、〝引用者〟がその断片を、自らの「言わんと欲していること」を表現するために「使用」しているということではないか？

ここから敷衍すると、オースティンやサールがやっている〝言語行為の分析〟も、私たちが日常でよく発しているとされる「文」を、その文脈から切り離して「引用」する行為なのではないか、という疑問が浮上する。当然、言語行為論に関する論文「○○」の文脈に合うよううまく切り取り、接木しているはずだ。彼らのテクスト〈エクリチュール〉の中で、「意図」とか「文脈」と呼ばれているものは、そうした「代補的接木」を通して産出されたものである。代補的接木によって再現前化された文の「意図」や「文脈」を、サールが定めるような「言語行為論」の「エクリチュール」の分析ルールに従って分析すれば、恐らく、サールの望んだような答えが得られるであろうが、そうした「代補的接木」をサールはどうやって正当化するのか、「正常な用法（使用）」だと言い得るのか？

翻って、日常でよく口にするフレーズの「用法」について考えてみよう。「この部屋は暑いですね」とか「アメリカン・コーヒーを一杯」とか言う時、私たちはしばしば、「普通の日本人なら、『この部屋は暑いですね』と言うところだ」、とか「私のように拘りのない客なら、『ビールを一杯』と言うはずだから、そうしておこう」などと、引用符付きの「つもり」で、これらの文を口にする。実際、引用符が付いているとはっきり分かる言い方をすることもある。そういう場合には、〝自分〟の中の一般人称――英語の〈one〉、フランス語の〈on〉、ドイツ語の〈man〉、日本語の「ひと」あるいは無主語――が語っていることになる。そうした一般人称は、「エクリチュール」の中での各種の反復（引用）＋接木から生まれてくると考える。そうした一般人称の発言の単なる引用と、私の〝真の意図〟に基づく、ありふれた文の「正常な使用」は区別できるのか。〝正常な自立した主体〟の振る舞い方を同定する明確なエクリチュール的なルールを固定化すれば、区別できるだろうが、先ほど見たように、そうしたルール・ブックは自らを完全に正当化し、主体の意図＝志向の存在を実証することはできない。

デリダからしてみると、サールはその反論のテクストを書いて公表するという行為遂行を通して、デリダが言いたいことをちゃんと示してくれたのである。

6 「サール＋ハーバマス」vs. デリダ

これはハーバマスと無関係の話ではない。ハーバマスは『コミュニケーション的行為の理論』（一九八一）で「普遍的語用論」を定式化するに当たって、発話行為の類型化に関する分析の面でオースティン＝サールの理論を援用している。[39] ハーバマスは、両者による類型化における話し手と聞き手の関係性を分析し、改訂・再整理する形で、発語媒介行為を「戦略的行為 strategisches Handeln」に、発話内行為＝コミュニケーション的行為を「会話 Konversation」「規範に導かれた行為 normenreguliertes Handeln」「演劇的行為 dramaturgisches Handeln」の三つに分類し直している。[40]「戦略的行為」は、他者に何か具体的な行動を取らせることで、何らかの物質的な利益を得ることを目指す。それに対し、「会話」は事実確認を、「規範に導かれた行為」は相互的な人格関係の樹立を、「演劇的行為」は、相手に対する自己表出、つまりなりたい自分を相手の前で演じ切ることを目指す。「戦略的行為」が成果志向であるのに対し、コミュニケーション的行為は相手の「了解 Verständigung」志向である。「会話（事実確認）」が最も典型的な形で現れるのは、当事者たちが「真理性 Wahrheit」を要求する理論的討議である。「規範に導かれた行為」の典型が見られるのは、「正当性 Richtigkeit」が要求される法や道徳に関する実践的討議である。「演劇的行為」は、「誠実性 Wahrhaftigkeit」をもって取り組むことが求められる芸術の領域がその典型である。

ハーバマスは、発語内行為の本質を、了解志向の純粋なコミュニケーションと読み替えることによって、どこでどのように働くのかよく分からない――そのためデリダの脱構築的読解に手がかりを与えることになった――「力」という要素を、「了解」を求める主体間の努力に変換したわけである。物質的な意味での「力」は、戦略的行為、及びコミュニケーションに見えて実際には実利を求めている擬似コミュニケーション的行為に委ねられたかっこうだ。コミュニケーション的行為を、物理的な力から自由な行為として性格付けたことになる――アーレントの「活動」論[41]を、言語哲学的に根拠付けたと見ることができよう。

しかしそのため、単に相手を利用しようとするだけでなく、「了解」に達することを目指して「コミュニケーション」し続ける、自らを律しながら互いの理性に根気よく働きかけ続ける強靭な自律性を有する〝主体〟を想定せざるを得なくなった。当然、そうした〝コミュニケーション的行為の主体〟が、〝戦略的行為の主体〟とは別に実在するということは、実証できない。「了解」を求める時の〝私たち〟の基本姿勢について省察するよう、読者に訴えるしかない。

デリダが示唆するように、自らの〝意図〟を相手に〝伝達〟しようとする〝主体〟やその〝意図〟が、不透明で非人称的な「エクリチュール」の差延の効果にすぎないとすれば、つまり、ある場面では戦略的に振る舞い、ある場面では、了解を求めるかのように振る舞うべく誘導されているだけだとすれば、ハーバマスの普遍的語用論やそれに基づく討議倫理学は根底から崩れる。（エクリチュールの中から生まれてきた）〝主体〟たちは、（同様にエクリチュールの中で作り出された）互いの〝生き生きした声〟に導かれ、〝自律的・理性的に振る舞っている〟という幻想に取り憑かれているだけかもしれない。デリダの議論は、その不吉な可能性を暗示する。

「コミュニケーションする主体」に関して、サール以上に特殊な仮定を置いているだけに、その仮定が反証された場合、より深刻なダメージを受けることになりそうに見える。オースティン＝サールの枠組みでの「発話内行為」は、物質的な「成果」や「力」を必ずしも排除しないので、匿名的な慣習（エクリチュール）に基づく行動を入れる余地がないわけではない。人は何らかの利益のために、儀礼的に受け答え（発話）すること〝も〟あり、そこで「寄生」が生じる、というような説明をすれば、（サール等の言語行為論者や語用論者にそのつもりはないだろうが）デリダの「エクリチュール」論と折り合いを付けることもできそうだ。少なくとも、完全に排他的な関係にはない。しかし、物質的なものによる制約を超えて、間主観的な「了解」を志向するハーバマスの「コミュニケーション的行為」の場合には、そうはいかない。「コミュニケーション」の本質をめぐるデリダのオースティン＝サール批判は、ハーバマスのコミュニケーション的行為の理論の中核部分に対する批判になっているのである。

そうした間接的批判にはとどまらなかった。デリダはこの論争に関するアメリカの文学理論家ジェラルド・グラフ（一九三七―　）からの質問状に対する応答として執筆し、『有限責任会社』に収録した「討議の倫理に向けて」の注の一つで、討議倫理を掲げるハーバマスの非対話的な態度を皮肉っている。引き合いに出しているのは、先ほど少しだけ触れた『近代の哲学的ディスクルス』の第七章への付論である。

アメリカにおける脱構築的文芸批評の代表格として知られるジョナサン・カラー（一九四四―　）は、『ディコンストラクション』（一九八三）のデリダについて解説している箇所で、「署名出来事　コンテクスト」でのデリダの議論を要約している。そこで、「慣習」と言語行為の関係について以下のように述べている。私たちの多くは、役者が芝居の中で「約束 promise」をすることが可能なのは、日常生活におけるリアルな約束を模倣しているからだ、と考えている。サールもそう考えている。しかし本当にそうなのか。日常生活において「約束」が可能であるのは、反復可能な形式として「慣習的手続き conventional procedure」があるからであり、私たちが日常の真面目な行為だと思っているものは、俳優の「役割演技 role-playing」と本質的に同種のものではないか、と言う。[42]

ハーバマスはこの点に突っ込みを入れ、「デリダ」は自らが証明すべき「演技的慣習 Spiel-konvention」と「行為規範 Handlungsnorm」は区別できない、ということを議論の前提にするという論点先取を冒していると指摘する。[43]『コミュニケーション的行為の理論』などでは、オースティン＝サールから一定の距離を取っていたハーバマスであるが、ここでは、ほぼサールに寄り添う形で、「デリダ」（を代弁するカラー）に反論している。日常的な言語行為として成される「約束」は、それが本来「機能 funktionieren」する文脈の中でこそ、発話内的効果を発揮するのであって、演技などで引用される「約束」は、その文脈から引き離されて、間接的に再構成されているにすぎないのであって、そのため発話内的効果を喪失してしまうのである。

しかもこの文脈こそが、相互行為に参与する様々な人々の行為を調整し、その行為にとって重要な意味のある結果をもたらす働きをしているのである。行為として実効力を持つ（*handlungswirksam*）のは、その都度実際に遂行される言語行為のみであり、引用として述べられたり、報告された約束が文法的に可能なのは、そのように実際に遂行される言語行為があってこそなのである。このように発話内的効果を喪失させる理論的枠組みはまた、引用による再構成と虚構的な記述とを関係づける橋渡しともなっている。舞台上の演技行為も当然のことながら（役者、監督、舞台装置係、劇場に勤める人などの）日常の行為の上に成り立っている。そしてこうした日常的行為の枠組みとなる文脈では、約束は「舞台上」とは異なった形で、すなわち行為の結果が重要な意味を持つような拘束力（Verbindlichkeit）を伴うものとして機能する。デリダは、こうしたコミュニケーション的行為における日常言語の特別な機能の仕方を「脱構築する」という試みを一切行なっていない。これに対してオースティンは、言語表現の発話内的効果が持つ拘束力に、行為調整のメカニズムを発見している[44]。

このようにハーバマスは、「生活世界」の中での日常的言語実践に人々の相互関係を規制する

「拘束力」が備わっているということを大前提として、「日常言語」の脱構築を試みていない「デリダ」の怠慢を責める。特定の言語表現が、日常的実践に根ざした「通常の gewöhnlich」用法から逸脱して別の文脈で「寄生的」に使われることがあるのは確かだが、生活世界における共通の経験やコミュニケーション参加者たちの「了解」が制約条件になるので、無制限に差異化が続くということはなく、「通常の用法」と「寄生的な用法」の違いが相対化されるわけでもない。[45]

ハーバマスは更に、日常的なコミュニケーション的行為の連鎖の中で確立される慣習を芸術作品における「演技」の規則と等値することに象徴されるように、日常言語とレトリック性の強い詩的言語の間の差異を認めない、「デリダ」を筆頭とする脱構築派の基本的スタンスを批判する。日常的言語実践は、知識獲得、文化伝播、社会化、社会的統合等と関わっており、参加者は学習し、様々な問題の解決を試みている。詩的な言語創造もそうした問題解決に貢献することもあるが、現実の具体的な問題に拘束され続けることはない。そこは、問題解決のために思考し続ける「哲学」とは異なる、と言う。詩的言語と哲学的言語の根本的差異を解消しようとするデリダやリチャード・ローティ（一九三一―二〇〇七）[46]の試みは、ハーバマスには受け入れがたい。

これに対してデリダは、上記の注の中で、自分はそもそもレトリックが論理に対して優位にあるなど主張したことはなく、ハーバマスの記述は端的に誤っていると強調する。また、デリダは「反復可能性」「引用可能性」「虚構（可能）性 Fiktionalität」の三つをあまり説得力がない仕方で結び付けているとするハーバマスの――サールの場合とほぼ同様の――断定に対しても、「署名

出来事　コンテクスト」及び、「有限責任会社 abc…」の該当箇所を示しながら、ハーバマスがそれらの箇所をちゃんと読めていないことを指摘する。更に、ハーバマスがオースティン＝サールの言い分は忠実に再現する一方で、デリダ本人のテクストを一切引き合いに出すことなく、カラーのテクストで代用する形で論破したかのように装っているが、これがコミュニケーションの倫理を提唱する哲学のやることか、ハーバマスのやっているのはまさに、彼の用語で言うところの「遂行矛盾 performativer Widerspruch」ではないか、と――デリダらしくないかなりあからさまに強い口調で――皮肉っている。[47]

7 〝論争〟の行方

デリダとの対立は、言語行為を可能にするものは何か、というハーバマス自身の「普遍的語用論」や「討議倫理学」の構想にとっても避けて通れないはずの問題提起を含んでいた。ハーバマスはサールと同様に、日常的な言語行為の方が演劇や文学の言語よりも強い実効力を持っていることを大前提にしているが、彼は、この前提が成り立つのはどうしてなのか哲学的に掘り下げて考察しているわけではない。

「生活世界」の中でのコミュニケーション的実践に根ざしているので、日常的実践に拘束力があるというのが、ハーバマスの言い分だが、「生活世界」という概念はかなり曖昧で、ハーバマスが「コミュニケーション的行為」の実効性を強調するために便利に使うマジック・ワード化しているきらいがある。ハーバマスの想定する「生活世界」は「エクリチュール」の支配から自由なのか、「生活世界」に生きる主体の言語行為が依拠している「慣習」は、デリダの言う意味で「エクリチュール」的な性質を持っていないのか、という疑問は払拭できない。更に言えば、ハーバマスは恐らく近代的な創作演劇を想定して、「演劇」の拘束力を派生的なものと見なしているが、共同体的生活を支える儀礼や祭祀のように、宗教や呪術と未分化の「演劇」であれば、人々の日々の言語実践を根底から規定しているとしてもおかしくはないようにも思える。そうした儀礼的なものは、「生活世界」的な実践とは関係ないのか？

オースティン＝サールが「発話内行為」と呼び、ハーバマスが「コミュニケーション的行為」と呼ぶものに間主観的な拘束力を与えているのは、「主体」たちの「意図」か、生活世界的な文脈か、それとも「エクリチュール」なのか？　あるいは、そもそも、〝コミュニケーション〟は情報伝達にすぎず、〝意志〟が伝わるとか、間主観的な拘束力が備わっているといった前提で考えること自体が間違いなのか？　肝心なことは明らかになっていない。

しかし、ハーバマスのアンフェアな批判に対してデリダが、かなり間を置いて、回りくどいけんか腰なやり方で応えてしまったため、〝論争〟は尻切れトンボで終わってしまった。『有限責任会社』が刊行された時期には、デリダの関心は、「エクリチュール」それ自体から次第に離れ、法や政治、宗教、生命倫理にシフトしていた。ハーバマスの方も、一九八〇年代後半以降、「コミュニケーション」から離れて、歴史、民主主義や法、ヨーロッパ統合、宗教などのアクチュアルなテーマを論じるようになった。そのおかげで、理論的な対立を棚上げにして、政治的に共闘しやすくなった。彼らがリベラル左派的なスタンスを次第に鮮明にしていったのに対し、サールは特に「九・一一」以降、ネオ・コン（新保守主義）に近い保守的なスタンスを示すようになったが、ポストモダン系の議論に関わろうとしなくなった。「エクリチュール」と「コミュニケーション」の関係をめぐる問題は取り残されてしまった感が強い。

だとしても、否、だからこそ発話行為に伴う「力」に関心を持つ哲学者・社会学者は、「ハーバマス＋サール vs.デリダ」論争で提起されたものの、クリアにならなかった諸論点について、彼らの後を引き継いで考え続けるべきだろう。

注

▼1 ただし、比較的初期の著作『認識と関心』（一九六八）では、精神分析の対象となる精神病理を公共的コミュニケーションからの排除という視点から位置付けたうえで、精神分析と解釈学の類縁性を示唆している。Jürgen Habermas, *Erkenntnis und Interesse*, Suhrkamp, 1973（奥山次良他訳『認識と関心』復刊版、未來社、二〇〇一年）を参照。

▼2 David Couzens Hoy (ed.), *Foucault. A Critical Reader*, Basil Blackwell, 1986（椎名正博・椎名美智訳

『フーコー――批判的読解』国文社、一九九〇年）; Gary Gutting (ed.), *The Cambridge Companion to Foucault*, Cambridge University Press, 1994; Samantha Ashenden/David Owen (ed.), *Foucault contra Habermas*, Sage Publications, 1999 等を参照。

▼3　Manfred Frank, *Die Grenzen der Verständigung*, Suhrkamp, 1988（岩崎稔訳『ハーバーマスとリオタール』三元社、一九九〇年）。

▼4　Giovanna Borradori, *Philosophy in a Time of Terror: Dialogues with Jürgen Habermas and Jacques Derrida*, University of Chicago Press, 2003（藤本一勇・澤里岳史訳『テロルの時代と哲学の使命』岩波書店、二〇〇四年）。デリダは、「ヨーロッパ」の地理的位置の政治・歴史的意義を論じた『他の岬』（一九九一）で、（ハーバマスの）コミュニケーション的行為の理論がヨーロッパ統合の動きを側面支援していることを揶揄しているが、理論的に突っ込んだ批判をしているわけではない。Jacques Derrida, *L'Autre Cap*, Les Édition de Minuit, 1991（高橋哲哉・鵜飼哲訳『他の岬』新装版、未來社、二〇一六年）を参照。ハーバマスは二〇〇〇年に「デリダと宗教」と題した講演をデリダが臨席する場で行っているが、本格的な議論には至っていない。Jürgen Habermas, Wie die ethische Frage zu beantworten ist: Derrida und Religion, in: Ach, Europa, Suhrkamp, 2008（「倫理的問題にどう答えるべきか」：三島憲一他訳『ああ、ヨーロッパ』岩波書店、二〇一〇年）を参照。

▼5　Jürgen Habermas, *Der Philosophische Diskurs der Moderne*, Suhrkamp, 1988, S. 325ff.（三島憲一他訳『近代の哲学的ディスクルスⅠ・Ⅱ』岩波書店、一九九九年、四九〇頁以下）を参照。

▼6　Jürgen Habermas, Vorlesungen zu einer sprachtheoretischen Grundlegung der Soziologie, in: *ders. Vorstudien und Ergänzungen zur Theorie des kommunikativen Handelns*, Suhrkamp, 1984, S. 118ff. を

参照。

▼7 Jürgen Habermas, Wahrheitstheorien, in: *Vorstudien und Ergänzungen zur Theorie des kommunikativen Handelns*, S. 127ff. を参照。

▼8 Jean-François Lyotard, *Le Différend*, Les Édition de Minuit, 1983, P. 216sqq.（陸井四郎他訳『文の抗争』法政大学出版局、一九八九年、三〇九頁以下）を参照。

▼9 この二つの著作で示されたデリダの基本的な見解の要約として拙著『〈ジャック・デリダ〉入門講義』（作品社、二〇一六年）の第七章を参照。

▼10 そうした言語起源論の系譜については、互盛央『言語起源論の系譜』（講談社、二〇一四年）等を参照。

▼11 「音声中心主義」と西欧の宗教、哲学、文学の歴史的な関係についてのコンパクトな解説として、Jochen Hörisch, Das Sein der Zeichen und die Zeichen des Seins - Marginalien zu Derridas Ontosemiologie und Goethes bestem Buch, in: *ders. Die Andere Goethezeit*, Wilhelm Fink Verlag, 1992, S. 119ff.（拙訳「記号の存在と存在の記号」：情況編集部編『デリダを読む』情況出版、二〇〇〇年、一三四頁以下）を参照。

▼12 Seyla Benhabib, *The Reluctant Modernism of Hannah Arendt*, Sage Publications, 1996, pp. 199ff.

▼13 『存在と時間』（一九二七）を中心としたハイデガーの存在論の概略として、拙著『ハイデガー哲学入門――「存在と時間」を読む』（講談社現代新書、二〇一五年）を参照。

▼14 ハイデガーの詩的言語の探究に関しては、拙著『危機の詩学』（作品社、二〇一二年）を参照。

▼15 Habermas, *Der Philosophische Diskurs der Moderne*, S. 192ff.（『近代の哲学的ディスクルスⅠ・Ⅱ』、二八八頁以下）を参照。

▼16 Ibid., S. 210f.（同右、三一四頁）。

▼17 Jacques Derrida, *De la gramamatologie*, Éditions de Minuit, 1967, p. 82 sqq.（足立和浩訳『グラマトロジーについて（上）』現代思潮新社、一九七二年、一一四頁以下）。

▼18 Jürgen Habermas, *Der Philosophische Diskurs der Moderne*, S. 211（『近代の哲学的ディスクルスⅠ・Ⅱ』、三一六頁）を参照。邦訳では、「同定可能なすべての書記に先立って存在するものであるとされる」と訳されているが、「存在する」という言葉はハーバマスの原文にはない。ハイデガーとデリダの関係が問題になっている箇所なので、「存在」という言葉の使い方には、慎重になるべきだろう。

▼19 Habermas, *Der Philosophische Diskurs der Moderne*, S. 213（『近代の哲学的ディスクルスⅠ・Ⅱ』、三一九頁）。

▼20 Ibid., S. 214（同右、三二〇頁）。

▼21 Ibid., S. 214f.（同右）。

▼22 Ibid., S. 216f.（同右、三二三頁）。

▼23 「有限責任会社 Limited Inc.」というタイトルには様々な意味が込められているが、第一義的には、匿名なものとして作用している「エクリチュール」の連鎖の中で、特定の人物が特定のテクストの著者として「署名」することを、株式会社＝有限責任会社の株を取得して、その運営責任の一部を引き受けることで譬えていると見るべきだろう。タイトルに込められている意味の諸相は、同書に収められている論文「有限責任会社 abc... Limited Inc abc...」で〝解説〟されている。

▼24 初期デリダの用語として有名な「差延」は、「差異」を意味するフランス語の名詞〈différence〉の〈e〉を〈a〉に置き換えたもの――発音は変わらない。動詞形の〈différer〉は、「差異化する」の他に、「延

期する」という意味もあり、この二つの意味を併せて、「時間の経過の中で、（それまで目立たなかった）差異が浮上してくる」「差異のあり方自体が事後的に変化する」といった意味があると解することもできる。フランス語の現在分詞は、語幹の母音を〈a〉に置き換えて、〈-ant〉という語尾になるため、〈e〉を〈a〉に置き換えた〈différance〉は、［差異化＋延期→差異化自体の差異化］が絶えず進行しているというニュアンスを持つ。

▼25 Jacques Derrida, *Limited Inc.*, Galilée, 1990, p. 36sqq.（高橋哲哉他訳『有限責任会社』法政大学出版局、二〇〇二年、三四頁以下）を参照。デリダが参照しているのは、オースティンの以下の著作である。J. L. Austin, How to Do Things with Words, Harvard University Press, 1975（坂本百大訳『言語と行為』大修館書店、一九七八年）。「事実確認的／行為遂行的」の区別が定義されているのは、pp. 3ff.（六頁以下）、「発語行為／発語内行為／発語媒介行為」の区別は、pp. 94ff.（一六三頁以下）。

▼26 Austin, *How to Do Things with Words*, pp. 12ff.（同右、二一頁以下）を参照。

▼27 Derrida, *Limited Inc.*, p. 40sqq.（『有限責任会社』、三八頁以下）を参照。

▼28 Ibid., p. 45sqq.（同右、四四頁以下）を参照。デリダは、〈itération〉という言葉を、単純な繰り返し（répétition）というより、異なる状況や文脈にあって同じように機能する記号の働きを含意する言葉として使っていると思われる。

▼29 『有限責任会社』にはサールの反論からの要約しか収録されていない。サールの反論の全文として、John Searle, Reiterating Differences: A Reply to Derrida, in: *Glyph 1* (1977), pp. 198-208（土屋俊訳「差異ふたたび——デリダへの反論」:『現代思想』一九八八年五月臨時増刊号、七二—八三頁）を参照。

▼30 Ibid., p. 199. デリダからの引用の部分は、Derrida, *Limited Inc.*, p. 27（『有限責任会社』、二二頁）。

▼31 Searle, *Reiterating Differences*, pp. 199f.（「差異ふたたび」、七二頁以下：一部改訳。以下特に断らずに、本論の文脈に即して改訳する）。

▼32 Ibid., p. 202（同右、七六頁）。

▼33 Ibid.（同右）。

▼34 Austin, *How to Do Things with Words*, pp. 21f.（『言語と行為』、三七頁以下）を参照。

▼35 Derrida, *Limited Inc.*, p. 43sqq.（『有限責任会社』、四二頁以下：一部改訳）。

▼36 Searle, Reiterating Differences, pp. 204f.（「差異ふたたび」、七八頁以下）を参照。

▼37 Ibid., S. 206（同右、八〇頁）。

▼38 Derrida, *Limited Inc.*, p. 152sqq.（『有限責任会社』、一七三頁以下）を参照。

▼39 Jürgen Habermas, *Theorie des kommunikativen Handelns* Bd.1, Suhrkamp, 1995, S. 369ff. bes. S. 427ff.（藤澤賢一郎他訳『コミュニケイション的行為の理論（中）』未來社、一九八六年、七頁以下、特に六三頁以下）。

▼40 Ibid., S. 435ff.（同右、七〇頁以下）。

▼41 アーレントの「活動」観については、拙著『ハンナ・アーレント「人間の条件」入門講義』（作品社、二〇一四年）を参照。

▼42 Jonathan Culler, *On Deconstruction*, Cornell University Press, 1982, p. 119（富山太佳夫・折島正司訳『新版　ディコンストラクションⅠ』岩波現代文庫、二〇〇九年、一九〇頁）を参照。

▼43 Habermas, *Der Philosophische Diskurs der Moderne*, S. 230（『近代の哲学的ディスクルスⅠ・Ⅱ』、三四〇頁）を参照。

▼44 Ibid.,（同右、三四一頁：一部改訳）。

▼45 Ibid., S. 231ff.（同右、三四二頁以下）を参照。

▼46 Ibid., S. 234ff.（同右、三四六頁以下）を参照。ローティについては、拙著『増補新版　ポスト・モダンの左旋回』（作品社、二〇一七年）の第八章を参照。

▼47 Derrida, *Limited Inc.*, pp. 243sqq.（『有限責任会社』、三三四頁以下）を参照。

第12章 「限界の哲学」とは?

1 「限界」をめぐる法

アメリカのポストモダン系フェミニズム法哲学者ドゥルシラ・コーネルの初期の著作『限界の哲学』(一九九二:仲正監訳、御茶の水書房、二〇〇七)は、デリダの「脱構築」の倫理的な側面を明らかにし、「法学」の言語との接続を可能にした画期的な仕事として知られている。本章では、本書を中心にコーネルの仕事の意義を思想史的に明らかにすることを試みる。ここでは、この著作のベースになっているデリダの「脱構築」とその応用としてのコーネルの法哲学の概要を、私なりに紹介しておきたい。

言葉の一般的なイメージからして、「脱構築 déconstruction」というのは、精密な論理的体系に見えるものがその根底において抱えている根源的な逆説を明らかにし、自己解体に追い込むことだと解されることが多い。コーネルに言わせれば、そうした理解は、一面において正しいが、「脱構築」の全てではない。彼女は、デリダの「脱構築」には、「正義」を探求する方向性があることを明示するために、「限界の哲学 philosophy of the limit」と名付け直すことを提案している。

デリダ自身、「脱構築」の意味を説明する文脈で、「(脱)限界化 dé-limiter」という表現を使うことがある。フランス語の〈delimiter〉あるいは英語の〈delimit〉という動詞は、通常は、「限界付ける」あるいは「輪郭を描く」という意味であるが、接頭辞〈dé-〉の後に、ハイフンを入れて区切ると、「脱・限界化する」と読める。デリダはこのハイフンの効果を利用して、あるものを輪郭付ける「限界」線を引くことが、同時に、そのものを「脱限界化」することになるという意味で、「(脱)限界化する」という言い方をするわけである。

例えば、「人間」という概念を「限界付けする」ことを例に考えてみよう。「人間」の輪郭＝限界線をはっきりさせようとすれば、不可避的に、「動物」や「植物」などの〝人間ならざるもの〟を、限界線の「向こう側」にいるものとして参照しなければならない。「人間とは理性的な存在である」というような形で内包的に「定義する définir」――〈définir〉も語の作りからして、「目的＝終焉＝制限 fin」を脱するという意味合いを含んでいる――場合でも、「理性」というものを規定する必要があるが、その際にやはり「理性」の外部としての〝理性的でないもの〟を同時に想定することになる。つまり、「人間」という概念は、その定義の「内」に〝人間ならざるもの〟(＝外部)を含んでおり、それに依拠する形で成立しているわけである。

我々が使用している言語は、様々なレベルの「内部／外部」の二項対立図式によって構造化されているので、個々の言葉は不可避的に、〝それならざるもの〟を含んでいる。しかし我々は、日常的な言語使用においては、そのことをほとんど自覚していない。自分の使っている言葉に内包される「他者性」を忘れ、言葉が常に同一の意味を保持しているかのように思い込んでいる。「(脱) 限界化」としての「脱構築」は、ある〝もの〟の周囲に限界線を引き、概念的に「構築」し切ってみせることを通して、その〝もの〟の内に、〝それならざるもの〟が不可避的に含まれることを明らかにする営みであると言える。

「脱構築＝解体」と理解している人たちは、そのようにして「限界」を明らかにしたところで、「脱構築」の営みは「終わる」と考えるわけであるが、コーネルはそれだけで終わりではないと考える。構築された概念の限界を示すということは、裏を返して言えば、その概念の内部に潜んでいる〝それならざるもの〟を指し示すことである。「人間」という概念を (脱) 限界化することは、「人間」を裏で支えている〝人間ならざるもの〟(＝他者) を明るみに出すことでもある。コーネルは、「限界の哲学」としての「脱構築」を、西欧的な知の体系の「内部」から排除あるいは抑圧されてきた「他者」を〝知る〟ための契機として捉えようとする。

「他者」にアプローチするための方法としての「脱構築」の性格がはっきり出ているデリダの初期の著作として、『エクリチュールと差異』(一九六七) に収められている論文「コギトと『狂気の歴史』」(一九六三) と、『グラマトロジーについて』を挙げることができる。

「コギトと『狂気の歴史』」では、デカルト以降の近代哲学が人間の「理性」のみに焦点を当て、「狂気」を封じ込めてきたとするフーコーの記述自体が、「理性／狂気」の二項対立を既に前提としており、結果的に、この二項対立を再説することになっていることを指摘した。フーコーは、排除された「狂気」を再発見したつもりになっているけれど、結局は、「理性／狂気」の間に引かれた境界線の「理性＝我々」の側から、「狂気＝他者」を描いたにすぎない。フーコーも、そしてデリダ自身もまた、デカルト的なエクリチュール（書かれたもの＝書く行為）の「内部」にあって、その限界線をなぞっているにすぎないことになる。この批判のため、フーコーとデリダの間で、「テクストの外部」は有るのかをめぐる論争が起こる。

『グラマトロジーについて』では、文字を持たない未開社会の住民の素朴な振る舞いに対するレヴィ＝ストロースのまなざしの内に、幸福な野生人に対するルソー（一七一二―七八）の憧憬とパラレルなものを指摘し、西欧近代の理性に自らの失ってしまった野生の部分を表象＝代理＝再現前化（représenter）する「他者」を求める傾向があることを明らかにする。逆に言えば、西欧近代のエクリチュールは、「外部」にある「他者」を対比のための参照項とすることによって、自らの「理性」的性格を確認してきたのである。こうした素朴な「他者」へのまなざしに含意される西欧的理性の自己確認の構造をめぐる問題は、『グラマトロジーについて』の英訳者であるスピヴァク（一九四二―　）などによって、ポストコロニアル・スタディーズの中心的な問題系として継承されていく。

この二つの著作での議論の進め方から分かるように、デリダは、西欧にとっての「他者」あるいは「外部」を直接的・具体的に名指ししたり、参照したりするのではなく、むしろ直接的に「他者」を名指しするような議論を批判し、その自己矛盾を露呈させていく。単純に「他者」を名指しすれば、結局、自らの依拠する「内部＝自己／外部＝他者」図式をそのまま持ち出すことになってしまうからである。デリダは、「他者」に対する「西欧」的なまなざしに含まれる自己矛盾を執拗に露呈することを通して、無自覚的に〝西欧中心主義〟の罠にはまってしまうことを回避しながら、「内部」に還元されることのない残留し続ける〝他者〟の――決して完全に現前化することのない――痕跡を見失わないようにしようとする。

こうしたデリダの「限界の哲学＝脱構築」は、マルクス主義的な言い方をすれば、イデオロギー批判のイデオロギー批判のイデオロギー批判の……イデオロギー批判をやっているようで、非常にもどかしく思えるが、デリダが後期の著作である『法の力』などで試みている「法の脱構築」になると、「脱構築」し続けることの実践的・具体的な意味合いがより鮮明になってくる。

2　「法」の脱構築

「法」というのは、我々の思考や行動を限界付け、何ができて、何ができないかを規定するものである。国会で制定される法律や、判例の積み重ねによって生まれてきた判例法のようなものであれば、変更できないことはないが、自然法として何世紀も通用してきたものや、憲法の中心的原理になっているものなど、我々の世界観を支えている最も基本的な「法」を変更するのは難しい。例えば、我々は「国家というものは、我々の生命・身体・財産を維持するために存在するものであり、我々は自らの生命・身体・財産を保持しようとすれば、国家の法に従わねばならない」というような観念をいつのまにか自明の理と考えるようになり、内面化している。国家廃絶を唱える左翼活動家、アナーキストでも、日本のような近代国家の中に生きている限り、自分が国家の法によって守られており、国家の法に従わねばならないことを暗黙の内に前提にして行動しているはずである。

場合によっては、「法」が我々の「世界」観の限界線になっていることもある。レヴィ＝ストロースの分析の対象になるような非ヨーロッパの部族社会では、部族の掟、タブー、慣習などが、踏み越えてはならないこの世と、あの世の境界線になっている（ように我々には見える）。中世のヨーロッパでは、聖書というエクリチュールに根拠を置くキリスト教の教え＝教会法が、キリスト教世界の境界線を形成していた（ように見える）。教えに背いて破門されることは、終わりの時における「救い」から排除され、永遠に呪われた存在になることだった。境界線を踏み越えてはならないという「法」が、各人の心の内に「書き込まれ」ていたのである。現代の西欧思想も、そうしたキリスト教的な法のエクリチュールから完全に自由とは言えない。

フロイト（一八五六―一九三九）やラカンの精神分析を通して明らかにされた、「父の名」の下に作動する、各エディプス的な「主体」を支配する「法」もまた、〝我々〟が生きることのできる世界（現実界）の境界線を示す働きをする。そして、この「父の法」は、先に述べたような、現実の社会を支配する様々の掟や実定法、あるいはユダヤ＝キリスト教の教えと密に結び付き、それらを影で支えているという。

究極の法としての「父の法」は、当然のことながら不可視であり、実際にはあるのかないのか確かめようがないが、西欧的な男根ロゴス中心主義を糾弾し、解体しようとするラディカルな左派やフェミニストが、「父の法」に執拗なまでに拘ることが、逆説的に、「父の法」の呪縛の強さを証明しているとも言える。今更言うまでもないことだが、実在する政治秩序として現れる「父の法」を二項対立的に否定し、力ずくで解体しようとする者は、しばしば、自らが「父の法」の権化と化す。「父の法」は、我々の心の奥深くに刻み込まれた法なので、表面的な操作によってデリートしたつもりでも、直に再起動してくる。

こうした意味での「法」を「脱構築」するということは、我々がそれまで自明視し、超えることなど想像だにしなかった「法」の「限界」を明らかにし、それによって反射的に「法」がこれまで排除してきた〝もの〟たちを浮上させることに繋がる。西欧近代法において標準的な行為主体として規定される「通常人＝理性人 reasonable man」は、白人の成人男性をモデルとしていることを明らかにし、その側面から近代法を「限界付け」ることができた、としてみよう。だとすると、その「限界＝境界線」についての考察を起点として、近代法の依拠する「標準＝正常性 normalité」の枠から排除されてきた〝もの〟に焦点を当てることが可能になると考えられる。

例えば、ＤＶやセクシュアル・ハラスメントの問題では、多くの場合成人男性である「加害者」と、「被害者」の女性では、人間関係についての状況認識と、それに基づく〝合理的な行動〟の基準が異なることが多い。しかし、そのように男性を暗黙の内に標準としてきた実在する「法」の「限界付け」によって、通常の「人＝男性 man」の基準の狭さと、その狭さゆえに視野に入ってこないものが明らかになるわけである。

ただし、その「限界」が〝判明した〟ように思えたからといって、その限界を破壊するための革命とかラディカルな法改革を企てればいいというわけではない。裁判所の判例や、民法・刑法の規定などの表面的なものは、目に見えるような形で変化させることができないわけではないが、それらの実定法を支えている根源的な理念としての――「父の法」とも繋がっているとも思われる――「法」は、そう簡単に変化させることはできない。周知のように、労働者を抑圧している資本主義的な財産法や労働関係法を解体しようとしたマルクス主義の革命は、別の形態でのより強力な抑圧を生み出した。目に見える諸法の根底にある不可視の「法」を解体するのは容易ではなく、焦ると、かえって「法」の暴力を誘発することになりかねない。

『法の力』でデリダは、ベンヤミンの『暴力批判論』における「法措定の暴力 das rechtssetzende Gewalt」と、「法維持の暴力＝権力 das rechtserhaltende Gewalt」の区別に依拠しながら、両者が見かけ上は異なっていながら、根底において通じている可能性を示唆している。つまり既成の権力を破壊して、新たな「法」を措定するために発動された革命的暴力に、破壊されるべき既存の「法」のコードが密かに書き込まれており、前体制の抑圧的な体制を反復してしまう可能性があるということである。革命を呼びかけ、そのための綱領（programme）――〈programme〉は語の作りからして、「予め（pro-）書き込まれていること（gramme）」を意味する――を起草する主体たちの内に、不可視の「法」が書き込まれているとすれば、〝革命〟を通して国家的な暴力＝権力が反復することに不思議はない。

「法」は、「法」を解釈したり、改編したりしようとする〝主体〟である〝我々〟が思っているよりもずっと深く隠れたところにあるので、それを自己解体に追い込むまでに深く掘り下げて「限界付け」るのは容易なことではない。脱構築を試みる「私」自身の理性の限界付けを同時に視野に入れながら、作業を進めねばならない。その困難な作業から、「法外なもの」に対する「公正な juste」まなざしが生まれてくるのである。

『法の力』でデリダが「脱構築は正義（justice）で在る」と明言するのは、〝我々〟を根深く捕らえている「法」を本格的に「限界付け」することによって、これまで「法外」なところに置かれてきた「他者」たちと公正に向き合う道が開かれてくる、という確信があるからである。無論、「法」の〝外〟にある「正義」それ自体は、十全な形で「現前化」されることはなく、「法」へと実定化されることもないのである。

3　コーネルの戦略

『限界の哲学』でコーネルは、超越論的な理念としての「正義」と、実在する諸法の間の溝を架橋するために試みられてきた近代思想史における様々の戦略を比較検討しながら、「脱構築＝限界の哲学」の有効性を確認している。

ヘーゲルは、『法の哲学』（一八二一）などで、所与の共同体の中の慣習として形成されてきた「善」が、市民社会的な交渉や討議などを経て、国家が体現するより普遍的な法の正義を志向するようになり、最終的には、究極の「正義」に至るプロセスを、絶対精神の自己展開と関連付けて描き出した。これはある意味、共同体主義的な善をめぐる議論、市民社会論的な正義論、国家レベルの法理論、表象の彼方にあるものとしての「正義」を目指すポストモダンの正義論などを横断する極めて包括的なプロジェクトであったとも言える。

しかしながら、この史的弁証法のプロセスが最終のゴールに向かって収斂していることを保証しているのは、全てを見渡すことのできる「絶対精神」である。「絶対精神」がなければ、時空の制約を超えて万人に対して「公正」な最終的な「正義」が「現前化」するという根拠はない。現実的な見方をすれば、「絶対精神」はテクストを書き進めていくヴァーチャルな視点にすぎない。現時点そうしたヴァーチャルな視点から見た〝最終的な理想〟の「正義」を構想しようとすると、現時点で「私」の目に〝正義〟と映っているものをベースにして理想の「正義」を導き出すことになりがちである。「私」がイメージする〝絶対精神〟の視点から見た〝正義〟は、「私」が生まれ育った共同体の「善」の観念を何らかの形で反映しており、決して、万人に対して中立的に開かれていない。旧来のマルクス主義のように、「精神」を「物質」に置き換えてみても、「私」がイメージすることのできる理想の「正義」がより客観的になるわけではない。

こうしたヘーゲル弁証法の閉鎖性を是正するための試みとしてコーネルが最初に注目するのが、アドルノの「否定弁証法」である。アドルノは、ヘーゲルやマルクスの史的弁証法が歴史のゴールとして想定する、自／他の間の葛藤が克服され、主体と客体が宥和したユートピア状態は、物象化された理性の生み出した幻影であることを執拗なまでに指摘し、その幻影から身をふりほどくための戦略として「否定弁証法」を提示する。「葛藤のない理想の共同体」の幻想に囚われ、自らが現在属している共同体にとっての「善」を、普遍的な「正義」と取り違えるようになると、その共同体の善に当てはまらない「他者」たちの存在が目に入らなくなる。そうした他者なきユートピア幻想は、「全体主義」に繋がりやすい。「全体主義」とは、当該の共同体によっての異分子、外部を排除して、差異のない全き「全体」を形成しようとする政治運動である。

全体主義を体験したアドルノは、弁証法的な発展を通して、世界を〝統一〟しようとする啓蒙的理性の暴走を止めるべく、弁証法の運動の中に常に内在しているはずの「否定」の契機を強調する。弁証法の運動は、決して、宥和された全き「全体」へと収斂していくことはない。アドルノは、弁証法の中の「否定」の契機を強調することを通して、そこに「外部」に対する微かな開けの可能性を見ようとする。

コーネルは、こうした「否定弁証法」という形を取る「イデオロギー批判」を、全体主義的な「善」の押し付けに対抗するうえで有効な戦略と見なすが、これだけだと、絶えず「否定」を強調するだけで、「否定」の契機を通して垣間見えてくる「他者」たちをいかに公正に扱うべきか、また「彼ら」を包摂し得る共同体をいかに構想するかについての〝ポジティヴ〟なアイデアは出てきそうにない。

そこでコーネルは、アドルノに影響を与えたベンヤミンの廃墟の美学における「屑拾い」の形象が寓意的に示す〝表象空間から排除され忘れ去られたものに対するまなざし〟や、「全体性」の枠を不可避的に超出してしまう「無限なもの」に焦点を当てたレヴィナス（一九〇六―九五）の他者性の倫理学、そして、ヘーゲルの弁証法から零れ落ちながらも「残留」し続けるものを描き出すことを試みたデリダの『弔鐘』（一九七四）などを丹念に辿りながら、現代思想における「他者」をめぐる問題系を再構成している。彼女は特に、デリダによるレヴィナス、そしてラカンへの脱構築的介入に焦点を当てながら、他者を自我（私）との対称性において捉えるべきか、それとも、自己の表象能力を超えた彼岸の〝存在〟として見るべきかという、現象学から現代思想が引き継いだ重要課題を浮き彫りにし、それがどう「正義論」に関わってくるのかを明らかにしている。

特定の共同体の「内部」の法規範から排除される「他者」に対して配慮すべきではあるが、その

「他者」を実体的に「表象」して、強引に〝内部〟に取り込むのは危険である。女性や同性愛者、非西欧人、非キリスト教徒などを、白人でストレートの成人男性と〝同じ基準〟で、アメリカの市民社会の法体系に取り込み、同等な権利主体として扱おうとすると、余計に矛盾が大きくなることがある。「他者」を遠ざけすぎても、近付けすぎてもいけない。微妙な距離を取りながら、共通の規範を産出する努力が必要になる。そこに、ロールズ（一九二一―二〇〇二）のカント的構成主義に依拠したリベラルな共同体論と、ポストモダン思想における「他者」論が交差する余地が生じてくる。

「他者への正義」論を法解釈的に応用するに際して、コーネルは、「時間」の流れに潜む「他者性」の問題に注目する。ルーマン（一九二七―九八）が法のシステム理論で示したように、実在法のシステムが、「現在」の状態をそのまま再現するだけの機械的な反復運動をしているだけだとすれば、「法」には自己変容の余地はないことになりそうだが、デリダが『法の力』で示唆したように、「来るべきもの＝未だないもの」、つまり他者としての「未来」の働きかけによって「現在」が、それまでのシステム的反復から逸脱する可能性があるとすれば、「法」の自己変容（差延）の余地もあるということになる。

コーネルは、スタンリー・フィシュ（一九三八―　）などのアメリカの脱構築主義者や、ポストモダン系の批判法学者たちが、実在する法システムが自己完結的・閉鎖的で他性を許容する余地がないことを強調しすぎるあまり、「法」を〝内〟から変革することが全く不可能であるかのような言説を展開していることを批判している。それでは、結局、現在妥当している実定法の下での法的安定性を重視する頭の固い法実証主義者の主張と同じことであり、実在する「法」を批判的に分析することの実践的な意義が失われてしまう。

彼女自身は、そうした悲観論を払拭すべく、妊娠中絶に関する有名なロウ対ウェイド判決をめぐる憲法解釈論争等を素材にしながら、アメリカの憲法は決して単純な自己反復システムを構成しているわけではなく、未知の「他者」との接触を通して、〝内〟から変容する余地があるものとして予め想定されていたことを明らかにすることを試みている。彼女は、現在の〝我々〟の視点から見た「憲法の沈黙」を、自己閉鎖性としてではなく、むしろ「来るべき他者」に対する開けとして〝ポジティヴ〟に理解すべきことを主張する。

このようにして、「法」の空白を自己変容の可能性としてポジティヴに読み替えていくコーネルの「法の脱・限界化」の戦略は、『限界の哲学』の三年後に刊行される『イマジナリーな領域』（一九九五：仲正監訳、御茶の水書房、二〇〇六）で、自己決定権を行使する前提となるメタ権利論としての「イマジナリーな領域への権利論」という形でより具体的に展開されることになる。「父の法」をどうすることもできない鉄の法則と見なして徒に恐れるのでなく、その支配の網の目の間隙を「脱構築」的に見出し、変容に向けて〝ポジティヴ〟に利用する道を探るというのが、彼女の一貫したスタンスであるように思われる。

彼女がポストモダン思想家たちのテクストやアメリカの判例法をどのように読解し、独自の議論へと繋げていくかについて詳しくは、講座[1]の中で、邦訳の『限界の哲学』を随時参照しながら紹介していきたい。

注

▼1　本章は、二〇〇七年にアソシエ21のホールで行われた公開講座「『限界の哲学』とは？」の紹介文を兼ねて、アソシエのニューズレターに掲載されたものである。

おわりに――誤読の痕跡

最後まできちんと読んでくれた読者には、もはや言うまでもないことだろうが、今回新たに執筆した論文「ハーバマスとデリダ」を書きながら感じたことがある。〝偉大な哲学者〟たちによる誤読がひどい、ということだ。

私がデリダに肩入れしているせいで、特にそう感じてしまうのかもしれないが、サールのデリダに対する「反論」は、あまり出来がよくないのにプライドの高い哲学専攻の修士課程の院生がやりそうな、平凡な誤読があまりに多い。言語行為論は自分のフィールドであり、そこに（文学崩れの）門外漢が勝手に踏み込んできて、文句を付けているのだから、自分のルールに従って裁断してやっても構わない、と思い込んでしまったのかもしれない。デリダは、「エクリチュール」の「反復可能性」の問題をてこにして、「分析哲学としての言語行為論」という土俵を崩し、従来とは異なるフィールドで議論をしようとしているが、サールはその挑戦を――デリダの〝意図〟を理解しているかどうか分からないが――とにかく拒絶している。自分の土俵は決まっており、それを変更するつもりはないという姿勢で拒絶するのであれば、それはそれで一つの見識であるが、彼の文章を素直に読む限り、そういう自己反省的な姿勢は見受けられない。

ハーバマスはシェリング、ヘーゲル、マルクス、ウェーバー、ミード、フロイト、アドルノ、ルーマン、ウィトゲンシュタイン、ガダマー、オースティン、サール、パトナム、ローティなど、様々な分野の理論家のテクストを丹念に読み、自分の理論に適宜取り入れてきた、テクスト読解の達人であり、かなり柔軟な思考のできる人のはずだが、「ポストモダン」系の思想家、特にデリダの読解に関しては、かなり雑であり、自分の先入観を押し付けてしまっているきらいがある。それほど、デリダの「エクリチュール」論は異質だったのかもしれない。「九・一一」事件の前後から、デリダに対する評価を大きく変化させているが、哲学的な核心部に関する見直しは行っていない。

自分の専門的なフィールドを自覚して、そこでのルールを守るというのは学者として大事なことであるが、しかしそこに安住して自分を安全圏に置くと、「哲学者」としてはダメになる。〝偉大な哲学者〟たちのひどい誤読の痕跡を見ていると、そのことを痛切に感じる。ただ、ひょっとすると、サールもハーバマスも、デリダがどういう人か知っていて、わざと、「頑固な哲学者」を演じて、読者を楽しませてくれたのかもしれない、という気がしないわけでもない。だとすると、すごく面白いのだが、そんなことを想像して楽しんでいる私は、ただのマニアックな思想オタクなのだろうか。

私は自分が立派で、同業者的な人から尊敬される哲学者でないことは十分自覚しているつもりだ。しかし、そうした意味でのマニアックな興味は持ち続けたいと思う。

【著者紹介】
仲正昌樹（なかまさ・まさき）
1963年広島生まれ。東京大学総合文化研究科地域文化研究専攻博士課程修了（学術博士）。現在、金沢大学法学類教授。専門は、法哲学、政治思想史、ドイツ文学。古典を最も分かりやすく読み解くことで定評がある。また、近年は、『Pure Nation』（あごうさとし構成・演出）でドラマトゥルクを担当するなど、現代思想の芸術への応用の試みにも関わっている。
- 最近の主な著作に、『ヘーゲルを越えるヘーゲル』（講談社現代新書）
- 最近の主な編・共著に、『政治思想の知恵』『現代社会思想の海図』（ともに法律文化社）
- 最近の主な翻訳に、ハンナ・アーレント著ロナルド・ベイナー編『完訳カント政治哲学講義録』（明月堂書店）
- 最近の主な共・監訳に、ドゥルシラ・コーネル著『自由の道徳的イメージ』（御茶の水書房）

ポストモダン・ニヒリズム

2018年11月25日　第1刷印刷
2018年11月30日　第1刷発行

著　者　仲正昌樹
発行者　和田　肇
発行所　株式会社 作品社
〒102-0072 東京都千代田区飯田橋 2-7-4
電　話　03-3262-9753
ＦＡＸ　03-3262-9757
http://www.sakuhinsha.com
振　替　00160-3-27183

装　幀　長澤 均＋池田ひかる［papier collé］
本文組版　米山雄基
印刷・製本　シナノ印刷㈱

ISBN978-4-86182-718-1 C0010